高职院校数字商贸系列教材　总主编 ◎ 赵团结

报关与报检实务

CUSTOMS DECLARATION AND INSPECTION PRACTICE

主　编 ◎ 钟祥荣　广州城建职业学院
温保强　广州城建职业学院
副主编 ◎ 潘　慧　广州城建职业学院
胡锦玲　广州城建职业学院
王　淼　广州城建职业学院
参　编 ◎ 唐素婷　广州城建职业学院
郭雪樱　广州科技职业技术大学
崔维强　广州桥集拉德国际货运代理有限公司

首都经济贸易大学出版社
Capital University of Economics and Business Press
·北京·

图书在版编目（CIP）数据

报关与报检实务 / 钟祥荣，温保强主编. -- 北京 : 首都经济贸易大学出版社，2025. 1. -- ISBN 978-7-5638-3821-9

Ⅰ. F752.5；R185.3

中国国家版本馆 CIP 数据核字第 20247EE351 号

报关与报检实务

BAOGUAN YU BAOJIAN SHIWU

钟祥荣　温保强　主　编

潘慧　胡锦玲　王淼　副主编

责任编辑　陈　侃

封面设计　砚祥志远·激光照排　TEL: 010-65976003

出版发行　首都经济贸易大学出版社

地　　址　北京市朝阳区红庙（邮编 100026）

电　　话　(010)65976483　65065761　65071505(传真)

网　　址　http://www.sjmcb.cueb.edu.cn

经　　销　全国新华书店

照　　排　北京砚祥志远激光照排技术有限公司

印　　刷　北京九州迅驰传媒文化有限公司

成品尺寸　185 毫米×260 毫米　1/16

字　　数　456 千字

印　　张　19.25

版　　次　2025 年 1 月第 1 版

印　　次　2025 年 1 月第 1 次印刷

书　　号　ISBN 978-7-5638-3821-9

定　　价　42.00 元

图书印装若有质量问题，本社负责调换

前言
PREFACE

党的二十大报告提出：必须完整、准确、全面贯彻新发展理念，坚持社会主义市场经济改革方向，坚持高水平对外开放，加快构建以国内大循环为主体、国内国际双循环相互促进的新发展格局。报关与报检是货物进出口的重要环节，更是守好国门的第一道关卡。随着我国进出口业务的快速发展，报关与报检业务量越来越大，相关行业也得到快速的发展，市场对报关与报检人才的需求量迅速增长。与此同时，当前大部分高职院校都在进行项目化教学改革，为了满足报关与报检人才培养及高职院校相关课程项目化教学的需要，我们编写了本书。

本书依据最新的行业规范对相关内容进行编写，在编写过程中遵循项目化教学改革的思路，体现“项目引领、实践导向”的课程设计思想，从实用性出发，突破了传统教材按照知识体系来编排的惯例，根据报关与报检典型工作任务对涉及的知识进行重新编排，使教学内容与工作内容相互对接，让学生更好地掌握报关与报检操作技能。

本书内容具有以下几个特点：

一、实用性

本书以进出口商品报关与报检的典型工作任务为主线来进行内容的组织，将教学内容分解成10个项目、35个任务及相关工作情境，以项目为单位组织教学，让学生在完成项目工作任务的过程中学习相关知识，在完成项目的过程中加强对专业知识和职业技能的综合运用。

二、通用性

报关与报检是一项十分复杂的技术性工作，包括许多步骤和工作环节。本书从高职高专学生学习特点出发，贯彻“够用、实用”的指导思想，去繁就简，抓住主线，注意知识的可迁移性，主要选择报关与报检工作涉及的基础性、共性的知识。学生掌握了这些知识就可以举一反三办理不同商品的报检、不同监管模式货物的报关。

三、前瞻性

本书内容结合报关与报检工作的最新实践、商品进出口检验检疫及报关的最新规定，以及我国检验检疫工作、报关工作的各项政策法规的最新调整，帮助学生掌握最新的检验知识和报关知识，提高实践技能。

四、生动性

本书内容的编排突破传统教材的编写体例，采用项目导入、学习目标、讨论、知识链接、相关资料、技能训练和巩固等新颖体例，内容可读性强。

本书由广州城建职业学院报关与报检课程教学团队编写，广州科技职业技术大学郭雪樱参与编写了项目九、项目十；另外，潘慧、胡锦玲负责编写项目操作背景，王淼负责编写项目一、项目二，温保强负责编写项目三、项目四，钟祥荣负责编写项目六至项目八，唐素婷负责编写项目五，全书由钟祥荣统稿。

在本书的编写和出版过程中，我们参考了一些同类教材和相关论著，适当引用了国内外已有的一些成果和观点，并充分汲取同行专家在探索培养应用型人才方面取得的成功经验和教学成果，还借鉴了报关与报检实践和研究中已趋成熟的基础理论、知识技能、新经验和新成果，在此特向相关人士表示由衷的感谢！本教材配有课程资源包：包括课程教学课件、教学视频、教学大纲、教学设计、课程练习及答案等。课程资源可通过智慧职教云网址（网址：https：//zyk. icve. com. cn/）免费获取。

由于编者水平有限，书中难免存在疏漏之处，恳请专家、同行不吝批评和指正。

目 录
CONTENTS

项目一　报关与海关管理　/　1

任务一　认知我国海关　/　1

任务二　外贸企业的设立　/　14

任务三　报关企业的设立　/　24

任务四　报关员的管理　/　31

项目二　我国对外贸易管制　/　42

任务一　海关企业分类管理　/　42

任务二　进出境运输工具与物料物品管理　/　60

任务三　货物与技术进出口许可管理　/　72

任务四　两用物项和技术进出口许可管理　/　86

任务五　濒危野生动植物进出口许可管理　/　87

任务六　药品进出口许可管理　/　89

任务七　黄金和音像制品进出口许可管理　/　92

项目三　进出口商品归类　/　97

任务一　商品名称及编码协调制度　/　97

任务二　我国海关进出口商品分类　/　99

任务三　《协调制度》归类总规则　/　102

任务四　商品归类的一般方法　/　110

项目四　一般进出口货物报关　/　116

任务一　一般进出口货物申报　/　116

任务二　进出口报关单填制　/　124

任务三　一般进出口货物查验　/　163

任务四　一般进出口货物税款缴纳　/　165

任务五　一般进出口货物放行　/　173

项目五　保税货物进出口报关　/　180

任务一　保税加工货物进出口报关　/　180

任务二　保税物流货物进出口报关　/　195

项目六　减免税货物进出口报关　/　206

任务一　减免税货物的特征与范围　/　206

任务二　特定减免税货物报关　/　207

项目七　暂准进出境货物进出口报关　/　215

任务一　暂准进出境货物的特征　/　215

任务二　暂准进出境货物报关　/　216

项目八　其他货物进出口报关　/　228

任务一　过境货物报关　/　228

任务二　转运与通运货物报关　/　229

任务三　进出境快件报关　/　230

项目九　出入境检验检疫管理概述　/　235

任务一　出入境检验检疫管理的地位和作用　/　235

任务二　出入境检验检疫管理的工作内容　/　239

项目十　出入境涉检货物报检　/　244

任务一　出入境涉检货物申报范围及方式　/　244

任务二　出入境报检单证处理　/　255

任务三　特殊出境货物报检　/　268

任务四　特殊入境货物报检　/　280

参考文献　/　300

项目一　报关与海关管理

项目导入

李明是一名刚刚步入社会的高职毕业生，他来到从化报关公司工作。李明刚到公司上班，对公司的基本情况虽有所了解，但是他对一些情况仍然感到有些迷茫。例如：报关岗位有接单、录单、跑单、审单和查验等岗位，不同岗位的职责和主要工作内容有何区别？自己所在公司具体的业务和一般进出口企业有什么不同？海关有哪些权利和义务？海关对报关企业和报关员又是如何管理的？

任务一　认知我国海关

学习目标

- 了解我国海关的性质；熟悉海关的基本任务；掌握海关的组织机构及职能；明确海关的权力及行使权力的原则
- 熟悉海关的性质、职能和管理；能进行报关单位的注册登记
- 树立报关行业的守法意识、信用意识和差错管理意识

思考：

1. 海关的性质和基本任务是什么？
2. 海关有哪些主要权力？
3. 海关行使权力的基本原则有何具体表现？

国务院设立海关总署，统一管理全国海关。国家在对外开放的口岸和海关监管业务集中的地点设立海关。海关的隶属关系，不受行政区划的限制，其依法独立行使职权，向海关总署负责。

一、海关的性质

（一）海关是国家的行政机关

海关从属于国家行政管理，是国务院的直属机构。海关对内对外代表国家依法独立

行使行政管理权。

（二）海关是国家进出境监督管理机关

海关履行国家行政制度的监督职能，是国家宏观管理的一个重要组成部分。海关实施监督管理的范围是进出关境及与之有关的活动，监督管理的对象是所有进出关境的运输工具、货物和物品。

（三）海关监督管理是国家行政执法活动

海关监督管理是为保证国家有关法律、法规实施的行政执法活动，执法依据是《海关法》以及其他有关法律和行政法规。

二、海关的任务

我国《海关法》规定，海关有以下四项基本任务：

（一）海关监管

海关监管不是海关监督管理的简称，而是海关全部行政执法活动的统称。根据《海关法》第二条规定，海关监管进出境的运输工具、货物、行李物品、邮递物品和其他物品，其目的在于保证一切进出境活动符合国家政策和法律的规范，维护国家主权和利益。根据监管对象的不同，海关监管分为货物监管、物品监管和运输工具监管三大体系。

（二）海关征税

我国《海关法》第五十三条规定，由海关代表国家行使征收关税职能。关税是国家财政收入的重要来源，是国家宏观经济调控的重要工具。

（三）查缉走私

我国《海关法》第四条赋予海关查缉走私的权力，是为保证顺利完成监管和征税等任务而采取的保障措施。海关负责组织、协调、管理查缉走私工作，负责对其管辖的走私犯罪案件的侦查、拘留、执行逮捕、预审。

知识链接

走私行为

我国《海关法》第八十二条规定，违反海关法及有关法律、行政法规，逃避海关监管，偷逃应纳税款、逃避国家有关进出境的禁止性或者限制性管理，有下列情形之一的，是走私行为：

（一）运输、携带、邮寄国家禁止或者限制进出境货物、物品或者依法应当缴纳税款的货物、物品进出境的；

（二）未经海关许可并且未缴纳应纳税款、交验有关许可证件，擅自将保税货物、特定减免税货物以及其他海关监管货物、物品、进境的境外运输工具，在境内销售的；

（三）有逃避海关监管，构成走私的其他行为的。

我国《海关法》第八十三条规定，有下列行为之一的，按走私行为论处：

（一）直接向走私人非法收购走私进口的货物、物品的；

（二）在内海、领海、界河、界湖，船舶及所载人员运输、收购、贩卖国家禁止或者限制进出境的货物、物品，或者运输、收购、贩卖依法应当缴纳税款的货物，没有合法证明的。

（四）海关统计

海关统计是以实际进出口货物作为统计和分析的对象，通过搜集、整理、加工处理进出口货物报关单或经海关核准的其他申报单证，对进出口货物的品种、数量/重量、价格、国别/地区、经营单位、境内目的地、境内货源地、贸易方式、运输方式、关别等项目分别进行统计和综合分析，全面、准确地反映对外贸易的运行态势，及时提供统计信息和咨询，实施有效的统计监督，开展国际贸易统计的交流与合作，促进对外贸易的发展。

三、海关的权力

根据《海关法》及有关法律、行政法规的规定，海关的权力主要包括以下七个方面：

（一）行政审批权

海关具有行政审批权的范围是：报关企业的设立审批；进出口货物的收发货人提出转关运输申请的审核；减免税审批；海关监管货物仓储审批；报关员从业资格审核；等等。

（二）税费征收权

海关具有税费征收权的范围是：依法对进出口货物、物品征收关税及其他税费；依法对特定的进出口货物、物品减征或免征关税；对经海关放行后的有关进出口货物、物品，发现少征或者漏征税款的，依法补征、追征税款。

（三）行政监督权

海关具有的行政监督权主要包括以下八个方面：

1. 检查权

海关行使检查权的范围是：在海关监管区检查进出境运输工具；在海关监管区和海关附近沿海沿边规定地区，检查有走私嫌疑的运输工具和藏匿走私货物、物品的场所，检查走私嫌疑人的身体，检查与进出口活动有关的生产经营情况和货物。

2. 查阅权

海关有权查阅进出境人员的证件，查阅与进出境运输工具、货物、物品有关的合同、发票、账册、单据、记录、文件、业务函电、录音录像制品和其他有关资料。

3. 查问权

海关有权对违反《海关法》或者其他法律的嫌疑人进行查问，调查其违法行为。

4. 查验权

海关有权查验进出境货物、个人携带进出境的行李物品和邮寄进出境的物品。

5. 复制权

海关有权复制与进出境运输工具、货物、物品有关的合同、发票、账册、单据、记录、文件、业务函电、录音录像制品和其他相关资料。

6. 询问权

海关有权询问被稽查人的法定代表人、主要负责人、其他有关人与进出口活动有关的情况和问题。

7. 查询权

海关在调查走私案件时，经直属海关关长或者其授权的隶属海关关长批准，有权查询案件涉嫌人员在金融机构、邮政企业的存款和汇款。

8. 稽查权

自进出口货物放行之日起3年内或者在保税货物、减免税进口货物的海关监管期限内及其后的3年内，海关有权对与进出口货物直接有关的企业、单位会计账簿、会计凭证、报关单证、其他有关资料和有关进出口货物实施稽查。

讨论 1-1

某海关审单关员对一批出口电池申报时，发现报关单证有疑点，并下达布控指令。经查验关员开箱检查，发现大量标有未在海关总署备案的标识电池和标有侵权商标的电池，即依法对当事人作出没收侵权货物并处罚款的行政处罚决定。

请分析，该海关在执法时依法可行使何种权力，为什么？

（四）行政强制权

海关具有的行政强制权主要包括以下方面：

海关缉私案例1

1. 扣留权

海关行使扣留权的范围是：凡对违反《海关法》或者其他法律、行政法规的进出境运输工具、货物和物品以及与之有关的合同、发票、账册、单据、记录、文件、业务函电、录音录像制品和其他资料，可以扣留；凡对在海关监管区和海关附近沿海沿边规定地区，有走私嫌疑的运输工具、货物、物品和走私犯罪嫌疑人，经直属海关关长或者其授权的隶属海关关长批准，可以扣留；对走私犯罪嫌疑人，扣留时间不得超过24小时，在特殊情况下，可以延长至48小时；凡在海关监管区和海关附近沿海沿边规定地区以外，对其中有证据证明有走私嫌疑的运输工具、货物和物品，可以扣留。

2. 滞报、滞纳金征收权

海关对超期未报货物，征收滞报金。如逾期缴纳进出口税费的，则征收滞纳金。

3. 提取货样、施加封志权

海关在查验货物时，如工作必须，可径行提取货样。海关对有违反有关法律法规嫌疑的进出境货物、物品、运输工具，对所有未办结海关手续、处于海关监管状态的进出境货物、物品、运输工具，有权施加封志，任何单位或个人不得损毁封志或擅自提取、转移、动用在封的货物、物品及运输工具。

4. 提取货物变卖、先行变卖权

海关有权提取货物变卖的情形是：进口货物超过 3 个月未向海关申报，或进口货物收货人或者其所有人声明放弃的货物，海关有权提取并依法变卖处理。海关依法扣留的货物、物品不宜长期保留的，经直属海关关长或其授权的隶属海关关长批准，可以先行依法变卖。

5. 强制扣缴和变价抵缴关税权

经直属海关关长或者其授权的隶属海关关长批准，海关对进出口货物的纳税义务人、担保人超过规定期限未缴纳税款的，可书面通知其开户银行或者其他金融机构从其存款内扣缴税款，或将应税货物依法变卖，以变卖所得抵缴税款，或扣留并依法变卖其应纳税款的货物或者其他财产，以变卖所得抵缴税款。

海关缉私案例 2

6. 税收保全

海关依法责令进出口货物纳税义务人提供纳税担保时，如其能提供，经直属海关关长或者其授权的隶属海关关长批准，可采取税收保全措施。即书面通知纳税义务人开户银行或者其他金融机构暂停支付纳税义务人相当于应纳税款的存款，或扣留纳税义务人的价值相当于应纳税款的货物或者其他财产。

7. 抵缴、变价抵缴罚款权

当事人逾期不履行海关处罚决定又不申请复议或者向人民法院提起诉讼的，海关可以将其保证金抵缴，或将其被扣留的货物、物品和运输工具依法变价抵缴。

8. 连续追缉权

海关对违抗海关监管逃逸的进出境运输工具或者个人，可连续追至海关监管区和海关附近沿海沿边规定地区之外，包括陆地和海域，可将其带回处理。海关追缉时，须保持连续状态。

9. 其他特殊的行政强制权

其他特殊的行政强制权有下列三种担保形式：

（1）处罚担保。其指海关依法扣留有走私嫌疑的货物、物品和运输工具时，如果无法或者不便扣留的，或有违法嫌疑但依法不应予以没收货物、物品和运输工具的，当事人申请先予放行或解除扣留的，海关可要求当事人或者运输工具负责人提供等值担保。未提供等值担保的，海关可扣留当事人等值的其他财产。受海关处罚的当事人在离境前未缴纳罚款，或未缴清依法被没收的违法所得和依法被追缴的货物、物品和走私运输工具的等值价款的，应提供相当于上述款项的担保。

（2）税收担保。这是指海关对进出口货物的纳税义务人在规定的缴纳期限内，有明显转移、藏匿其应税货物以及其他财产迹象的，可责令其提供担保。经海关批准的暂时进口或者暂时出口货物、特准进口的保税货物，收发货人须缴纳相当于税款的保证金或者提供担保后，才可准许暂时免纳关税。

（3）其他海关事务担保。收发货人要求在确定货物的商品归类、估价和提供有效报关单证或办结其他海关手续前放行货物的，须提供与其依法应履行的法律义务相适应的担保。

讨论 1–2

上海海关发现某公司申报的进口大豆存在故意低报价格、偷逃税款的重大嫌疑现象，即立案着手调查，并扣留涉案货物。调查期间，工作人员注意到在扣大豆不宜长期保存。

请分析，如经海关关长批准，该海关在执法时可行使何种权力，为什么？

（五）佩带和使用武器权

海关在执行缉私任务时，根据有关规定仅限佩带轻型枪支、电警棍和手铐等。有下列情形之一时，海关工作人员可使用武器：在不能制服被追缉逃跑的走私团伙或者遭遇武装掩护走私时；以暴力劫夺查扣的走私货物、物品，以及暴力抗拒缉私、抢夺武器、威胁海关人员生命安全时。动用武器的目的是进行自卫，并制服犯罪行为。

（六）行政处罚权

海关有权对尚未构成走私罪的违法当事人处以行政处罚。其主要包括：对走私货物、物品及违法所得处以没收；对有走私行为和违反海关监管规定行为的当事人处以罚款；对有违法情事的报关单位和报关员处以警告，以及处以暂停或取消报关资格；等等。

讨论 1–3

一对来自东南亚航班的体内藏毒外籍旅客入某国际机场海关旅检处受检时，被海关依法扣押，其欲抢夺武器逃窜，被海关缉私工作人员鸣枪缉拿。与此同时，另一旅检处海关工作人员查获归国华侨携带禁止入境的植物种子，将其予以没收并处以罚款。

请分析，海关执法的依据是什么，为什么？

（七）其他权力

海关享有的其他行政权主要有以下六项：

1. 行政裁定权

海关行政裁定权主要适用的海关事务是：进出口商品的归类；进出口货物原产地的确定；禁止进出口措施和许可证件的适用；海关总署规定的其他海关事务。

2. 行政命令权

海关行政命令权主要适用于对违反有关海关法律规定的企业责令限期改正、责令货物退运等海关事务。

3. 行政奖励权

海关行政奖励权是指对举报或者协助海关查获违反有关法律法规案件的有功单位和个人给予精神或者物质奖励的权力。

4. 知识产权保护

海关对知识产权保护的情形是：知识产权权利人请求海关采取知识产权保护措施；知识产权权利人发现侵权嫌疑货物即将进出口，要求海关予以扣留。

5. 行政立法权

海关行政立法权是指海关总署根据法律的授权，制定并发布海关行政规章的权力。

6. 行政复议权

海关行政复议权是指有权复议的海关（海关总署、各直属海关）对管理相对人不服海关行政行为进行复议，并作出撤销、变更或维持原海关具体行政行为的整个行政司法过程。

四、海关行使权力的基本原则

（一）合法原则

合法原则是指行政权力的行使要具有合法性，其包括行使行政权力的主体资格、依据、方法、手段、步骤和时限等必须具有合法性。海关及管理相对人等行政主体如有违法现象，都将承担相应的法律责任。

（二）适当原则

适当原则是指权力的行使应该以公平性、合理性为基础，以正义性为目标。为防止海关滥用自由裁量权，我国法律通过行政和司法监督，即行政复议与行政诉讼程序的途径予以约束。

（三）依法独立行使原则

海关实行高度集中统一的管理体制和垂直领导方式，地方各级海关对海关总署负责。海关无论级别高低，都是代表国家行使管理权的国家机关，海关依法独立行使权力，"各地方、各部门应当支持海关依法行使职权，不得非法干预海关执法活动"。

（四）依法受到保障原则

海关权力是国家权力的一种，应受到保障。《海关法》第十二条规定："海关依法执行职务，有关单位和个人应当如实回答询问，并予以配合，任何单位和个人不得阻挠。海关执行职务受到暴力抗拒时，执行有关任务的公安机关和人民武装警察部队应当予以协助。"

五、海关权力的监督

海关权力的监督即海关执法监督，以确保海关权力在法定范围内运行。

海关执法监督主要指中国共产党的监督、国家最高权力机关的监督、国家最高行政机关的监督、监察机关的监督、审计机关的监督、司法机关的监督、管理相对人的监督、社会监督（舆论监督）以及海关上下级机构之间的相互监督、机关内部不同部门之间的相互监督、工作人员之间的相互监督等。

六、我国海关组织机构

（一）海关的设关原则

《海关法》以法律形式明确了海关的设关原则："国家在对外开放的口岸和海关监管业务集中的地点设立海关。海关的隶属关系，不受行政区划的限制。"

（二）海关的组织机构

1. 海关总署

海关总署是国务院下属的正部级直属机构，实行垂直管理，统一管理全国海关。海关总署现有20个内设部门、3个驻外机构、6个直属事业单位、4个社会团体，详见表1-1。

表1-1　海关总署机构设置

署内部门	派驻机构	在京直属事业单位	社会团体	驻外机构
办公厅 政策法规司 关税征管司 口岸监管司 企业管理和稽查司 统计分析司 自贸区和特殊区发展司 风险管理司 卫生检疫司 动植物检疫司 进出口食品安全局 商品检验司 缉私局 科技发展司 国际合作司 财务司 机关党委 人事教育司 退休干部局 督察内审司	中央纪委监察部驻总署纪检组监察局	机关服务中心 全国海关教育培训中心 海关信息中心 物资装备采购中心 中国海关出版社 中国电子口岸数据中心	海关协会 口岸协会 报关协会 保税区出口加工区协会	欧洲联盟使团海关处 俄罗斯大使馆海关处 美国大使馆海关处

2. 直属海关

直属海关是指直接由海关总署领导，负责管理一定区域范围内的海关业务的海关。目前，全国海关共有42个直属海关。

3. 隶属海关

隶属海关是指由直属海关领导，负责办理具体海关业务的海关。目前，全国海关共有600个隶属海关和办事处，通关监管点近4 000个。

知识链接

中华人民共和国海关关徽

关徽由商神手杖与金色钥匙交叉组成。商神手杖代表国际贸易，钥匙象征海关为祖国把关。关徽的寓意是中国海关依法实施进出境监督管理，维护国家的主权和利益，促进对外经济贸易发展和科技文化交往，保障社会主义现代化建设。

七、我国海关关衔制度

关衔是区分海关关员等级、表明海关关员身份的称号和标志，其设置为五等13级。具体内容如图1-1所示：

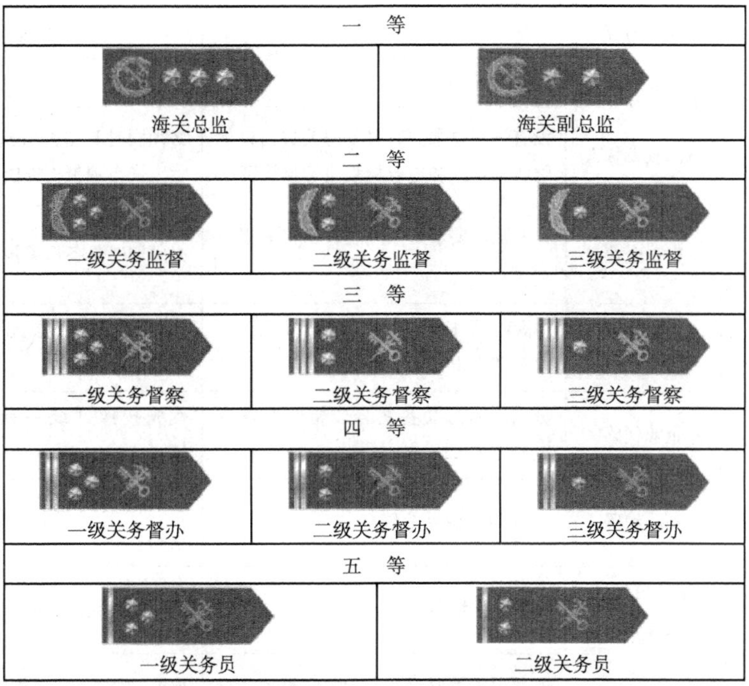

图 1-1 我国海关关衔设置情况

海关总监、海关副总监、一级关务监督、二级关务监督由国务院总理批准授予；三级关务监督至三级关务督察，由海关总署署长批准授予；海关总署机关及海关总署派出机构的一级关务督办以下的关衔由海关总署政治部主任批准授予；各直属海关、隶属海关的一级关务督办以下的关衔由各直属海关关长批准授予。

八、我国海关改革

（一）关检融合改革

“关检融合”是指将出入境检验检疫管理职责和队伍划入海关总署。为了认真贯彻执行党中央国务院下发的《有关深化党和国家机构改革方案》，海关总署制订了《全国通关一体化关检业务全面融合框架方案》，明确了海关、原国检申报系统及数据合并整合，目标做到五个统一：申报统一、系统统一、风控统一、指令下达统一、现场执法统一，并于 2018 年 8 月 1 日实施。中国国际贸易单一窗口全面支持关检融合。

（二）关检融合企业应对

因系统数据整合影响较大，企业需及时应对，做好报关与报检知识的融合、申报系统的及时调整、申报信息，以及业务场景的及时修改、归类和参数代码的及时更新，掌握“关检融合”的变化要点以及单一窗口企业的准备工作。

（三）关检融合重点变化

表 1-2 所示为我国关检融合重点变化情况。

表 1-2　关检融合重点变化情况

重点变化	变化内容	实施前	实施后
业务变化重点	境外收发货人	不作要求	鼓励填写
	境内收发货人	没有强制要求同时具备海关进出口货物收发货人和检验检疫自理报检资质	必须同时具备海关进出口货物收发货人和自理报检资质
	申报企业	没有强制要求必须同时具备报关报检资质	必须同时具备报关报检资质
填制变化重点	数据元	“报关+报检”共 229 项数据元，原报关基本申报项 48 项	105 项申报数据元，基本申报项 76 项
	企业代码	分别填写海关备案号或检验检疫备案号	优先按照“统一社会信用代码”填写
	商品编码	10 位海关商品编码	10 位海关商品编码+3 位检验检疫编码
	集装箱商品项号关系	报关无须填写	填写集装箱商品项号关系
	关检关联号	以“关检关联号”作为关联报关、报检重要的联系编号	取消“关检关联号”，以“数据中心统一编号”作为唯一号码
随附单据变化重点	上传方式	报关、报检分别上传随附单据	上传随附单据
	上传格式	报关支持 PDF 文件上传，报检支持多类型文件上传	只支持 PDF 文件上传
变化的参数	变化的参数	报关国别（地区）代码、港口代码、币制代码、运输方式代码、监管方式代码、计量单位代码、包装种类代码、集装箱规格代码	
打印变化重点	打印项目	按照报关单 48 个项目打印，商品 8 项	增加检验检疫申报内容，形成了具有 56 个项目的新报关单打印格式，商品变为 6 项
	打印方式	套打	普通 A4 纸打印，取消套打，第二页开始无表头信息
	打印版式	竖版	横版
	打印内容	右上角打印条形码	右上角同时打印二维码和条形码

（四）关检融合版本文件变化

1. 展示内容

以原报关单 48 个项目为基础，增加部分原报检内容形成了具有 56 个项目的新报关单打印格式，与国际推荐的报关单样式更加接近。

2. 打印方式

纸质报关单全部采用普通打印方式，取消套打，不再印制空白格式报关单和报检单。

3. 布局结构

对版式文件的布局结构进行优化，将竖版改成横版，使报关单上能够展示更多的信息（见图 1-2）。

进口货物报关单（录入凭单）

境内收货人	（9144020××5449××××）	进境类别		进口日期		申报日期		备案号	
××省×××进出口有限公司		××海关		201808××					
境外发货人	（T××× NUMBER+0××××7-0××）	运输方式		运输工具名称及航次号		提运单号		货物存放地点	
Beng ××× market company		水路运输		51××××××××/51×××××××××		HKGCRQ××××××		××车场	
消费使用单位	（9144010650××××××××）	贸易方式		征免性质		许可证号		启运港	
广东省佛山市顺德区×××有限公司		一般贸易		一般征税				悉尼	
合同协议号		贸易国（地区）		启运国（地区）		经停港		入境口岸	
2018A××		澳大利亚		澳大利亚		中国香港		××车检场	

包装种类		件数	毛重（千克）	净重（千克）	成交方式	运费		保费	杂费	
托盘，纸箱，包		50	15000	13600	CIF					

随附单证及编号
随附单证1：　　随附单证2：合同、发票、装箱单
标记唛码及备注：N/M
集装箱号码：

项号	商品编号	商品名称及规格型号	数量及单位		单价	总价	币制	原产国	最终目地国	境内目的地	征免
01	8302200000	小脚轮	50000	个	2.00	100，000.00	澳大利亚元	澳大利亚	中国	××市××区	照章征税
	999		13600	千克							
申报要素	品牌类型：4境外品牌（其他）|享惠情况：3进口|用途：家具用|材质：不锈钢|直径：50mm|所装轮或胎的宽度：25mm|品牌：×××										
02											
申报要素											

特殊关系确认：	否	价格影响确认：	否	特许权使用费支付确认：	否	自报自缴：是
企业信息	单证联系人：×××先生	联系电话：	0××-2280××××/13×××××××××	费用开票抬头：	××省×××进出口有限公司（91440106554449×××）	
船务信息	提单船公司：×××	船务电话：	0××-2280××××	申报单位：	××市××区报关有限公司（9144××××××××××××××）	

图 1-2　关检融合后的报关单（录入凭单）

（五）关检融合准备工作

1. 办理新报关单所需的卡介质

电子口岸卡介质类型为 IC 卡/Ikey。

2. 用户（注册）管理

（1）“单一窗口”标准版用户注册，注册指南；

（2）获取保存企业已备案好的资质信息；

（3）绑定 IC 卡信息。

3. 企业资质备案

（1）登录“单一窗口”标准版，进入企业资质备案子系统；

（2）新企业一次申请、同时备案；

（3）存量单一资质企业补全资质备案。

九、全国通关一体化改革

自 2018 年 7 月 1 日起，海关通关一体化正式在全国实施。全国海关通关一体化业务的运行是围绕着“两中心”来运转的。“两中心”是在全国海关通关一体化主体架构中增加风险防控中心和税收征管中心，并在三级海关机构设置中辅以相应机构职能，共同形成了新海关运行机制的重要架构设计。“两中心”是要通过管理的实体中心，实现全国海关关检业务统一执法、集中指挥，把安全准入、税收征管等方面的风险防控要求以具体指令形式直接下达到一线现场。

（一）通关一体化改革的概念

所谓通关一体化改革，是指企业可以任意选择通关或者报关地点和口岸，在全国任何一个地方都可办理相关手续。全国通关一体化可以让企业通关成本更低、更便捷。

（二）通关一体化改革的内容

改革的内容是启用全国“风险防控中心”和“税收征管中心”。海关总署在青岛、上海、黄埔设立 3 个一级风险防控中心，统一对全国范围的进出口货物实施风险管理，下达布控查验指令；在上海、广州、京津设立 3 个一级税收征管中心，统一对全国范围的进出口单据进行审核，下达核查指令。改革后，企业可以在任意一个海关完成申报、缴税等海关手续，消除了申报的关区限制，通关更顺畅。

上海税收征管中心：负责机电类（84~92 章），占全年税收的 45%；

广州税收征管中心：负责化工类（28~38 章）及贱金属类（72~83 章），占全年税收的 37%；

京津税收征管中心：负责其他类（农副产品、轻纺、航空、医药等），占全年税收的 18%。

“自报自缴”的税收征管方式改革扩大到“全国口岸”“所有运输方式”“全部章节”的“进口”商品。从 2016 年 11 月开始，海关试点“自报自缴”的税收征管方式改革，在部分口岸，对部分运输方式的部分商品进行试点，试点的主要内容是不再在通关环节审查申报内容的真实性，企业怎么申报，海关就怎么征税、放行，大幅度缩减通关时间，提高通关效率。从 2018 年 7 月 1 日开始，这项改革范围扩大到“全国口岸”“所有运输方式”“全部章节”的“进口”商品。采用“一次申报、分步处置”的新型通关管理模式。

海关在“分步处置”模式下：第一步，风险防控中心分析货物是否存在禁限管制、侵权、品名规格数量伪瞒报等安全准入风险并下达布控指令，由现场查验人员实施查验。对于存在重大税收风险且放行后难以有效稽（核）查或追补税的，由税管中心实施货物放行前的税收征管要素风险排查处置；需要在放行前验核有关单证，留存相关单证、图像等资料的，由现场验估岗进行放行前处置；需要实施实货验估的，由现场查验人员根据实货验估指令要求实施放行前实货验估处置。货物经风险处置后符合放行条件的可予放行。第二步，税收征管中心在货物放行后对报关单税收征管要素实施批量审核，筛选风险目标，统筹实施放行后验估、稽（核）查等作业。

（三）通关一体化改革的作业流程

海关现行进出口物流通关流程是接受申报、审单、查验、征税、放行的“串联式”作业流程。全国海关通关一体化改革后，采用“一次申报、分步处置”的新型通关管理模式，在企业完成报关和税款自报自缴手续后，安全准入风险主要在口岸通关现场处置，税收征管要素风险主要在货物放行后处置。

通关一体化改革就是让通关环节“瘦身”。企业在货物通关时一次申报，海关对货物安全准入、合法进出口等要素完成甄别后，先予放行，再由属地海关开展税收后续管理。

收征管方式由过去的海关审查确定企业申报税收要素、核定企业应缴税款，转为企业自行申报税收要素、自行计算并缴纳税款、海关受理后放行货物，实施全过程抽查审核。同时，企业可以选择任意地点进行报关，消除了申报的关区限制（见图 1-3）。

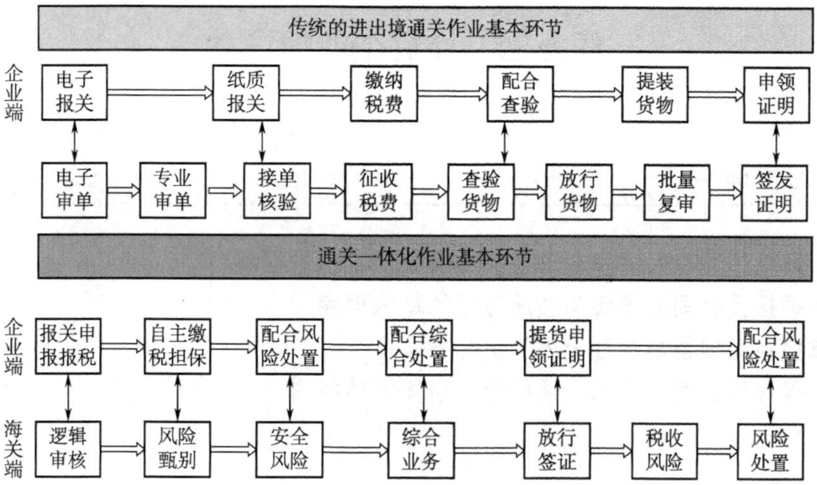

图 1-3　海关进出口通关作业流程对比

（四）海关“通关一体化”改革对企业的影响

一方面，企业的通关效率将大大提高，面临的执法环境也将得到改善。海关不再像以往在通关环节针对价格、归类（HSCODE）、原产地等涉税要素进行严密审查，企业的通关时间将有望大幅度缩短。全国统一设立的风险防控中心和税收征管中心统一承担查验布控和单据审核职能，企业即使仍然会被查验或者要求说明情况，比例也将大幅下降，而且执法统一性将大大提高。总体上来说，改革有利于我国对外贸易的健康发展，有利于企业进出口活动的顺利开展。

另一方面，企业面对的海关监管并不会放松，只是由前期监管变为后续监管。海关的任何改革，都不可能以放松监管为代价，在简化通关环节手续、提高通关效率的同时，必然将监管重心向后转移，通过加大后续监管的力度，以保证监管到位，避免出现由于改革导致大量走私违法行为被放纵的局面。所以，企业在面对海关改革措施的时候，切不可只见其一，不见其二，既要充分利用改革带来的便利，也要对改革带来的风险予以充分重视，提前做好风险防范工作。

（五）海关通关一体化改革下企业的应对措施

一是要全面认识改革。既要充分利用改革的便利措施，推动企业获得更大的发展，尽享改革红利，更要准确把握改革方向，对风险予以高度重视，提前做好应对准备，避免由于认识偏差导致企业利益受损。

二是要及时转变观念。既然海关监管的重心已经转移到后续环节，将改革节省出来的前期监管人力资源投入到后续监管之中，企业当然也要转变观念，将通关的一系列管理和合规工作准备前移，在发货前，更加紧密地配合关务团队和有关外部专业服务机构，充分做好准备工作。

三是要加强关务意识。以往企业将海关事务的重心放在通关环节，今后海关更多地以稽查实施后续监管，对企业自身关务意识与风险管控能力提出了更高的要求。

任务二　外贸企业的设立

学习目标

- 了解对外贸易经营者办理海关注册登记的基本程序
- 熟悉报关公司办理海关注册登记的基本程序
- 掌握报关单位情况登记表的填写方法
- 明确报关公司办理海关注册登记所需申请材料

任务导入

近日，李明在老师的推荐下，参加筹建上海进出口公司的工作。为此，李明要了解我国《公司法》、《公司登记管理条例》和《海关法》等有关法律法规的规定，掌握外贸企业设立的相关程序和具体要求。为此，李明带着下列问题，学习有关法律法规。

思考：

1. 公司设立的基本程序及要求有哪些？
2. 对外贸易经营者备案登记的基本程序及要求有哪些？
3. 对外贸易经营者办理海关注册登记的基本程序及要求有哪些？

根据我国《公司法》和《公司登记管理条例》的规定，设立外贸企业，应依法办理公司登记，领取《企业法人营业执照》后，向国务院对外贸易主管部门或者其委托的机构办理备案登记，凭加盖备案登记印章的《对外贸易经营者备案登记表》在 30 日内到当地的职能机构办理税务登记，并办理出入境检验检疫、进出口货物报关、原产地证明书、出口收汇核销等注册登记手续。

一、对外贸易经营者工商登记

根据我国《公司法》和《公司登记管理条例》的有关规定，设立公司，应依法办理公司登记，领取《企业法人营业执照》。公司设立登记程序如下：

（一）申请企业名称预先核准

设立有限责任公司，应当由全体股东指定的代表或者共同委托的代理人向公司登记机关申请名称预先核准；设立股份有限公司，应当由全体发起人指定的代表或者共同委托的代理人向公司登记机关申请名称预先核准。企业名称实行网上计算机自动检索或人工查询，无异议后可办理企业名称登记。

企业申请名称预先核准应提交下列文件：

（1）有限责任公司的全体股东或者股份有限公司的全体发起人签署的公司名称预先核准申请书；

（2）全体股东或者发起人指定代表或者共同委托代理人的证明；

（3）国家工商行政管理部门按规定要求提交的其他文件。

公司登记机关受理后作出决定。予以核准的，出具《企业名称预先核准通知书》；不予以核准的，应出具《企业名称驳回通知书》，说明不予核准的理由，并告知申请人享有依法申请行政复议或者提起行政诉讼的权利。

（二）申请企业设立登记

设立有限责任公司，应由全体股东指定的代表或者共同委托的代理人到公司登记机关，也可以通过信函、传真和电子邮件等方式提出设立登记申请，并提交有关文件。文件主要包括：

（1）公司法定代表人签署的设立登记申请书；

（2）全体股东指定代表或者共同委托代理人的证明；

（3）公司章程；

（4）验资机构出具的验资证明；

（5）股东的主体资格证明或者自然人身份证明；

（6）载明公司董事、监事、经理的姓名与住所的文件以及有关委派、选举或者聘用的证明；

（7）公司法定代表人任职文件和身份证明；

（8）企业名称预先核准通知书；

（9）公司住所证明。

（三）公司登记机关作出是否受理的决定

公司登记机关对通过信函、传真和电子邮件等方式提出设立企业申请的，自收到申请文件和材料之日起 5 日内作出是否受理的决定。属于受理范围的主要情况有：

（1）申请文件与材料齐全符合法定形式的，或者申请人按照公司登记机关的要求提交全部补正的申请文件或材料的；

(2) 申请文件与材料齐全符合法定形式，但公司登记机关认为申请文件或材料需要核实的；

(3) 申请文件与材料存在可当场更正的错误，应允许申请人当场予以更正，由申请人在更正处签名或者盖章，注明更正日期，并经确认申请文件、材料齐全，符合法定形式的。

如果申请文件、材料不齐全或者不符合法定形式的，应当场或5日内一次告知申请人需要补正的全部内容。如为当场告知，应将申请文件、材料退回申请人；属于5日内告知的，应当收取申请文件、材料并出具收到申请文件与材料的凭据。逾期不告知的，自收到申请文件、材料之日起即为受理。

公司登记机关对受理的申请者出具《受理通知书》；对不予受理的，出具《不予受理通知书》，说明不予受理的理由，并告知申请人享有依法申请行政复议或者提起行政诉讼的权利。

(四) 公司登记机关颁发企业法人营业执照

公司登记机关对申请文件等材料核准无误后，按其注册资本总额的0.08%收取设立登记费，并颁发企业法人营业执照。企业法人营业执照的签发日期为公司成立日期，设立公司可凭其刻制印章，开立银行账户，申请纳税登记。

二、对外贸易经营者备案登记

按照对外贸易经营者备案登记办法的规定，除法律规定不需要备案登记的以外，所有从事货物或技术进出口的对外贸易经营者，都应当向国务院对外贸易主管部门或者其委托的机构办理备案登记。否则，海关不予办理进出口货物的报关和验放手续。

拟设立新的外贸企业在工商行政管理部门办理注册登记，并在质量技术监督组织机构中的代码管理机构领取组织机构代码证后，在本地区备案登记机关办理备案登记。对外贸易经营者备案登记程序如下：

(一) 领取对外贸易经营者备案登记表

对外贸易经营者可以通过商务部政府网站（http：//www.mofcom.gov.cn）下载，或到所在地备案登记机关领取对外贸易经营者备案登记表。

知识链接

组织机构代码证书

组织机构代码是国家为满足政府部门的管理需求，确保对境内所有经济活动主体进行统一标识，根据国家有关代码编制原则，给每一个机关、企事业单位和社会团体颁发的一个在全国范围内唯一的、始终不变的法定代码标识。具体业务由各地质量技术监督组织机构中的代码管理机构负责办理。组织机构代码广泛应用于税务、银行、外汇、海关、外贸和社会保障等各个方面，并在电子政务建设过程中起到重要作用。如银行代办企（事）业单位基本账户时，需要提供单位有效的组织机构代码相关资料，申请行通过登录人民银行账户信息系统，按照相应代码对企（事）业单位进行查询，可避免同一个单位重复开设基本账户的现象。

由于组织机构的名称、法定代表人、机构类型、经济行业、经济类型以及地址等信息经常发生变化，为确保代码所标识的对象相关信息的准确性，对代码证书和相关信息实施年审制度。

（二）提交备案登记材料

向备案登记机关提交的备案登记材料主要有：

（1）按要求填写的“对外贸易经营者备案登记表”。

（2）营业执照复印件。

（3）组织机构代码证书复印件。

（4）如为外商投资企业，应提交外商投资企业批准证书复印件；如为个体工商户（独资经营者），须提交合法公证机构出具的财产公证证明；如为外国（地区）企业，须提交经合法公证机构出具的资金信用证明文件。

（三）受理备案登记

备案登记机关应自收到对外贸易经营者提交的上述材料之日起5日内办理备案登记手续，符合规定的，在对外贸易经营者备案登记表上加盖备案登记印章，并将其信息和材料建立备案登记档案。

三、对外贸易经营者税务登记

对外贸易经营者应凭加盖备案登记印章的“对外贸易经营者备案登记表”，在登记之日起30日内到当地主管国家税务机关依法办理税务登记。其程序如下：

（一）税务登记申请

对外贸易经营者到当地主管税务机关或指定税务登记办理处，填报“申请税务登记报告书”，并随附下列证件和资料：

（1）营业执照或其他核准执业证件；

（2）有关合同、章程、协议书；

（3）银行账号证明；

（4）法定代表人、负责人、纳税人本人的居民身份证、护照或者其他证明身份的合法证件；

（5）组织机构统一代码证书；

（6）住所、经营场所的使用证明；

（7）税务机关要求提供的其他证件资料。

（二）税务机关受理

税务机关审核申请报告和有关证件资料，对符合登记条件的，按其登记的种类发放税务登记表。

（三）税务登记表填写

对外贸易经营者应按规定如实地填写税务登记表并加盖企业印章，经法定代表人签字后，将税务登记表报送主管国家税务机关。

（四）税务机关发放税务登记证件

税务机关对对外贸易经营者报送的税务登记表应在受理之日起30日内审核完毕，符合规定的，予以登记，发给税务登记证（或注册税务登记表）及其副本，并分税种填制税种登记表，确定纳税人所适用的税种、税目、税率、报缴税款的期限和征收方式及缴库方式等。

四、对外贸易经营者报检备案登记

报检单位备案登记是指取得对外贸易经营者备案登记表的境内企业法人、个人独资和合伙企业，为进行对外贸易，必须根据有关法律法规的规定，向出入境检验检疫机构办理备案登记事宜。报检单位按其登记的性质，可分为自理报检单位和代理报检单位两种类型。

自理报检单位备案登记申请人可直接向其工商注册所在地的检验检疫机构提出申请办理备案登记手续。

五、对外贸易经营者海关注册登记

海关注册登记是指取得对外贸易经营者备案登记表的境内企业法人、个人独资和合伙企业，为进行对外贸易，向海关办理注册登记事宜。海关对进出口货物收发货人注册登记实行备案制。进出口货物收发货人在海关办理注册登记后，可以在中华人民共和国关境内各个口岸地或者海关监管业务集中点办理企业的报关业务。海关注册登记程序如下：

（一）申请人提交申请材料

对外贸易经营者（进出口货物收发货人）应当按照规定到所在地海关办理报关单位注册登记手续，并提交有关证件材料。其主要有：

（1）企业法人营业执照副本复印件（个人独资、合伙企业或者个体工商户提交营业执照）；

（2）对外贸易经营者登记备案表复印件（法律、行政法规或者商务部规定不需要备案登记的除外）；

（3）企业章程复印件（非企业法人免提交）；

（4）税务登记证书副本复印件；

（5）银行开户证明复印件；

（6）组织机构代码证书副本复印件；

（7）报关单位情况登记表与报关单位管理人员情况登记表；

（8）其他与注册登记有关的文件材料。

（二）海关审核申请人材料

注册地海关依法对申请注册登记材料是否齐全、是否符合法定形式进行核对。申请材料齐全是指申请人按照海关所公布的规定，如数提交全部材料。申请材料的法定形式是指申请人提交的材料必须符合法定的时限，记载事项和文书格式要符合法定的要求。

（三）海关核发注册登记证书

注册地海关接受申请后3日内办妥注册登记，并对申请材料齐全、符合法定形式的申请人核发中华人民共和国海关进出口货物收发货人报关注册登记证书，有效期限为3年，报关单位凭其办理报关业务。

六、对外贸易经营者出口收汇核销备案登记

对外贸易经营者取得出口经营权后，应当到海关办理“中国电子口岸”入网手续，到有关部门办理“中国电子口岸”企业法人IC卡和“中国电子口岸”企业操作员IC卡电子认证，并赴本地外汇管理局办理核销备案登记手续。其程序如下：

（一）办理“中国电子口岸”入网手续

1. 领取有关表格

对外贸易经营者持组织机构代码证、企业法人营业执照、税务登记证、中华人民共和国进出口企业资格证书、报关单位登记注册证明等证件向海关索取中国电子口岸入网资格审核申请表、中国电子口岸企业情况登记表和中国电子口岸企业IC卡登记表。

2. 职能部门审核

质量技术监督局、工商局、国税局和商委对中国电子口岸入网资格审核申请表和组织机构代码证进行审核，确认后在表内相应栏目内批注签章，并将资料退回企业；外汇管理局对中国电子口岸入网资格审核申请表、核销员证、中国电子口岸企业情况登记表、中国电子口岸企业IC卡登记表进行审核，审核通过的，在表内批注签章，并将资料退回企业；海关对中国电子口岸入网资格审核申请表、报关单位登记注册证明、报关员证的原件与复印件、中国电子口岸企业情况登记表和中国电子口岸企业IC卡登记表进行审核，核准后在表内批注签章，并将资料整理、装订成册后退回企业。

（二）对外贸易经营者办理出口收汇核销备案登记

办理出口收汇核销备案登记，可在第一笔出口业务需要领取核销单时，到外汇管理局同时办理。办理核销备案登记手续所需的材料主要有：

（1）单位介绍信、申请书；

（2）外经贸部门批准经营进出口业务批件正本及复印件；

（3）企业法人营业执照（副本）或企业营业执照（副本）及复印件；

（4）中华人民共和国组织机构代码证正本及复印件；

（5）海关注册登记证明书正本及复印件；

（6）外汇局要求提供的其他材料。

外汇管理局审核上述材料无误后，为出口单位办理登记手续，建立出口单位电子档案信息。

七、进出口公司的设立

（一）进出口公司办理工商登记

以上海进出口公司为例，公司根据我国《公司法》和《公司登记管理条例》的有

关规定，向黄浦区工商行政管理局办理公司登记，提交公司章程、验资证明、公司法定代表人任职文件与身份证明、企业名称预先核准通知书和公司住所证明等文件。工商部门对申请文件等材料核准无误后，收取设立登记费，并颁发企业法人营业执照。企业法人营业执照签发日期为 2023 年 1 月 8 日，营业执照注册号为 GS20230101。

（二）进出口公司办理备案登记

上海进出口公司在工商行政管理部门办理好注册登记并在质量技术监督组织机构中的代码管理机构领取组织机构代码证（代码 ZC20231234）后，填写“对外贸易经营者备案登记表”（见表 1-3），随附营业执照复印件、组织机构代码证书复印件和财产公证证明等材料向上海市商委办理对外贸易经营者备案登记。上海市商委核准无误后，在“对外贸易经营者备案登记表”上加盖备案登记印章，并将其信息和材料建立备案登记档案。

表 1-3　对外贸易经营者备案登记表

备案登记表编号：N08387623　　　　进出口企业代码：3100843215

经营者中文名称	上海进出口公司		
经营者英文名称	SHANGHAI IMPORT& EXPORT CORPORATION		
组织机构代码	ZC20231234	经营者类型 （由备案登记机关填写）	个体工商
住所	经营场所（中文）		
经营场所（中文）	经营场所（中文）		
经营场所（英文）	333 ZHONGHUA ROAD SHANGHAI CHINA		
联系电话	021-65788888	联系传真	021-6788899
邮政编码	2000056	电子邮箱	SIBO@ sohu. com
工商登记 注册日期	2023 年 1 月 8 日	工商登记 注册号	CS20230101

（三）上海进出口公司办理税务登记

上海进出口公司获取加盖备案登记印章的“对外贸易经营者备案登记表”后，即日到上海市黄浦区国家税务局填报“申请税务登记报告书”，并随附营业执照、银行账号证明、法定代表人居民身份证、组织机构统一代码证书和经营场所的使用证明等有关材料办理税务登记。税务机关对其审核无误后，按其登记的种类发放税务登记表。公司如实地填写税务登记表，签字并加盖企业印章后送黄浦区国家税务局。黄浦区国家税务局受理核准后予以登记，发给税务登记证及其副本，并分税种填制税种登记表，确定纳税人所适用的税种、税目、税率、报缴税款的期限和征收方式及缴库方式等。

（四）上海进出口公司办理报检备案登记

上海进出口公司根据有关法律法规的规定，填写“自理报检单位备案登记申请表”并随附“企业法人营业执照”、组织机构代码证等有关材料向上海市出入境检验检疫局黄浦分局办理自理报检单位备案登记手续。经其核准后予以备案登记，并颁发“自理报检单位备案登记证明书”。

（五）上海进出口公司办理海关注册登记

上海进出口公司按照规定填写“报关单位情况登记表”（见表1-4）与“报关单位管理人员情况登记表”（见表1-5），并随附营业执照、对外贸易经营者登记备案表复印件、企业章程复印件、税务登记证书副本复印件、银行开户证明复印件、组织机构代码证书副本复印件等有关材料到所在地海关办理报关单位注册登记手续。海关审核申请人材料，对符合法定要求的3日内办妥注册登记，并核发“中华人民共和国海关进出口货物收发货人报关注册登记证书”，凭其办理报关业务。

表1-4　报关单位情况登记表

（以下内容不得空缺，如办理变更，仅填写变更事项）

海关注册编码	0387124666		预录入号				
注册日期							
名称	工商注册全称	上海进出口公司					
	对外英文名称	SHANGHAI IMPORT-EXPORT CORPORATION					
地址	工商注册地址	上海市中华路333号		邮政编码	200056		
	对外英文地址	333 ZHONGHUA ROAD SHANGHAI CHINA					
注册资本（万）	700万元	资本币制	人民币	投资总额	100万元		
备案（批准）机关	上海市商委	备案（批准）文号	N08387623	生产类型	服务		
开户银行	工商银行黄浦支行	银行账号	4005743-212324	行业种类	服务		
法定代表人（负责人）	司博	证件类型	身份证	证件号	310×××19850811××32	电话	139××××2346
联系人	司博	联系电话	65788888	报关类型	自理		
纳税人识别号	NS08214567	营业执照编号	GS20230101				
组织机构代码	ZC20231234	报关有效期	10年				
进出口企业代码	3100843215	工商注册有效期	10年				
经营范围	服装纺织品批发、服装进出口贸易						
主要产品							
投资者		投资国别	投资方式	投资金额	到位金额		
1	司博	中国	资金、设备	100万元	100万元		
2							
3							
以上填写保证无误，请贵关（办）办理单位报关登记手续，我单位保证遵守海关的法律、法规和其他有关制度，承担相应的法律责任。							
备注	上海市中华路333号						

表 1-5　报关单位管理人员情况登记表

单位名称		上海进出口公司
海关注册编码		0387124666
法定代表人	姓名	司博
	身份证件号	310×××198508111832
	国籍（地区）	中国
	职务	总经理
	出生日期	1985 年 8 月 11 日
	学历	大学
	住址	上海市中华路 333 号
	联系电话（手机）	139××××12346
	备注	
报关业务负责人	姓名	司博
	身份证件号	310×××19850811××32
	国籍（地区）	中国
	职务	总经理
	出生日期	1985 年 8 月 11 日
	学历	大学
	住址	上海市中华路 333 号
	联系电话（手机）	139××××2346
	备注	
财务负责人	姓名	万厉
	身份证件号	310×××19850901××21
	国籍（地区）	中国
	职务	财务主管
	出生日期	1985 年 9 月 1 日
	学历	大学
	住址	上海市中华路 333 号
	联系电话（手机）	136××××7652
	备注	

注：企业管理人员的填报范围：

（1）法定代表人；

（2）报关业务负责人；

（3）会计主管或者财务经理。

知识链接

报关单位情况登记表填写方法

报关单位情况登记表填写方法如下：

1. 填表单位

填写申请注册登记报关单位的名称，并盖章。

2. 注册日期、海关注册编码、预录入号

新企业注册，可不填。

3. 工商注册全称、工商注册地址、邮政编码

分别填写中英文，并与企业法人营业执照内容一致。

4. 注册资本、资本币制、投资总额

根据企业法人营业执照的相关内容填写。投资总额以万美元为单位，按当日外汇汇率折算成美元。

5. 备案（批准）机关

填写核发“对外贸易经营者备案登记表”的机关名称。

6. 备案（批准）文号

填写“台港澳侨投资企业批准证书”备案登记表编号。

7. 生产类型

填写企业法人营业执照的经营范围，如产品出口、服务、其他类型。

8. 开户银行名称及账号

填写开设企业基本账户卡的银行名称及基本账户卡的账号。

9. 行业种类

填写企业法人营业执照的经营范围，如化工、机械、电子、纺织、食品、轻工、水产、医药、其他。

10. 法人代表（负责人）

填写企业法人营业执照核定的法定代表人或负责人。

11. 证件类型、证件号、电话

填写身份证，或居住证，或护照及证件号和电话。

12. 联系人、联系电话

填写向海关申请企业注册的负责人及联系电话。

13. 报关类别

填写无权报关、专业报关和自理报关。

14. 纳税人识别号

如为一般贸易企业，填写国税号；如为服务性行业，填写地税号。

15. 营业执照编号

填写企业法人营业执照的注册号。

16. 组织机构代码

填写申请企业的“中华人民共和国组织机构代码证”的代码号。

17. 报关有效期

新企业注册，可不填。

18. 进出口代码

填写“对外贸易经营者备案登记表”的进出口企业代码。

19. 工商注册有效期、经营范围

填写企业法人营业执照核定的相关内容。

20. 主要产品

填写企业生产的主要产品的 HS 编码前 4 位。

21. 投资者

填写外商投资企业股东，即自然人或法人的名称。

22. 投资国别

填写外商投资企业投资者国别。

23. 投资方式

按实际情况填写产权、物权、实物+产权、现汇、现汇+产权、现汇+实物、现汇+实物+产权。

24. 投资金额

填写企业法人营业执照核准的金额。

25. 到位金额

填写企业法人营业执照核定的实收资本。

26. 备注

填写企业日常经营地址，跨区迁址的注明原编码等。

（六）对外贸易经营者出口收汇核销备案登记

上海进出口公司取得出口经营权后，到海关办理“中国电子口岸”入网手续，到有关部门办理“中国电子口岸”企业法人 IC 卡和“中国电子口岸”企业操作员 IC 卡电子认证，并提交单位介绍信、申请书、批准经营进出口业务批件正本及复印件、企业营业执照（副本）及复印件、中华人民共和国组织机构代码证正本及复印件、海关注册登记证明书正本及复印件等有关材料向国家外汇管理局上海市分局办理核销备案登记手续。外汇管理局审核上述材料无误后，为出口单位办理登记手续，建立出口单位电子档案信息。

任务三　报关企业的设立

任务导入

李明是一名刚刚步入社会的高职毕业生，将来想在专业报关公司工作。在老师的推荐下，李明参加了上海报关公司的筹建工作。为此，他想了解设立专业报关公司的程序，带着下列问题，学习有关法律法规：

思考：

1. 海关对报关单位注册登记管理有何规定？
2. 申请报关权所需材料有哪些？
3. 办理报关单位注册登记的手续有哪些？

根据我国海关对报关单位注册登记管理的规定，中华人民共和国海关是报关单位注册登记管理的主管机关。报关单位办理报关业务应当遵守国家有关法律、行政法规和海关规章的规定，承担相应的法律责任。报关单位对其所属报关员的报关行为应当承担相应的法律责任。海关准予境内企业法人注册登记为报关企业，接受进出口货物收发货人的委托，向海关办理代理报关业务，从事报关服务相关活动。

一、申请人向海关申请报关权

申请人向工商注册地的海关主管部门提出报关权的申请，递交申请书和相关文件资料。

（一）申请人具备注册登记的条件

根据我国海关对报关单位注册登记管理的规定，注册登记须具备下列条件：

（1）具备境内企业法人资格条件；

（2）企业注册资本不低于人民币 150 万元；

（3）具备健全的组织机构和财务管理制度；

（4）报关员人数不少于 5 名；

（5）投资者、报关业务负责人、报关员无走私记录；

（6）报关业务负责人具有 5 年以上从事对外贸易工作经验或者报关工作经验；

（7）无因走私违法行为被海关撤销注册登记许可的记录；

（8）有符合从事报关服务所必需的固定经营场所和设施；

（9）海关监管所需要的其他条件。

知识链接

申请分支机构注册条件申请分支机构注册登记的条件如下：

（1）符合境内企业法人分支机构设立条件；

（2）自取得海关核发的报关企业报关注册登记证书之日起满 2 年；

（3）有符合从事报关服务所必需的固定经营场所和设施；

（4）分支机构负责人应当具有 5 年以上从事对外贸易工作经验或者报关工作经验；

（5）报关员人数不少于 3 名，报关业务负责人与报关员无走私记录；

（6）每申请一项跨关区分支机构注册登记许可，应当增加注册资本 50 万元。

（二）申请人申请报关权所需材料

（1）企业法人营业执照副本或企业名称预先核准通知书的复印件；

（2）企业章程；

（3）出资证明文件复印件；

（4）组织机构代码证；

（5）税务登记证；

（6）开户许可证明；

（7）报关企业注册登记许可申请书；

（8）所聘报关从业人员的报关员资格证、劳动合同和身份证复印件；

（9）从事报关服务业可行性研究报告；

（10）报关业务负责人工作简历和具有5年以上从事对外贸易工作经验或者报关工作经验的证明；

（11）报关服务注册地营业场所所有权证明，包括租赁协议、产权证复印件等；

（12）其他与申请注册登记许可相关的材料。

二、海关受理、审查与决定

（一）海关受理申请人的报关权申请

海关主管部门对申请材料进行审核，并作出处理。申请材料齐全且符合法定形式的，海关签发受理决定书；申请材料需要补充或更改的，海关签发行政许可申请告知书（见样例1-1）；申请人不具备申请资格的，海关签发行政许可申请不受理决定书（见样例1-2）。

样例1-1

中华人民共和国海关

行政许可申请告知书　　　　　　[　]　号

__________：

你（单位）关于　　　申请，我关于　　年　　月　　日收悉。经审查，有下列第　　项情形，

（1）申请事项依法不需要取得海关行政许可；

（2）申请材料不齐全；

（3）申请材料不符合法定形式。

根据《中华人民共和国行政许可法》和《中华人民共和国海关对报关单位注册登记管理规定》的规定，（具体告知事项……）

特此告知。

（海关行政许可专用章）

年　　月　　日

样例 1-2

行政许可申请不受理决定书

[ ] 号

__________:

你（单位）关于报关企业（跨关区分支机构）（注册登记许可、许可变更、许可延续）的申请，我关于 年 月 日收悉。经审查：你（单位）的申请依法不属本海关职权范围，根据《中华人民共和国行政许可法》和《中华人民共和国海关对报关单位注册登记管理规定》的规定，我关决定不予受理，你（单位）应当依法向 海关申请。

你（单位）对本决定不服，可以自本决定书收到之日起六十日内向 海关（海关总署）申请行政复议，也可以自知道海关作出不予受理决定之日起 3 个月内向市中级人民法院起诉。

（海关行政许可专用章）

年 月 日

（二）海关审查报关权申请材料

海关主管部门对受理的申请材料进行全面审查，在受理之日起 20 日内将审查意见和全部申请材料报送直属海关。直属海关应在收到报送材料之日起 20 日内作出决定，依法签发准予注册登记许可决定书或不准予注册登记许可决定书。不准予注册登记许可决定的，应当说明理由，并告知申请人享有依法申请行政复议或者提起行政诉讼的权利。

（三）申请人向工商行政部门办理经营项目登记

申请人在收到准予注册登记许可决定书后向工商行政部门办理经营项目登记。

（四）申请人向海关办理注册登记

申请人在工商行政部门办理经营项目登记日起 90 日内向海关办理注册登记手续，递交相关证明材料。海关对报关企业进行注册登记，核发中华人民共和国报关企业注册登记证书。

知识链接

注册的变更、延续、撤销与注销

1. 注册内容的变更

报关企业获得注册登记许可后，如有名称、注册资本、法定代表人发生变更的，应向注册地海关提交《报关企业（跨关区机构）注册登记变更申请书》《报关企业报关注册登记证书》原件及复印件和企业变更决议原件及复印件等材料。注册地海关初审后上报直属海关，由其审查并作出是否准予变更的决定。

2. 注册时效的延续

报关企业及其跨关区分支机构注册登记许可期限均为 2 年，如需延续，应在有效期届满40日前向海关申请办理延续手续，提交《注册登记许可延续申请书》、企业法人营业执照复印件，报关业务分析、报关差错情况及原因、《报关单位情况登记表》等有关资料。注册地海关进行初审后上报直属海关，由其审查并作出决定。

3. 注册登记的撤销

直属海关可撤销注册登记的情形包括：海关工作人员滥用职权、玩忽职守作出准予注册登记许可决定的；超越法定职权作出准予注册登记许可决定的；违反法定程序作出准予注册登记许可决定的；对不具备申请资格或者不符合法定条件的申请人准予注册登记许可的；被注册人以欺骗、贿赂等不正当手段取得注册登记许可的；被注册人基于注册登记许可取得的利益不受保护。撤销许可可能对公共利益造成重大损害的，不予撤销。

4. 注册登记的注销

直属海关可注销注册登记的情形包括：有效期届满未延续的；报关企业或其跨关区分支机构依法终止的；注册登记许可依法被撤销、撤回，或者注册登记许可证件依法被吊销的；因不可抗力导致注册登记许可事项无法实施的；法律、行政法规规定的应当注销注册登记许可的其他情形。

三、设立上海报关公司的实例

（一）上海报关公司填写报关企业注册登记许可申请书

1. 上海报关公司收到注册登记许可决定书（见样例1-3）

样例1-3

中华人民共和国海关准予报关企业
（跨关区分支机构）注册登记许可决定书

［沪］011213号

上海报关公司：

你（单位）关于报关企业（跨关区分支机构）注册登记许可的申请，符合报关企业（跨关区分支机构）注册登记许可的条件。根据《中华人民共和国行政许可法》和《中华人民共和国海关对报关单位注册登记管理规定》的规定，我关决定准予你（单位）报关企业（跨关区分支机构）注册登记许可。名称为上海报关公司，法定代表人（负责人）为司博，注册资本为500万元。

你（单位）在办理海关报关注册登记后，应当在（此处填写“××海关关区各口岸或××海关监管业务集中地”）从事报关业务，有效期至20××年2月28日。

（海关行政印章）
2023年2月27日

知识链接

报关企业注册登记许可申请书填写方法

报关企业注册登记许可申请书填写方法如下：

1. 海关

填写受理申请注册登记许可的直属海关的名称。

2. 联系人

填写办理注册登记许可事项的联系人名称。

3. 联系电话

填写申请人的联系电话号码。

4. 申请人

填写申请人企业的名称。

2. 上海报关公司填写报关企业注册登记许可申请书（见样例 1-4）

样例 1-4

报关企业注册登记许可申请书

上海海关：

本申请人已具备《中华人民共和国海关对报关单位注册登记管理规定》所列报关企业注册登记许可条件，并备齐申请材料，承诺所提交的材料真实、有效。现向你关提出报关企业注册登记许可申请，请予以受理。

联系人：王明

联系电话：6415××××

申请人：上海报关公司（签印）

202×年 2 月 20 日

（二）上海报关公司办理注册登记

1. 上海报关公司向上海海关主管部门提交申请材料（见表 1-6）

表 1-6　上海报关公司申请材料一览表

文件名称	份数	备注
企业法人营业执照	1 份	副本
企业章程	1 份	复印件
出资证明文件	1 份	复印件
组织机构代码证	1 份	复印件
税务登记证	1 份	复印件
开户证明	1 份	复印件

续表

文件名称	份数	备注
报关企业注册登记许可申请书	1份	
报关员资格证	5份	复印件
报关员劳动合同书	5份	复印件
报关员身份证	5份	复印件
报关服务业可行性研究报告	1份	
报关业务负责人工作简历及工作经验证明	1份	
租赁协助议	1份	复印件
注册登记许可决策书	1份	复印件

2. 上海海关主管部门受理并审查申请材料（见表1-7）

上海海关主管部门对申请材料进行审核，判定材料齐全、符合法定形式，予以受理，并对受理的申请材料进行全面审查，将审查意见和全部申请材料报送上海海关。上海海关依法核准后，签发准予注册登记许可决定书。

表1-7　上海报关公司申请材料一览表

文件名称	份数	备注
企业法人营业执照	1份	复印件
注册登记许可决定书	1份	复印件
税务登记证	1份	复印件
组织机构代码证	1份	复印件
开户证明	1份	复印件
报关单位情况登记表	1份	
报关单位管理人员情况登记表	1份	
报关员劳动合同书	5份	复印件

3. 上海报关公司向上海工商行政部门办理经营项目登记

上海报关公司在收到准予注册登记许可决定书后，及时向上海工商行政部门办理经营项目登记手续。

4. 上海报关公司向上海海关办理注册登记手续

上海报关公司在上海工商行政部门办理经营项目登记后，及时向上海海关办理注册登记手续，递交相关证明材料。上海海关对上海报关公司进行注册登记，核发中华人民共和国报关企业注册登记证书（见样例1-5）。

样例 1-5

中华人民共和国海关
进出口货物收发货人报关注册登记证书

海关注册登记编号：3103456432
注册登记日期：2024 年 2 月 27 日

企业名称	上海报关公司
企业地址	上海市西台路 2 号
法定代表人（负责人）	巩义
注册资本	伍佰万元人民币
经营范围	代理进出口货物报关服务

主要投资者名称	出资额及比例	
巩义	100 万元	20%
李丽	100 万元	20%
占郦	100 万元	20%
青木	100 万元	20%
	100 万元	20%

至 2028 年 2 月 28 日，报关单位
三十日至海关办理换证手续，逾

中华人民共和国上海海关
注册备案专用

任务四　报关员的管理

学习目标

- 了解报关员执业资格的条件
- 熟悉报关员资格申请的要求
- 掌握报关员注册登记的条件与报关员的记分方法
- 明确报关员的权利、义务和工作规范

思考：

1. 报关员执业资格的条件有哪些？
2. 报关员资格申请的要求如何？

一、报关员执业资格的取得

报关员必须具备一定的学识水平和实际业务能力，必须熟悉与货物进出口业务有关的法律、法规和对外贸易知识，必须精通海关法规、规章并具备办理海关手续的技能。

为此，我国《海关法》第十一条规定："未依法取得从业资格的人员，不得从事报关业务。"这以法律形式明确了从事该工作的资格制度。

（一）基本条件

一个合格的报关员需要具备的基本条件如下：

1. 计算机基础知识

随着海关电子口岸和电子报关的逐步普及，今后报关员不用再每日往返于海关和公司之间，只需要通过中国电子口岸上录入单据等待审批就可以了。所以熟练掌握办公自动化软件和基础硬件知识是必不可少的。

2. 熟练的驾驶技术

目前报关员每日的工作就是往返于海关—公司—货场—检验检疫局之间，没有交通工具的辅助是不可能准时完成工作的，一般的企业也不会给报关员配备司机，正因如此，各报关企业招工的时候不再以"是否会驾驶"而是以"驾驶技术如何"来作为一个衡量标准。

3. 相应的英文水平

其实，单纯的从事报关工作对英语水平的要求并不是太高，只要熟悉所接触到的单据，可以正确缮制报关单，正确录入就足够了。但是对于自理报关企业和外贸公司的人员来说，英文水平已经成为一个报送人员是否可以胜任工作的重要因素。

4. 外贸法规和商品知识

在海关查验中，往往会遇到货物不符合海关要求的情况，这个时候为了避免退运造成损失，就需要利用法规和商品知识进行专业性解释，以期正确归类、接受查验或者避免退运损失。

（二）执业资格

1. 报关员执业资格申请的条件

（1）具有中华人民共和国国籍；

（2）年满18周岁，具有完全的民事行为能力；

（3）具有大专学校毕业以上的学历。

2. 报关员执业资格办理程序

经办关员初审→企业经办人员到预录入机构预录入注册信息→海关审核→向企业核发报关人员备案证明。

3. 所需提交的材料

（1）报关人员备案所需材料如下：

- 《报关单位情况登记表》（所属报关人员）；
- 拟备案报关人员有效身份证件原件（验核）。

（2）报关人员变更所需材料如下：

- 《报关单位情况登记表》（所属报关人员）；
- 拟备案报关人员有效身份证件原件（验核）；
- 已核发的《报关人员备案证明》。

4. 报关员注册的有效期

报关员注册的有效期为 2 年。

5. 报关员注册的延续

报关员需要延续注册的，应在有效期届满 30 日前向海关申请办理延续手续，提交《报关员注册延续申请书》及《报关员证》复印件等材料。海关在有效期届满前对报关员的延续申请予以审查，对符合条件的，作出准予延续 2 年有效期的决定。逾期未作出决定的，应视为准予延续，海关依法为其办理报关员注册延续手续。对不再具备报关员注册条件的，海关依法作出不予延续的决定，说明理由，并告知申请人享有依法申请行政复议或者提起行政诉讼的权利。

报关员在被海关暂停执业期间有效期届满，需要延续有效期的，应当在有效期届满 30 日前到海关申请暂缓办理报关员注册延续，并在暂停执业期满后 30 日内提出延续报关员注册的申请。逾期提出延续申请的，海关不予受理。未办理延续手续的，自有效期届满之日起，其报关员注册自动终止。

6. 报关员注册的注销

（1）海关依法注销报关员注册的情形。有下列情形之一的，海关依法注销报关员注册：有效期届满未延续的；报关员死亡或者丧失民事行为能力的；报关员注册依法被撤销、撤回的；报关员被海关依法取消从业资格的；所在报关单位被海关注销注册登记的；法律、行政法规和规章规定的应当注销的其他情形。

（2）报关员申请注销的情形。有下列情形之一的，报关员应当填写《注销报关员注册申请书》（报关员申请用）（见样例 1-6），主动申请办理注销手续：报关员不再从事报关业务的；报关员辞职的；报关单位解除与报关员的劳动合同关系的（报关单位为非企业性质的，解除聘用合同关系或者人事关系）；报关单位申请注销海关注册登记的。

样例 1-6

注销报关员注册申请书

（报关员申请用）

__________海关：

本人姓名________，报关员注册号__________，因下列情形，向你关提出注销报关员注册申请，请予以受理。

□不再从事报关业务；

□辞职；

□报关单位解除与本人的劳动合同关系、聘用合同关系或者人事关系；

□所在报关单位申请注销海关注册登记；

□其他情形。

本人已备齐申请材料，并承诺所提交的材料真实、合法、有效。申请材料如下：

1.《报关员证》；

2.《报关员资格证书》。

注：不能提交《报关员证》的，应当提交在报刊刊登的作废声明。

报关单位公章：　　　　　　　　　　　　申请人签章：

年　　月　　日　　　　　　　　　　　　年　　月　　日

发生上述情形之一的报关员未申请注销的，报关员所在报关单位应当填写《注销报关员注册申请书》(报关单位申请用)，自报关员离职之日起 7 日内向海关报告并将报关员证件交注册地海关予以注销，未能交还报关员证件的，报关单位应当在报刊上声明作废，并向注册地海关办理注销手续。

二、报关员的权利和义务

报关员的权利和义务如下。

（一）报关员的权利

（1）根据海关规定，代表所属报关单位办理进出口货物的报关业务；

（2）有权拒绝办理所属单位交办的单证不真实、手续不齐全的报关业务；

（3）根据海关法及有关法律规定，对海关的行政处罚决定不服的，有权向海关申请复议，或者向人民法院起诉；

（4）有权根据国家法律法规对海关工作进行监督，并有权对海关工作人员违法违纪行为进行检举、揭发和控告；

（5）有权举报报关活动中的走私违法行为；

（6）协助本企业完整保存各种原始报关单证、票据、函电等业务资料；

（7）应按规定参加海关对报关员的记分考核；

（8）承担海关规定报关员办理的与报关业务有关的工作。

（二）报关员的义务

（1）遵守国家有关法律、法规和海关规章，熟悉所申报货物的基本情况；

（2）提供齐全、正确、有效的单证，准确填制进（出）口货物报关单，并按有关规定办理进出口货物报关手续；

（3）海关检查进出口货物时，应按时到场，负责搬移货物，开拆和重封货物的包装；

（4）在规定的时间，负责办理缴纳所报货物的各项税费手续、海关罚款手续和销案手续；

（5）配合海关对企业的稽查和对走私、违规案件的调查。

三、报关员的监管

（一）报关员的工作规范

报关员代表所属单位执业时，应遵循下列工作规范：

（1）不得同时兼任两个或两个以上报关单位的报关工作；

（2）应在所属报关单位规定的报关地域范围内办理本企业授权承办的报关业务；

（3）应持有效的报关员证件办理报关业务，其签字应在海关备案；

（4）报关员证件不得转借、涂改；

（5）办理报关业务时，应交验委托单位的委托书；

（6）调往其他单位从事报关工作的，应持调出、调入单位的证明文件以及有效的报关员资格证书，向调入单位所在地海关申请办理重新注册手续；

（7）遗失报关员证件，应自证件遗失之日起 15 日内向海关递交情况说明，并登报声明作废；

（8）遗失报关员证件期间，不得办理报关业务。

（二）报关员的记分考核管理

海关总署制定的《海关对报关员记分考核管理办法》具体内容如下：

1. 记分考核管理的对象

报关员记分考核管理的对象是取得报关从业证书，并按照规定程序在海关注册登记，持有报关员证件的报关员。

2. 记分考核管理的性质

海关对报关员的记分考核管理从性质上讲是一种教育和管理措施，而不是行政处罚。目的是督促报关员增强遵纪守法的意识，提高自身业务水平。

3. 记分考核管理的原则

海关遵循责任明确原则，实施记分考核管理，对差错及差错责任界定不清的不予记分。

4. 记分考核的管理部门

海关企业管理部门负责对报关员记分考核的职能指导、日常监督管理以及相关协调工作。海关通关业务现场及相关业务职能部门负责具体执行记分工作，并将记分原因和记分分值以电子或者纸质告知单的形式告知报关员。记分的行政行为以各级海关名义作出。

5. 记分考核管理的范围

其主要限于三个方面：报关单填制的不规范现象；报关行为的不规范现象；违反海关监管规定或者有走私行为未被海关暂停执业、撤销报关从业资格的现象。

6. 记分考核管理的量化标准

海关依据报关单填制与报关行为的不规范程度和行为性质，对报关员进行记分考核。一次记分的分值分别为 1 分、2 分、5 分、10 分、20 分、30 分，其依据见表 1-8。

表 1-8 记分考核管理的量化标准

分值	情形描述
1 分	（1）电子数据报关单的有关项目填写不规范，海关退回责令更正的； （2）在海关签印放行前，因为报关员原因造成申报差错，报关单位向海关要求修改申报单证及其内容，经海关同意修改，但未对国家贸易管制政策的实施、税费征收及海关统计指标等造成危害的； （3）未按照规定在纸质报关单及随附单证上加盖报关专用章及其他印章或者使用印章不规范的； （4）未按照规定在纸质报关单及随附单证上签名盖章或者由其他代表签名盖章的

续表

分值	情形描述
2分	(1) 在海关签印放行前，因为报关员填制报关单不规范，报关单位向海关申请撤销申报单证及其内容，经海关同意撤销，但未对国家贸易管制政策的实施、税费征收及海关统计指标等造成危害的； (2) 海关人员审核电子数据报关单时，要求报关员向海关解释、说明情况、补充材料或者要求提交货物样品等有关内容的，海关告知后报关员拒不解释、说明、补充材料或者拒不提供货物样品等有关内容，导致海关退回报关单的
5分	(1) 报关员自接到海关“现场交单”或者“放行交单”通知之日起10日内，没有正当理由，未按照规定持打印出的纸质报关单，备齐规定的随附单证，到货物所在地海关递交书面单证并办理相关海关手续，导致海关撤销报关单的； (2) 在海关签印放行后，因为报关员填制报关单不规范，报关单位向海关申请修改或者撤销报关单(因出口更换舱单除外)，经海关同意且不属于走私、偷逃税等违法违规性质的； (3) 在海关签印放行后，海关发现因为报关员填制报关单不规范，报关单币值或者价格填报与实际不符，且两者差额在100万元人民币以下；数量与实际不符，且有四位数以下差值，经海关确认不属伪报，但影响海关统计的
10分	(1) 出借本人报关员证件、借用他人报关员证件或者涂改报关员证件内容的； (2) 在海关签印放行后，海关发现因报关员填制报关单不规范，报关单币值或者价格填报与实际不符，且两者差额在100万元人民币以上；数量与实际不符，且有四位数以上差值，经海关确认不属伪报的
20分	因为违反海关监管规定行为被海关予以行政处罚，但未被暂停执业、取消报关从业资格的
30分	因为走私行为被海关予以行政处罚，但未被暂停执业、取消报关从业资格的

具体的记分项目见下列海关总署统一制定的报关员记分对照表（见表1-9）：

表1-9 报关员记分对照

下列项目中退单记1分，结关前改单记1分，结关后改单记5分，结关前删单记2分，结关后删单记5分：			
顺序号	记分描述	顺序号	记分描述
1	进出口标志错误	11	合同号错误
2	进出口岸标志错误	12	征税比错误
3	装货港或目的港标志错误	13	起运地错误
4	运输工具及代码标志错误	14	贸易方式错误
5	提单或运单号标志错误	15	集装箱个数标志错误
6	运输方式错误	16	统计逻辑检查标志错误
7	企业性质错误	17	征税逻辑检查标志错误
8	经营单位编号错误	18	征免税性质标志错误
9	收发货人地区错误	19	成交方式错误
10	申报单位名称标志错误	20	结汇方式错误

续表

顺序号	记分描述	顺序号	记分描述
21	运费错误	39	商品序号错误
22	杂费错误	40	商品编号错误
23	保险费错误	41	商品名称、规格型号错误
24	件数数量错误	42	原产地与消费地错误
25	毛重数量错误	43	商品项目序号错误
26	净重数量错误	44	申报数量错误
27	包装种类标志错误	45	申报计量单位错误
28	许可证编号错误	46	申报数量与法定数量关系错误
29	海关监管的其他证件代码错误	47	法定数量错误
30	合同手册备案号错误	48	第二数量错误
31	减免税表备案号错误	49	申报单价审核标志错误
32	许可证备案号错误	50	成交币制错误
33	批文号错误	51	成交总价错误
34	进出口日期错误	52	用途标志错误
35	申报日期错误	53	征减免税方式错误
36	商品项数错误	54	税费标记错误
37	电子账册成品版本号错误	55	电子账册标记错误
38	抵押金错误	56	报关单与电子监管证件不符
下列项目按次记分：			
57	未加盖报关专用章及其他印章，或者使用印章不规范的，记 1 分		
58	未按规定在纸质报关单及随附单证上签名盖章或由其他人代表签名盖章的，记 1 分		
59	拒不解释、说明或补充材料，导致海关退单的记 2 分		
60	自报关员接到海关“现场交单”或“放行交单”通知之日起 10 日内，不递交书面单证并办理相关海关手续的，记 5 分		
61	在海关签印放行后，海关发现因报关员填制报关单不规范，报关单币值或者价格填报与实际不符，且两者差额在 100 万元人民币以下；数量与实际不符，且有四位数以上差值，经海关确认不属伪报，但影响海关统计的，记 5 分		
62	将报关员证件出借使用或借用他人报关员证件或涂改报关员证件内容的，记 10 分		
63	在海关签印放行后，海关发现因报关员填制报关单不规范，报关单币值或者价格填报与实际不符，且两者差额在 100 万元人民币以上；数量与实际不符，且有四位数以上差值，经海关确认不属伪报，但影响海关统计的，记 10 分		
64	因为违反海关监管规定行为被海关予以行政处罚，但未被海关暂停执业、取消报关从业资格的，记 20 分		
65	因为走私行为被海关予以行政处罚，但未被海关暂停执业、取消报关从业资格的，记 30 分		

报关员报关时在同一次报关行为的不同通关环节，或者在非同一次报关行为中出现多次需要记分情况的，应当分别计算，并累加分值。但对于同一通关环节一次性出现多个填制不规范项目的，只按照1次记分，不累加分值。报关员被海关行政处罚需要记分的，处罚决定生效后予以记分。

报关员应当主动查询自己的记分情况（见图1-4）。报关员对记分的行政行为有异议的，应当自收到电子或纸质告知单之日起7日内向作出该记分行政行为的海关部门提出书面申辩；海关应当在接到申辩申请7日内作出答复，对记分错误的应当及时予以更正。报关员对答复不服的，可以依照《中华人民共和国行政复议法》和《中华人民共和国行政诉讼法》的规定提起行政复议或者行政诉讼。记分达到30分的报关员，海关中止其报关员证的效力，不再接受其办理报关手续。报关员应当参加注册登记地海关的报关业务岗位考核，经岗位考核合格之后，方可重新上岗。

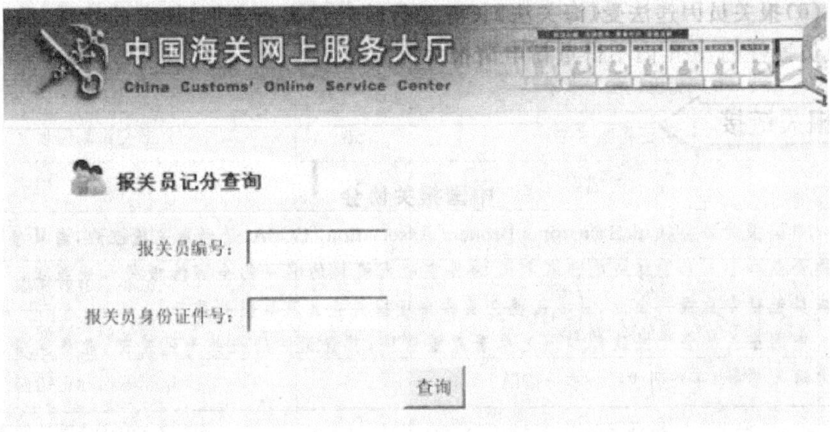

图1-4 中国海关网上服务大厅

7. 记分考核管理的周期

记分周期从每年1月1日起至12月31日止，报关员在海关注册登记之日起至当年12月31日不足1年的，按一个记分周期计算。一个记分周期期满后，记分分值累计未达到30分的，该周期内的记分分值予以消除，不转入下一个记分周期。但报关员在一个记分周期内办理变更注册登记或者注销手续的，已记分值在该记分周期内不予以消除。

（三）报关员的法律责任

报关员在报关活动中，违反《海关法》和相关法律、行政法规的，由海关给予相应的行政处罚，构成犯罪的，依法追究其刑事责任。具体规定如下：

（1）报关员因工作疏忽或在代理报关业务中因对委托人所提供情况的真实性未进行合理审查，致使发生进出口货物的品名、税则号列、数量、规格、价格、贸易方式、原产地、起运地、运抵地、最终目的地或者其他应当申报的项目未申报或者申报不实的，海关可暂停其6个月以内报关执业。恢复从事有关业务后1年内再次被暂停报关执业的，海关可以取消其报关从业资格。

（2）报关员非法代理他人报关或者超出海关准予的从业范围进行报关活动的，责令改正，并处5万元以下罚款，暂停其6个月以内报关执业。情节严重的，取消其报关从业资格。

（3）报关员向海关工作人员行贿的，取消其报关从业资格，并处10万元以下罚款。构成犯罪的，依法追究刑事责任，并不得重新取得报关从业资格。

（4）未取得报关从业资格从事报关业务的，予以取缔，没收违法所得，并处10万元以下罚款。

（5）提供虚假资料骗取海关注册登记、报关从业资格的，撤销其注册登记，取消其报关从业资格，并处30万元以下罚款。

（6）报关员因违法受《海关法》《海关行政处罚实施条例》规定的处罚，吊销其报关员证件的，5年内不得重新申请报关员注册。

知识链接

中国报关协会

中国报关协会（China Customs Brokers Association，CCBA）是经海关批准的，由从事报关的企业和个人自愿结成的非营利性的具有法人资格的唯一的全国性报关行业组织。协会成员包括专业报关企业、货运代理企业和自理报关企业及其报关员。

中国报关协会受民政部和海关总署双重管理，其登记注册机关为民政部，业务主管单位为海关总署。

职业技能训练

一、单选题

1. 海关在执行缉私任务时，以下不能使用武器的情形是（　　）。

A. 遭遇武装掩护走私　　B. 暴力抗拒缉私

C. 威胁人员生命安全　　D. 发现走私犯

2. 海关实行高度集中统一的管理体制和（　　）方式。

A. 垂直领导　　B. 横向领导　　C. 松散领导　　D. A与B

3. 直属海关是负责管理一定区域范围内的海关业务的海关，全国共有（　　）。

A. 40个　　B. 41个　　C. 42个　　D. 43个

4. 全国海关共有隶属海关（　　）。

A. 400个　　B. 500个　　C. 600个　　D. 700个

5. 关衔是区分海关关员等级、表明海关关员身份的称号和标志，其设置为（　　）。

A. 四等12级　B. 四等13级　C. 五等12级　D. 五等13级

6. 以下不是由国务院总理批准授予的关衔是（　　）。

A. 海关总监　B. 海关副总监　C. 一级关务监督　D. 一级关务督察

7. 由海关总署署长批准授予的关衔是（　　）。

A. 三级关务监督　B. 三级关务督察　C. 二级关务督察　D. A与B

8. 商神手杖是代表（　　）。

A. 关境　B. 国际贸易　C. 文化　D. 经济

9. 钥匙象征海关为（　　）把关。

A. 卫生　B. 经济　C. 祖国　D. 安全

10. 以下不是海关总署直属社会团体的是（　　）。

A. 海关院校　B. 口岸协会　C. 报关协会　D. 海关协会

二、多选题

1. 进出口货物报关工作的主体是（　　）。

A. 海关　B. 报关企业　C. 报关单位　D. 报关员

2. 外贸企业是拥有进出口权的（　　）。

A. 生产企业　B. 报检单位　C. 贸易公司　D. 外资企业

3. 报关员执业的条件是取得（　　）。

A. 营业执照　B. 报关注册证书

C. 报关单位登记表　D. 报关员从业资格

4. 海关的基本任务是（　　）。

A. 海关监管　B. 海关征税　C. 查缉走私　D. 海关统计

5. 对所有未办结海关手续的进出境货物不得（　　）。

A. 提取　B. 转移　C. 动用　D. 损毁封志

6. 海关有权依法变卖处理的情形是（　　）。

A. 进口货物超过3个月未向海关申报

B. 进口货物收货人声明放弃的货物

C. 海关依法扣留的货物、物品、运输工具

D. 走私的货物、物品、运输工具

7. 海关关徽是由（　　）交叉组成。

A. 商神手杖　B. 金色钥匙　C. 国徽　D. 五星

8. 关徽的寓意是中国海关（　　）。

A. 依法实施进出境监督管理

B. 维护国家的主权和利益

C. 促进对外经济贸易发展和科技文化交往

D. 保障社会主义现代化建设

9. 按照法律规定，下列列入报关范围的是（　　）。

A. 进出境运输工具　B. 进出境货物　C. 进出境物品　D. 进出境旅客

10. 以下属于海关行政强制措施的选项有（　　）。

A. 扣留货物　　　　　　　　　　B. 抵缴、变价抵缴

C. 冻结存款、汇款　　　　　　　D. 封存货物或者账簿、单证

三、判断题

1. 海关是国家进出关境监督管理机关，是国家执法机构。(　　)
2. 报关企业就是向海关办理报关手续的进出口企业。(　　)
3. 海关实施监督管理的对象是所有进出关境的运输工具和货物。(　　)
4. 海关对处于海关监管状态的进出境货物、物品、运输工具有权施加封志。(　　)
5. 海关动用武器的目的是制服犯罪行为。(　　)
6. 海关有权对构成走私罪的违法当事人处以行政处罚。(　　)
7. 海关依法不得独立行使权力，必须征得有关部门的同意。(　　)
8. 中国海关精神是“忠诚公正，兴关强国”。(　　)
9. 海关总署是国务院下属的副部级直属机构。(　　)
10. 海关的基本任务是监管、征税、缉私和统计。(　　)

四、思考分析题

1. 什么是“关检融合”？为什么要进行“关检融合”改革？
2. 什么是“一次申报，分步处置”？
3. 分析“关检融合”后报关单版本的变化有哪些？
4. 在全国海关通关一体化运行机制中，风险防控中心的作用是什么？
5. 在全国海关通关一体化运行机制中，税收征管中心的作用是什么？

项目二　我国对外贸易管制

项目导入

根据我国《对外贸易法》《海关法》《企业分类管理办法》《进出境运输工具监管办法》《货物进出口管理条例》等法律法规，主管部门对我国进出口企业、运输工具、货物与技术等实行监管。其主要包括海关对企业分类管理、进出境运输工具的监管、货物与技术进出口许可管理、濒危野生动植物进出口许可管理、药品与兽药进出口许可管理、黄金和音像制品进出口许可管理；其主要目的是鼓励企业守法自律，提高海关管理效能，保障进出口贸易安全，维护社会公共利益，保护自然资源与生态环境，保护人民的健康安全，保护动植物的健康。

任务一　海关企业分类管理

学习目标

- 了解企业管理类别的设定
- 熟悉 AA、A、B、C、D 五个管理类别的适用范围
- 掌握企业管理类别调整的规定及申请程序海关分类管理
- 明确企业管理类别的作用

任务导入

李明在上海进出口公司和上海报关公司进行专业实习，为了解海关对报关企业的分类管理，结合两个实习单位工作，带着下列思考问题学习了《中华人民共和国海关企业分类管理办法》。

思考：

1. 《企业分类管理办法》对企业管理设定哪些类别？
2. 《企业分类管理办法》规定适用 AA、A、B、C、D 的具体管理范围如何？
3. 对企业进行分类管理有哪些主要作用？

2011 年 1 月 1 日起施行的《中华人民共和国海关企业分类管理办法》规定，为了鼓励企业守法自律，提高海关管理效能，保障进出口贸易的安全与便利，对在海关注册登记的进出口货物收发货人、报关企业进行分类管理。海关根据企业遵守法律、行政法规、海关规章、相关廉政规定和经营管理状况，以及海关监管、统计记录等，设置 AA、A、B、C、D 五个管理类别，制定相应的差别管理措施。其中，AA 类和 A 类企业适用相应的通关便利措施，B 类企业适用常规管理措施，C 类和 D 类企业适用严密监管措施。

一、进出口货物收发货人管理类别的设定

（一）AA 类进出口货物收发货人应具备的条件

AA 类进出口货物收发货人应具备下列四个条件：

（1）符合 A 类管理条件，已适用 A 类管理 1 年以上；

（2）上一年度进出口报关差错率在 3 9/6 以下；

（3）通过海关稽查验证，符合海关管理、企业经营管理和贸易安全的要求；

（4）每年报送《企业经营管理状况评估报告》和会计师事务所出具的上一年度审计报告，每半年报送《进出口业务情况表》（见样例 2-1）。

样例 2-1

<table>
<tr><td colspan="6">进出口业务情况表
企业名称：
海关编码：
填报日期：
填报期间：　年　月　至　年　月</td></tr>
<tr><td colspan="2"></td><td>有/是</td><td>无/否</td><td>不适用</td><td>备注（情况说明）</td></tr>
<tr><td rowspan="5">基本情况</td><td>1. 企业所有权性质或股权结构有无变化</td><td></td><td></td><td></td><td></td></tr>
<tr><td>2. 企业管理层和进出口各部门主要负责人有无变动</td><td></td><td></td><td></td><td>涉及部门及职务：_____；___</td></tr>
<tr><td>3. 是否变更注册登记</td><td></td><td></td><td></td><td>变更时间及内容：_____；___</td></tr>
<tr><td>4. 进口或出口商品总货值列前三位的境外供（收）货人</td><td></td><td></td><td></td><td>供货人名称及国别
1. _______；_________
2. _______；_________
3. _______；_________
收货人名称及国别
1. _______；_________
2. _______；_________
3. _______；_________</td></tr>
<tr><td>5. 半年期期末资产负债率有无明显变化</td><td></td><td></td><td></td><td>本期期末资产负债率：_______</td></tr>
</table>

续表

		有/是	无/否	不适用	备注（情况说明）
一般贸易业务	6. 进口货物中有无《中华人民共和国海关总署公告（2006 年第 11 号）》所列公式定价商品				涉及商品名称及编码：______；____
	7. 有无与《中华人民共和国海关审定进出口货物完税价格办法》（海关总署令第 148 号）第十六条所列的特殊关系企业开展进出口贸易的情况				1. 买卖双方为同一家族成员的；（　） 2. 买卖双方互为商业上的高级职员或者董事的；（　） 3. 一方直接或者间接地受另一方控制的；（　） 4. 买卖双方都直接或者间接地受第三方控制的；（　） 5. 买卖双方共同直接或者间接地控制第三方的；（　） 6. 一方直接或者间接地拥有、控制或者持有对方 5%以上（含 5%）公开发行的有表决权的股票或者股份的；（　） 7. 一方是另一方的雇员、高级职员或者董事的；（　） 8. 买卖双方是同一合伙的成员的；（　） 9. 买卖双方在经营上相互有联系，一方是另一方的独家代理、独家经销或者独家受让人，如果符合前 1~8 项的规定，也应当视为存在特殊关系。（　）
	8. 上述特殊关系企业进出口相同或类似货物的交易价格与无特殊关系进出口的相同或类似货物的交易价格相比是否存在差异				涉及商品名称及编码：__________；__________
	9. 所签进出口贸易合同中有无《中华人民共和国海关审定进出口货物完税价格办法》（海关总署令第 148 号）第十一条规定的特许权使用费或其他费用支付的相关内容				涉及商品名称及编码：__________；__________
	10. 有无经海关审核后调整价格、归类、数量、原产地等申报内容的情况				涉及商品名称及编码：__________；__________
	11. 有无从（向）保税仓库、保税区进（出）口货物				涉及商品名称及编码：__________；__________
	12. 有无对外承接代理一般贸易业务				代理货值及税款：__________；__________

续表

		有/是	无/否	不适用	备注（情况说明）
加工贸易及保税业务	13. 进口或出口保税货物主要种类有无增减或变化				涉及商品名称及编码：________；________
	14. 保税料件进口来源或成品出口主要流向有无变化				
	15. 保税货物内销申报价格是否出现明显变化				涉及商品名称及编码：________；________
	16. 加工贸易产品实际单损耗或耗料清单有无变化				涉及商品名称及编码：________；________
	17. ERP 等信息管理系统中对保税料件代码是否有特定标示				保税料件名称、代码：________；________
	18. 外发加工的比例有无明显变化				外发加工比例：________；________
	19. 加工贸易占全部贸易方式进、出口货值的比重有无明显增减				加工贸易比例增减情况：________；________
减免税业务	20. 减免税货物是否做到定期清点核对				最近核对时间：________；________
	21. 有无销售、转让、出租、抵押或其他改变减免税货物所有权的情况				
	22. 有无改变减免税货物使用、存放地点的情况				
	23. 有无减免税货物使用用途与申报用途不一致或其他改变使用用途的情况				
内部控制及贸易安全管理	24. 内部控制及贸易安全管理措施有无变化				涉及方面：________
	25. 是否开展内部审计				内审时间和内容：________；________

填表说明：

1. 本报表所填报业务为半年期内进出口客观情况，请在相应的空格项内划“√”，需填报具体情况的，请以文字说明；

2. 凡涉及变化或增减情况，均以最近一次验证稽查情况或上一半年期报送情况为比较对象；

3. 明显增减变化是指增减比例达到或超过 20%。

本单位保证此表填报内容真实、完整、准确，并存有相关文件备查。自愿承担因填报不实而导致的相应法律责任。

（加盖单位公章）

法定代表人签字：　　年　月　日

（二）A 类进出口货物收发货人应具备的条件

A 类进出口货物收发货人应具备下列 11 个条件：

（1）已适用 B 类管理 1 年以上；

（2）连续 1 年无走私罪、走私行为、违反海关监管规定的行为；

（3）连续 1 年未因进出口侵犯知识产权货物而被海关行政处罚；

（4）连续 1 年无拖欠应纳税款、应缴罚没款项情事；

（5）上一年度进出口总值 50 万美元以上；

（6）上一年度进出口报关差错率在 5 9/5 以下；

（7）会计制度完善，业务记录真实、完整；

（8）主动配合海关管理，及时办理各项海关手续，向海关提供的单据、证件真实、齐全、有效；

（9）每年报送《企业经营管理状况评估报告》（见样例 2-2）；

（10）按照规定办理《中华人民共和国海关进出口货物收发货人报关注册登记证书》的换证手续和相关变更手续；

（11）连续 1 年在商务、人民银行、工商、税务、质检、外汇、监察等行政管理部门和机构无不良记录。

样例 2-2

企业经营管理状况评估报告
（进出口货物收发货人）

企业名称：

海关编码：

填报日期：

一、基本信息

（一）主体状况（必填）

1. 工商注册日期：　　年　月　日；

2. 进出口业务类型（按下列选择顺序，以序号在前为优先，作唯一选择）：　　；

（1）生产型　　（2）贸易型　　（3）生产贸易混合型

（4）服务型（通信、饮食、房地产、运输等）　　（5）其他

3. 主要贸易方式（按下列选择顺序，以序号在前为优先，作唯一选择）：　　；

（1）一般贸易　　（2）加工贸易　　（3）一般贸易和加工贸易混合型

4. 有无直接对外投资参股及控股的企业：　　；

（1）有　　（2）无

如填写有，请具体列明（可添加附页）

企业名称：　　，参股或控股　　；

企业名称：　　，参股或控股　　；

企业名称：　　，参股或控股　　；

企业名称：　　，参股或控股　　；

企业名称：　　，参股或控股　　；

5. 企业是否有多个经营场所、分公司或子公司：

（1）是　　　　　（2）否

如果是，请具体说明公司名称、经营场所地址、负责人。（可添加附页）

（二）财务情况（按企业上一年度会计报表数目填报，必填）

6. 企业上一年度（　　　　　年度）的流动比率　　　　　%；

7. 企业上一年度（　　　　　年度）的速动比率　　　　　%；

8. 企业上一年度（　　　　　年度）的资产负债率　　　　　%；

9. 企业上一年度（　　　　　年度）的总资产报酬率　　　　　%；

10. 企业上一年度（　　　　　年度）的应付账款为　　　　　万元（人民币）；

11. 企业上一年度（　　　　　年度）的净利润为　　　　　万元（人民币）；

12. 企业上一年度（　　　　　年度）的净资产为　　　　　万元（人民币）；

13. 企业上一年度（　　　　　年度）固定资产净值余额为　　　　　万元（人民币）。

（三）员工状况（必填）

14. 员工总人数：　　　　　；

15. 外籍员工人数：　　　　　；外籍员工的国籍（全部具体列明）：________、________、________、________、________、________、________、________；

16. 法定代表人有无刑事犯罪记录：　　　　　；

（1）有

（2）无

有刑事犯罪记录的请填写：

（1）犯罪时间：　　　　　；

（2）罪名：　　　　　；

（3）刑罚种类及刑期：　　　　　；

17. 海关业务负责人情况：

姓名：　　　　　；国籍：　　　　　；

身份证件：　　　　　；身份证件号码：　　　　　；

有无刑事犯罪记录：　　　　　；

（1）有　　　　　（2）无

有刑事犯罪记录的请填写：

（1）犯罪时间：　　　　　；

（2）罪名：　　　　　；

（3）刑罚种类及刑期：　　　　　；

18. 财务负责人情况：

姓名：　　　　　；国籍：　　　　　；

身份证件：　　　　　；身份证件号码：　　　　　；

有无刑事犯罪记录：　　　　　；

（1）有　　　　　（2）无

有刑事犯罪记录的请填写：

（1）犯罪时间：　　　　　；

（2）罪名：　　　　　；

（3）刑罚种类及刑期：　　　　　；

19. 企业报关员有无刑事犯罪记录：　　　　　；

（1）有　　　　　（2）无

有刑事犯罪记录的请填写：

（1）报关员姓名：

（2）身份证件：　　　　；身份证件号码：　　　　；

（3）犯罪时间：　　　　；

（4）罪名：　　　　；

（5）刑罚种类及刑期：　　　　；

二、标准对照

1. 连续1年无走私罪、走私行为、违反海关监管规定的行为；

（1）是　　　　（2）否

2. 连续1年未因进出口侵犯知识产权货物而被海关行政处罚；

（1）是　　　　（2）否

3. 连续1年无拖欠应纳税款、应缴罚没款项情事；

（1）是　　　　（2）否

4. 上一年度进出口总值50万美元以上；

（1）是　　　　（2）否

5. 上一年度进出口报关差错率（3%/5%）以下；实际数值是：

（1）是　　　　（2）否

6. 会计制度完善，业务记录真实、完整；

（1）是　　　　（2）否

7. 主动配合海关管理，及时办理各项海关手续，向海关提供的单据、证件真实、齐全、有效；

（1）是　　　　（2）否

8. 按照规定办理《中华人民共和国海关进出口货物收发货人报关注册登记证书》的换证手续和相关变更手续；

（1）是　　　　（2）否

9. 连续一年在商务、人民银行、工商、税务、质检、外汇、监察等行政管理部门和机构无不良记录。

（1）是　　　　（2）否

三、自我评估

（一）内部控制情况

1. 具备职责明确的进出口组织结构：①进出口业务管理层职责分工明确；②进出口业务管理制度或流程明确；③设立专门的进出口部门或岗位。

（1）是　　　　（2）否

2. 不相容岗位相互分离：进出口授权批准、业务执行、财务会计、内部监督等部门岗位相互分离且监督制约。

（1）是　　　　（2）否

3. 进出口部门或岗位内部管理规范：①具备专门岗位人员负责报关事务；②建立报关单证资料、报关专用印章、电子口岸1C卡等的授权审批制度并有效执行。

（1）是　　　　（2）否

4. 依法设置会计机构：①建立会计工作岗位责任制；②配备专职会计从业人员；③会计岗位分工明确且相互监督制约。

（1）是　　　　（2）否

5. 严格遵守会计法、会计准则和海关有关管理规定：①会计账簿单证资料按法定年限完整保存，会计核算、编制、报送等符合会计法、会计准则和海关有关管理规定；②会计记录、审计报告等会计资料真实、准确、完整地记录和反映进出口活动的有关情况。

（1）是　　　　（2）否

6. 具备真实、准确、完整记录企业进出口生产经营管理活动的信息系统，且财务控制、物流控制等功能模块有效运行。

（1）是　　　　（2）否

7. 系统数据完整可查：①进出口活动等主要环节在系统中能够实现流程检索跟踪；②系统数据及时、准确、完整录入且按期限完整保存。

（1）是　　　　（2）否

8. 具备进出口单证复核或其他纠错控制制度或程序：在申报前或委托申报前由专门部门或岗位人员对进出口单证涉及的价格、归类、数量、品名、规格等内容的真实性、准确性和规范性进行内部复核监督，防止或减少错报、漏报。

（1）是　　　　（2）否

9. 具备物流控制制度或程序：①按照海关管理要求建立与进出口活动有关的货物管理制度，如实记录和反映一般贸易货物、保税货物、特定减免税货物等的进口、储存、加工、使用、处置、出口等情况；②将海关监管货物与其他货物区分管理，定期盘点并如实记录盘点情况；③对保税货物和减免税货物建立专门的使用、管理记录。

（1）是　　　　（2）否

10. 如经营进出口代理业务（不适用的可不填写），具备委托方资信审查程序：进出口代理前对委托方进行资信审查，具备代理进出口业务的立项审批程序和手续控制，且对贸易的全过程进行跟踪管理。

（1）是　　　　（2）否

11. 如经营进出口代理业务（不适用的可不填写），具备单据和实货验核程序：对实际收发货人委托事项进行书面审核并验核有关货物，同时保留有关书面记录。

（1）是　　　　（2）否

12. 具备内部审计制度：①设立专门的内部审计机构或岗位，或聘请外部专职人员定期独立对进出口业务实施内部审计；②完整保存内部审计记录。

（1）是　　　　（2）否

13. 对发现的问题及时规范纠错：对进出口业务内部审计发现的问题及时进行内部整改或完善有关内部控制。

（1）是　　　　（2）否

（二）财务状况

14. 具备盈利能力：未出现最近三年连续亏损的记录。

（1）是　　　　（2）否

15. 具备缴税能力：企业上月末固定资产净值不低于最近 1 年内向海关单笔纳税最高额。

（1）是　　　　（2）否

（三）守法及资信情况

16. 一般贸易进出口活动真实合法，不存在以下任一情形：①涉嫌走私或违规的；②需追征税款的；③有违反海关法律法规的其他行为的。

（1）是　　　　（2）否

17. 加工贸易及保税进出口活动真实合法，不存在以下任一情形：①涉嫌走私或违规的；②需追征税款的；③有违反海关法律法规的其他行为的。

(1) 是　　　　　　(2) 否

18. 减免税或其他进出口活动真实合法，不存在以下任一情形：①涉嫌走私或违规的；②需追征税款的；③有违反海关法律法规的其他行为的。

(1) 是　　　　　　(2) 否

19. 不存在未经海关注册登记和未取得报关从业资格从事报关业务的情形。

(1) 是　　　　　　(2) 否

20. 企业的单位名称、企业性质、企业住所、法定代表人（负责人）等海关注册登记内容发生变更，不存在不按规定向海关办理变更手续的情形。

(1) 是　　　　　　(2) 否

21. 不存在擅自变更或者启用“报关专用章”的情形。

(1) 是　　　　　　(2) 否

22. 配合海关稽查验证，不会发生以下任一情形：①向海关提供虚假情况或隐瞒重要事实；②有拒绝或拖延提供账簿单证资料，故意转移、隐匿、篡改、毁弃账簿单证资料等逃避海关稽查、逃避税款征缴的行为；③有其他违反《海关稽查条例》的行为。

(1) 是　　　　　　(2) 否

(四) 贸易安全情况

23. 具备如下场所安全控制措施：①货物处理和存储设施周围具备隔离设施且定期检查完整性；②车辆或人员进出厂门有专人看守；③公私车辆划区分开停放；④楼房构造足以防止非法进入且定期检查其完整性；⑤上锁设备和钥匙控制有专人管理；⑥照明设施、警报系统及录像监控设施对出入口、货物处理及储存区等关键区域实现全覆盖。

(1) 是　　　　　　(2) 否

24. 具备如下进入安全控制措施：①企业员工佩戴身份标识，并只能进入职责范围之内的区域；②来访者进入企业需经登记备案且有内部人员陪同；③发现可疑人员进入的，企业员工应及时报告。

(1) 是　　　　　　(2) 否

25. 具备如下人员安全控制措施：①对拟雇用的管理层人员或关键敏感岗位员工进行有无犯罪记录的背景审查；②对关键敏感岗位的员工定期进行安全背景的检查或调查；③开展旨在提高员工供应链安全意识的日常性培训；④对解雇或停职员工及时收回工作证件、设备，并禁止其进入企业生产经营场所。

(1) 是　　　　　　(2) 否

26. 具备如下商业伙伴安全控制措施：①在筛选商业伙伴时重点评估其安全性、合法性、稳定性及财务偿付能力；②要求商业伙伴按照 AA 类管理或其他供应链安全管理项目的要求优化和完善贸易安全管理；③定期监控和检查商业伙伴遵守贸易安全要求的情况。

(1) 是　　　　　　(2) 否

27. 具备如下货物与集装箱安全控制措施：①货物运出/入企业的有关文件档案得到合法、完整、准确的保存；②核实运出/入信息并保存核实记录；③出现货物溢、短装或者其他异常现象时有及时报告或其他应对措施，防范安全隐患；④在货物关键交接环节有签名、盖章等保护制度；⑤通常要运用七点检查程序（前壁、左侧、右侧、底部、顶部、内外门、外部/起落架）检查集装箱完整性和可靠性；⑥集装箱封条有专人管理且具备高安全性（所用封条应达到或超过现有的 PAS ISO 17712 标准或同等标准）；⑦集装箱和货物储存区域应有安全防护且足以防止未经授权的进入或其他损害。

(1) 是　　　　　　(2) 否

28. 具备如下运输工具安全控制措施：①有专门程序或制度检查出入运输工具，防止藏匿可疑物品；②有专门程序或手段对装载货物的运输工具进行动态跟踪监控；③对司机进行专门的反恐安全培训；④运输工具停放区域有安全防护且足以防止未经授权的进入或其他损害。

（1）是　　　　　（2）否

29. 具备如下信息安全控制措施：①有专门程序或制度保护信息系统不受未经授权的进入；②针对不正当进入信息系统、篡改贸易数据等滥用信息技术系统行为有严格的责任追究制度；③有数据恢复、备份等专门程序或技术能力防止信息丢失。

（1）是　　　　　（2）否

30. 具备应对灾害或紧急安全事故的应急程序或机制，并且应急程序或机制应与所有相关的企业员工进行日常沟通以保证及时了解与掌握。

（1）是　　　　　（2）否

本单位保证此报告真实、准确、有效，并存有相关文件备查。如有不实，自愿承担海关不适用AA类/A类管理的法律后果。

法定代表人签字：　　　　　（加盖单位公章）

年　月　日

（三）属于C类进出口货物收发货人的范围

进出口货物收发货人有下列情形之一的，适用C类管理：

（1）有走私行为的；

（2）1年内有3次以上违反海关监管规定行为，且违规次数超过上一年度报关单及进出境备案清单总票数1‰的，或者1年内因违反海关监管规定被处罚款累计总额人民币10万元以上的；

（3）1年内有2次因进出口侵犯知识产权货物而被海关行政处罚的；

（4）拖欠应纳税款、应缴罚没款项人民币50万元以下的。

（四）属于D类进出口货物收发货人的范围

进出口货物收发货人有下列情形之一的，适用D类管理：

（1）有走私罪的；

（2）1年内有2次以上走私行为的；

（3）1年内有3次以上因进出口侵犯知识产权货物而被海关行政处罚的；

（4）拖欠应纳税款、应缴罚没款项超过人民币50万元的。

（五）属于B类进出口货物收发货人的范围

进出口货物收发货人未发生C类和D类所列情形并符合下列条件之一的，适用B类管理：

（1）首次注册登记的；

（2）首次注册登记后，管理类别未发生调整的；

（3）AA类企业不符合原管理类别适用条件，并且不符合A类管理类别适用条件的；

（4）A类企业不符合原管理类别适用条件的。

二、进出口货物收发货人管理类别的申请

（一）申请 AA 类进出口货物收发货人的程序

1. 提交申请材料

进出口货物收发货人符合 AA 类第（1）项的规定，可以通过注册地海关向直属海关提出适用 AA 类管理申请，并提交《适用 AA 类管理申请书》（见样例 2-3）、《企业经营管理状况评估报告》、会计师事务所出具的上一年度审计报告。

样例 2-3

适用 AA（A）类管理申请书

企业类型	□进出口货物收发货人　　□报关企业		
企业名称			
海关注册编码			
组织机构代码			
法定代表人		联系人	
联系电话		传真	

__________海关：

本单位已适用□ A/□ B 类管理一年以上。经自我评估，认为符合《中华人民共和国海关企业分类管理办法》相关规定，现向你关提出适用□AA/□A 类管理申请。

本单位知悉并同意遵守《中华人民共和国海关企业分类管理办法》及相关海关规定，保证所提交的所有申请材料真实、齐全、有效，并存有相关文件、资料备查。

本单位承诺适用□AA/□A 类管理后，按海关规定时间报送如下材料：

每年 4 月 30 日前报送：□《企业经营管理状况评估报告》，□会计师事务所出具的上一年度《审计报告》和上一年度下半年的《进出口业务情况表》/□《报关代理业务情况表》。

每年 7 月 31 日前报送：本年度上半年的□《进出口业务情况表》/□《报关代理业务情况表》。

附：

□《企业经营管理状况评估报告》

□会计师事务所出具的上一年度《审计报告》

□《适用 A 类管理决定书》或《企业管理类别调整决定书》复印件

□《报关注册登记证书》（复印件）

法定代表人签章：　　申请单位（盖章）

年　月　日

《中华人民共和国海关企业分类管理办法》第六条规定AA类进出口货物收发货人，应当同时符合下列条件：

（一）符合A类管理条件，已适用A类管理1年以上；

（二）上一年度进出口报关差错率在3%以下；

（三）通过海关稽查验证，符合海关管理、企业经营管理和贸易安全的要求；

（四）每年报送《企业经营管理状况评估报告》和会计师事务所出具的上一年度审计报告；每半年报送《进出口业务情况表》。

《中华人民共和国海关企业分类管理办法》第十二条规定AA类报关企业，应当同时符合下列条件：

（一）符合A类管理条件，已适用A类管理1年以上；

（二）上一年度代理申报的进出口报关单及进出境备案清单总量在2万票以上；

（三）上一年度进出口报关差错率在3%以下；

（四）通过海关稽查验证，符合海关管理、企业经营管理和贸易安全的要求；

（五）每年报送《企业经营管理状况评估报告》和会计师事务所出具的上一年度审计报告，每半年报送《报关代理业务情况表》。

《中华人民共和国海关企业分类管理办法》第七条规定A类进出口货物收发货人，应当同时符合下列条件：

（一）已适用B类管理1年以上；

（二）连续1年无走私罪、走私行为、违反海关监管规定的行为；

（三）连续1年未因进出口侵犯知识产权货物而被海关行政处罚；

（四）连续1年无拖欠应纳税款、应缴罚没款项情事；

（五）上一年度进出口总值50万美元以上；

（六）上一年度进出口报关差错率在5%以下；

（七）会计制度完善，业务记录真实、完整；

（八）主动配合海关管理，及时办理各项海关手续，向海关提供的单据、证件真实、齐全、有效；

（九）每年报送《企业经营管理状况评估报告》；

（十）按照规定办理《中华人民共和国海关进出口货物收发货人报关注册登记证书》的换证手续和相关变更手续；

（十一）连续一年在商务、人民银行、工商、税务、质检、外汇、监察等行政管理部门和机构无不良记录。

《中华人民共和国海关企业分类管理办法》第十三条规定A类报关企业，应当同时符合下列条件：

（一）已适用B类管理1年以上；

（二）企业以及所属执业报关员连续1年无走私罪、走私行为、违反海关监管规定的行为；

（三）连续1年未因代理报关的货物侵犯知识产权而被海关没收，或者被没收但对该货物的知识产权状况履行了合理审查义务；

（四）连续1年无拖欠应纳税款、应缴罚没款项情事；

（五）上一年度代理申报的进出口报关单及进出境备案清单等总量在3 000票以上；

（六）上一年度代理申报的进出口报关差错率在5%以下；

（七）依法建立账簿和营业记录，真实、正确、完整地记录受委托办理报关业务的所有活动；

（八）每年报送《企业经营管理状况评估报告》；

（九）按照规定办理注册登记许可延续及《中华人民共和国海关报关企业报关注册登记证书》的换证手续和相关变更手续；

（十）连续 1 年在商务、人民银行、工商、税务、质检、外汇、监察等行政管理部门和机构无不良记录。

2. 受理、核准

注册地海关接受企业适用 AA 类管理申请后，经审核企业提交的材料齐全、符合法定形式的，应当当场制发《企业分类管理申请受理决定书》，并报直属海关审定。如发现以下情形之一的，直属海关对其申请予以退回，并作出不予适用的决定：申请时不符合本办法所规定的条件的；审核期间不符合本办法所规定的条件的；审核期间有涉嫌走私或者违反海关监管规定以及侵犯知识产权的行为被海关立案侦查或者调查。

（二）申请 A 类进出口货物收发货人的程序

1. 提交申请材料

进出口货物收发货人符合 A 类（7）项的规定，可以通过注册地海关向直属海关提出适用 A 类管理申请，并提交《适用 A 类管理申请书》《企业经营管理状况评估报告》。

2. 受理、核准

注册地海关接受 A 类管理申请后，经审核企业提交的材料齐全、符合法定形式的，应当当场制发《企业分类管理申请受理决定书》，并报直属海关审定。直属海关应当自受理之日起 3 个月内作出适用或者不予适用的决定。如发现以下情形（申请时不符合本办法所规定的条件的；审核期间不符合本办法所规定的条件的；审核期间有涉嫌走私或者违反海关监管规定以及侵犯知识产权的行为被海关立案侦查或者调查）之一的，直属海关对其申请予以退回，并作出不予适用的决定。

三、报关企业管理类别的设定

（一）AA 类报关企业应具备的条件

AA 类报关企业应具备下列五个条件：

（1）符合 A 类管理条件，已适用 A 类管理 1 年以上；

（2）上一年度代理申报的进出口报关单及进出境备案清单总量在 2 万票（中西部 5 000 票）以上；

（3）上一年度进出口报关差错率在 3%以下；

（4）通过海关稽查验证，符合海关管理、企业经营管理和贸易安全的要求；

（5）每年报送《企业经营管理状况评估报告》和会计师事务所出具的上一年度审计报告，每半年报送《报关代理业务情况表》（见样例 2-4）。

样例 2-4

报关代理业务情况表

企业名称：
海关编码：
填报日期：
填报期间：　　年　　月至　　年　　月

内容		有/是	无/否	不适用	备注（情况说明）
基本情况	1. 企业所有权性质或股权结构有无变化				
	2. 企业管理层和进出口各部门主要负责人有无变动				涉及部门及职务：______；______
	3. 是否变更注册登记				变更时间及内容：______；______
	4. 委托代理申报报关单总票数列前三位的企业有无变化				委托企业名称及海关编码： 1. ________；________ 2. ________；________ 3. ________；________
	5. 代理申报报关单（含进出境备案清单）总票数				申报总票数及货值：__________；__________
报关员管理	6. 企业报关员总数量有无变化				现有报关员数量：______
	7. 有无报关员挂靠开展报关业务				涉及人员数量：________
	8. 有无报关员因涉嫌走私、违规或其他违法问题被取消或中止报关员资格				涉及人员数量及问题：______；______
报关业务管理	9. ERP 等信息管理系统是否定期更新报关业务管理保存历史数据				最近更新时间：
	10. 报关业务台账是否完整记录报关代理情况并将相关随附材料妥善保管				台账记录主要项目：______
	11. 委托人身份资料、分类管理等级、以往诚信记录等委托人所提供情况的真实性进行书面记录				书面记录主要项目：______
	12. 报关代理业务中有无经海关审核后调整价格、归数量、原产地等申报内容的情况				涉及问题起数：______
	13. 企业报关差错总记分次数有无增加				记分次数：______

续表

<table>
<tr><th colspan="2">内容</th><th>有/是</th><th>无/否</th><th>不适用</th><th>备注（情况说明）</th></tr>
<tr><td rowspan="2">内部控制及贸易安全管理</td><td>14. 内部控制及贸易安全管理措施有无变化</td><td></td><td></td><td></td><td>涉及方面：________</td></tr>
<tr><td>15. 是否开展内部审计</td><td></td><td></td><td></td><td>内审时间和内容：______；______</td></tr>
<tr><td colspan="6">填表说明：1. 本报表所填报业务为半年期内进出口代理客观情况，请在相应的空格项内划“√”，需填报具体情况的，请以文字说明；2. 凡涉及变化或增减情况，均以最近一次验证稽查情况或上一半年期报送情况为比较对象；3. 明显增减变化是指增减比例达到或超过20%。</td></tr>
</table>

本单位保证此表填报内容真实、完整、准确，并存有相关文件备查。自愿承担因填报不实而导致的相应法律责任。

（加盖单位公章）

法定代表人签字：　　年　　月　　日

（二）A 类报关企业应具备的条件

A 类报关企业应具备下列 10 个条件：

（1）已适用 B 类管理 1 年以上；

（2）企业以及所属执业报关员连续 1 年无走私罪、走私行为、违反海关监管规定的行为；

（3）连续 1 年代理报关的货物未因侵犯知识产权而被海关没收，或者虽被没收但对该货物的知识产权状况履行了合理审查义务；

（4）连续 1 年无拖欠应纳税款、应缴罚没款项情事；

（5）上一年度代理申报的进出口报关单及进出境备案清单等总量在 3 000 票以上；

（6）上一年度代理申报的进出口报关差错率在 5%以下；

（7）依法建立账簿和营业记录，真实、正确、完整地记录受委托办理报关业务的所有活动；

（8）每年报送《企业经营管理状况评估报告》；

（9）按照规定办理注册登记许可延续及《中华人民共和国海关报关企业报关注册登记证书》的换证手续和相关变更手续；

（10）连续 1 年在商务、人民银行、工商、税务、质检、外汇、监察等行政管理部门和机构无不良记录。

（三）属于 C 类报关企业的范围

报关企业有下列情形之一的，适用 C 类管理：

（1）有走私行为的；

（2）1年内有3次以上违反海关监管规定的行为，或者1年内因违反海关监管规定被处罚款累计总额人民币50万元以上的；

（3）1年内代理报关的货物因侵犯知识产权而被海关没收达2次且未尽合理审查义务的；

（4）上一年度代理申报的进出口报关差错率在10%以上的；

（5）拖欠应纳税款、应缴罚没款项人民币50万元以下的；

（6）代理报关的货物涉嫌走私、违反海关监管规定，拒不接受或者拒不协助海关进行调查的；

（7）被海关暂停从事报关业务的。

（四）属于D类报关企业的范围

报关企业有下列情形之一的，适用D类管理：

（1）有走私罪的；

（2）1年内有2次以上走私行为的；

（3）1年内代理报关的货物因侵犯知识产权而被海关没收达3次以上且未尽合理审查义务的；

（4）拖欠应纳税款、应缴罚没款项超过人民币50万元的。

（五）属于B类进出口货物报关企业的范围

报关企业未发生C类和D类所列情形并符合下列条件之一的，适用B类管理：

（1）首次注册登记的；

（2）首次注册登记后，管理类别未发生调整的；

（3）AA类企业不符合原管理类别适用条件，并且不符合A类管理类别适用条件的；

（4）A类企业不符合原管理类别适用条件的。

四、报关企业管理类别的申请

（一）报关企业申请AA类的程序

报关企业符合AA类第一项、第二项的规定，可以通过注册地海关向直属海关提出适用AA类管理申请，其申请材料及程序与进出口收发货人申请AA类相同。

（二）报关企业申请A类的程序

报关企业符合A类第十三项的规定，可以通过注册地海关向直属海关提出适用A类管理申请，其申请材料及程序与进出口收发货人申请A类相同。

讨论

企业管理类别调整的申请

李明为了解企业分类管理对两家实习单位——上海进出口公司和上海报关公司的影响，需要掌握企业类别调整的有关规定。为此带着下列思考问题学习《中华人民共和国海关企业分类管理办法》。

1.《企业分类管理办法》对企业类别的调整有哪些具体规定？

2.《企业分类管理办法》对企业类别调整的申请有哪些规定？

根据《中华人民共和国海关企业分类管理办法》第二十一条至二十五条的规定，企业发生海关作出类别调整所列的情形，经企业申请，注册地海关受理核准，并报直属海关批准，对该企业作调整类别的决定。

（三）C 类调整为 B 类

1. 调整的依据

C 类企业自海关作出类别调整决定之日起满 1 年未再发生下列情形之一的，经企业申请，海关可将其调整为 B 类：

（1）有走私行为的；

（2）1 年内有 3 次以上违反海关监管规定行为，且违规次数超过上一年度报关单及进出境备案清单总票数 1‰的（报关企业除外），或者 1 年内因违反海关监管规定被处罚款累计总额人民币 100 万元（报关企业 50 万元）以上的；

（3）1 年内有 2 次因进出口侵犯知识产权货物而被海关行政处罚的；

（4）拖欠应纳税款、应缴罚没款项人民币 50 万元以下的；

（5）报关企业上一年度代理申报的进出口报关差错率在 10%以上的；

（6）代理报关的货物涉嫌走私、违反海关监管规定，拒不接受或者拒不协助海关进行调查的；

（7）被海关暂停从事报关业务的。

2. 申请调整的程序

C 类企业申请调整为 B 类的，应向注册地海关提交《企业管理类别调整申请书》（见样例 2-5）等材料，经其核准后当场制发《企业分类管理申请受理决定书》（见样例 2-6），并报直属海关审定。直属海关应当自受理之日起 1 个月内作出调整或者不予调整的决定。

样例 2-5

企业管理类别调整申请书

企业类型	□进出口货物收发货人　　□报关企业	
企业名称		
海关注册编码		组织机构代码
法定代表人		联系人
联系电话		传真

海关：

本单位现管理类别为□C/□D 类。自海关于　　年　　月　　日作出类别调整决定之日起已满 1 年。现向你关提出调整为适用□B/□C 类管理的申请。

本单位知悉并同意遵守《中华人民共和国海关企业分类管理办法》及相关海关规定，保证所提交的所有申请材料真实、齐全、有效，并存有相关文件、资料备查。

附：

《企业管理类别调整决定书》（复印件）

《报关注册登记证书》（复印件）

法定代表人签章：　　申请单位（盖章）

年　　月　　日

《中华人民共和国海关企业分类管理办法》第二十一条规定：

C 类企业自海关作出类别调整决定之日起满 1 年未再发生本办法第八条或者第十四条所列情形的，经企业申请，海关将其调整为 B 类。

D 类企业自海关作出类别调整决定之日起满 1 年未再发生本办法第九条或者第十五条所列情形的，经企业申请，海关将其调整为 C 类。

申请调整为 B 类、C 类管理的 C 类、D 类企业有本办法第二十条所列情形之一的，直属海关对其申请予以退回，并作出不予调整的决定。

样例 2-6

中华人民共和国海关
企业分类管理申请受理决定书

关分受［　　］　号

企业名称：　海关注册编码：

你单位提出的□适用 AA 类/□适用 A 类/□C 类调整为 B 类/□D 类调整为 C 类管理申请，我关于　年　　月　　日收悉。经审核，材料齐全，符合法定形式，根据《中华人民共和国海关企业分类管理办法》□第十九条/□第二十二条的规定，我关予以受理。

年　　月　　日

（四）D 类调整为 C 类

1. 调整的依据

D 类企业自海关作出类别调整决定之日起满 1 年未再发生下列情形之一的，经企业申请，海关可将其调整为 C 类：

（1）有走私罪的；

（2）1 年内有 2 次以上走私行为的；

（3）1 年内有 3 次以上因进出口侵犯知识产权货物而被海关行政处罚的；

（4）拖欠应纳税款、应缴罚没款项超过人民币 50 万元的。

2. 申请调整的程序

D 类企业申请调整为 C 类的材料与程序，与 C 类企业申请调整为 B 类相同。

(五) 其他方面的调整

1. AA 类或 A 类企业调整为 B 类

AA 类或 A 类企业涉嫌走私被立案侦查或者调查的，海关暂停其与管理类别相应的管理措施。暂停期内，按照 B 类企业的管理措施实施管理。

2. 企业发生存续分立的情形

企业发生分立后的存续企业承继分立前企业的主要权利义务或者债权债务关系的，其管理类别适用于分立前企业的管理类别，其余的分立企业视为首次注册企业。

3. 企业发生解散分立的情形

企业发生解散分立，分立企业视为首次注册企业。

4. 企业发生吸收合并的情形

企业发生吸收合并，合并企业管理类别适用于合并后存续企业的管理类别。

5. 企业发生新设合并的情形

企业发生新设合并，合并企业视为首次注册企业。

6. 因企业的管理类别不同导致应当实施的管理措施抵触的情形

海关按照下列方式实施：

(1) 报关企业或者进出口货物收发货人为 C 类或者 D 类的，按照较低的管理类别采取相应的管理措施；

(2) 报关企业和进出口货物收发货人均为 B 类以上管理类别的，按照报关企业的管理类别采取相应的管理措施。

7. 加工贸易经营企业与承接委托加工的生产企业管理类别不一致的情形

海关对该加工贸易企业按照较低的管理类别采取相应的管理措施。

任务二　进出境运输工具与物料物品管理

学习目标

- 了解进出境运输工具的备案机构及备案材料
- 熟悉进出境运输工具管理的范围
- 掌握进出境运输工具管理的主要规定
- 明确进出境运输工具的物料与工作人员携带物品的管理

任务导入

袁杭是刚刚步入职场的高职报关专业学生，被安排在上海海关监管通关处进行顶岗实习。该处负责对承运海关监管货物的企业和运输工具的注册登记，组织实施对进出境货物、运输工具及监管场所的实际监管工作的职能管理等。袁杭为了能更好地完成对进出境运输工具备案与管理的实习工作，带着下列思考问题学习《海关进出境运输工具监管办法》。

思考：

1. 《海关进出境运输工具监管办法》规定进出境运输工具的备案材料有哪些？
2. 《海关进出境运输工具监管办法》对进出境运输工具管理的范围有何规定？
3. 《海关进出境运输工具监管办法》对进出境运输工具管理有哪些主要规定？

根据我国《海关进出境运输工具监管办法》的规定，进出境运输工具、进出境运输工具负责人和进出境运输工具服务企业应当在经营业务所在地的直属海关或者经直属海关授权的隶属海关备案。进出境运输工具是用于载运人员、货物、物品进出境的各种船舶、航空器、铁路列车、公路车辆和驮畜；运输工具负责人是指进出境运输工具的所有企业、经营企业，船长、机长、汽车驾驶员、列车长及其代理人；运输工具服务企业是指为进出境运输工具和工作人员提供燃料、食品、日常生活用品或接受运输工具消耗产生的废、旧物品的企业。

一、进出境运输工具备案的机构及材料

（一）受理备案机构

进出境运输工具、进出境运输工具负责人和进出境运输工具服务企业的经营业务所在地的直属海关，或经直属海关授权的隶属海关受理其备案，该备案实行全国海关联网管理。

（二）申请备案材料

进出境运输工具、进出境运输工具负责人和进出境运输工具服务企业在海关办理备案时，应根据自己经营的运输方式提交《进出境国际航行船舶备案表》（见样例2-7），或《进出境航空器备案表》（见样例2-8），或《进出境铁路列车备案表》（见样例2-9），或《进出境公路车辆备案表》（见样例2-10）以及《运输工具负责人备案表》（见样例2-11）和《运输工具服务企业备案表》（见样例2-12），并同时提交上述备案表随附单证栏中列明的材料。

样例 2-7

进出境国际航行船舶备案表填表

单位（盖章）：　　备案日期：　　年　　月　　日

<table>
<tr><td rowspan="6">运输工具信息</td><td colspan="3">中文船名</td><td>IMO 号</td></tr>
<tr><td colspan="3">英文船名</td><td>呼号</td></tr>
<tr><td>船旗国</td><td>国籍证书编号</td><td>船籍港</td><td>所属企业</td></tr>
<tr><td>国籍证书签发日期</td><td>建造日期</td><td>运营性质</td><td>监管类型</td></tr>
<tr><td>船舶种类</td><td>总吨位</td><td>净吨位</td><td>载重吨位</td></tr>
<tr><td>船长</td><td colspan="2">船宽</td><td>船高</td></tr>
<tr><td>随附单证栏</td><td colspan="4">1. 国籍证书
2. 吨位证书
3. 海关所需的其他随附单证</td></tr>
<tr><td rowspan="3">海关批注栏</td><td colspan="4">备案意见</td></tr>
<tr><td colspan="4">复核意见</td></tr>
<tr><td colspan="4">备注</td></tr>
</table>

样例 2-8

进出境航空器备案表填表

单位（盖章）：　　备案日期：　　年　　月　　日

<table>
<tr><td></td><td colspan="2">航空器注册编号</td><td colspan="2">机型</td></tr>
<tr><td></td><td colspan="2">航空器国籍</td><td>国籍证书编号</td><td>所属企业编码</td></tr>
<tr><td></td><td>交付日期</td><td>执行任务类型</td><td colspan="2">航空器所有方式</td></tr>
<tr><td></td><td colspan="2">最大起飞重量</td><td colspan="2">标准客舱布局载客人数</td></tr>
<tr><td>随附单证栏</td><td colspan="4">1. 航班备案
2. 航线备案
3. 长期飞行计划备案
4. 海关所需的其他单证______</td></tr>
<tr><td rowspan="3">海关批注栏</td><td colspan="4">备案意见</td></tr>
<tr><td colspan="4">复核意见</td></tr>
<tr><td colspan="4">备注</td></tr>
</table>

样例 2-9

进出境铁路列车备案表

进/出境日期	车次	国籍	车辆数	到/发时间	铁路通知人	海关备案人

样例 2-10

进出境公路车辆备案表

填表单位（盖章）： 备案日期： 年 月 日

<table>
<tr><td rowspan="8">运输工具信息</td><td colspan="3">国内车牌</td><td>发动机号</td></tr>
<tr><td colspan="3">外籍车牌</td><td>车架号</td></tr>
<tr><td>国籍</td><td>车辆类型</td><td>厂牌型号</td><td>车身颜色</td></tr>
<tr><td colspan="2">企业代码/身份证件号码</td><td>车辆登记证书编号</td><td>车辆用途</td></tr>
<tr><td colspan="2">出厂日期</td><td>车辆自重</td><td>核定载重/载客量</td></tr>
<tr><td colspan="2">批文号</td><td>批文有效期</td><td></td></tr>
<tr><td colspan="4">批准车辆进出口岸</td></tr>
<tr><td colspan="4">批准车辆行驶路线或范围</td></tr>
<tr><td>随附单证栏</td><td colspan="4">1. 车辆登记证书
2. 批文
3. 海关所需的其他随附单证________________</td></tr>
<tr><td rowspan="3">海关批注栏</td><td colspan="4">备案意见</td></tr>
<tr><td colspan="4">复核意见</td></tr>
<tr><td colspan="4">备注</td></tr>
</table>

样例 2-11

运输工具负责人备案表

运动工具所属企业基本信息	企业中文名称	企业代码（组织代码证）
	企业英文名称	企业地址
	法定代表人	注册地国别
	联系人	联系电话/传真
随附单证栏		
海关批注栏	备案意见	
	复核意见	
	备注	

背面：

运输工具负责人所属各地分支机构情况一览表

序号	分支机构名称	分支机构地址	联系人	联系电话/传真	备注

样例 2-12

运输工具服务企业备案表

填表单位（盖章）：　　　备案日期：　　　年　　　月　　　日

	企业中文名称	企业编码	
	企业英文名称	批准机关	批准文号
	企业法定代表人	批准时间	
	企业注册地址/企业经营地址		
	业务负责人	联系电话	
随附单证栏	□合作协议、经营模式、企业章程和内部财务管理制度 □符合海关监管要求的监管场所备案材料 □符合海关监管要求的计算机管理系统，能够向海关提供物料出入库、销售等信息		
	备案意见		
	复核意见		
	备注（海关核准经营范围）		

（三）海关准予备案

受理备案海关经核准予以备案。

二、进出境运输工具的管理

（一）进境监管

1. 申报时间和形式

进境运输工具负责人应当在规定时限将运输工具预计抵达境内目的港和预计抵达时间以电子数据形式通知海关。因客观条件限制，经海关批准，公路车辆负责人可以采用电话、传真等方式通知海关。进境运输工具抵达设立海关的地点以前，运输工具负责人应当将进境时间、抵达目的港的时间和停靠位置通知海关。

2. 申报单据

进境运输工具抵达设立海关的地点时，运输工具负责人应当按不同运输方式向海关申报，分别提交我国《海关船舶进境（港）申报单》（见样例 2-13）、《海关航空器进境（港）申报单》（见样例 2-14）、《海关铁路列车进境申报单》（见样例 2-15）、《海关公路车辆进境（港）申报单》（见样例 2-16），以及上述申报单中列明应当交验的其他单证。

样例 2-13

中华人民共和国海关船舶进境（港）申报单

船名及船舶种类			IMO 编号	
呼号			抵达港口	
抵达日期及时间			船籍国	
船长姓名			上一港	
国籍证书（船籍港，签发日期，编号）				
总吨		净吨		
船舶在港位置（锚位或泊位）				
航次摘要（先后挂靠港口，并在即将卸下留存货物的港口名下划线标注）				
货物简述				
船员人数（包括船长）		旅客人数		备注
所附单证（标明份数）				
货物申报单		船用物品申报单		
船员名单		旅客名单		船舶对废弃物和残余物接受设施的需求
船员物品申报单				
注：进境船舶为租赁或以其他贸易方式进口的，根据《中华人民共和国进出口关税条例》（国务院令第 392 II 号）的有关规定，应当向海关进行报关单申报。				

船长或其授权代理人签名＿＿＿＿＿＿　　日期：＿＿＿＿年＿＿＿＿月＿＿＿＿日

海关签注：＿＿＿＿＿＿　　日期：＿＿＿＿年＿＿＿＿月＿＿＿＿日

样例 2-14

中华人民共和国海关航空器进境（港）申报单

<table>
<tr><td>航班号</td><td></td><td>航空器注册编号</td><td></td></tr>
<tr><td>机型</td><td></td><td>航空器国籍</td><td></td></tr>
<tr><td>抵达日期及时间</td><td></td><td>抵达港口</td><td></td></tr>
<tr><td>机长姓名</td><td></td><td>上一港</td><td></td></tr>
<tr><td>国籍证书编号</td><td></td><td colspan="2" rowspan="4">航空器地面代理名称和联系方式</td></tr>
<tr><td>最大起飞重量</td><td></td></tr>
<tr><td>标准客舱布局载客人数</td><td></td></tr>
<tr><td>停靠机位</td><td></td></tr>
<tr><td colspan="4">飞行路线摘要（本航班始发站、每一中途站和到达站）</td></tr>
<tr><td colspan="4">货物简述</td></tr>
<tr><td>国际旅客人数</td><td></td><td colspan="2" rowspan="12">备注</td></tr>
<tr><td>国内旅客人数</td><td></td></tr>
<tr><td>机组人数（包括机长）</td><td></td></tr>
<tr><td>国际行李件数</td><td></td></tr>
<tr><td>国内行李件数</td><td></td></tr>
<tr><td>货邮件数</td><td></td></tr>
<tr><td>货邮重量</td><td></td></tr>
<tr><td>随附单证（标明份数）</td><td></td></tr>
<tr><td>货物申报单</td><td></td></tr>
<tr><td>旅客名单</td><td></td></tr>
<tr><td>机组名单</td><td></td></tr>
<tr><td>机组物品申报单</td><td></td></tr>
</table>

机长或其授权代理人签名__________　　日期：__________年__________月__________日

海关签注：__________　　日期：__________年__________月__________日

样例 2-15

中华人民共和国海关铁路列车进境申报单

进境	□货运　□客运	总车辆数	旅客人数
国籍	日期		抵达时间
车次	重车数		空车数
机车数	列车工作人员数（含车长）		
需要向海关提供的单证： □列车编组顺序表 □车辆交接单 □货物交接单 □货物运单及其随附单证 □行李车载运货物或行李、包裹交接单等单证 □海关需要的其他单证：			
备注			

车长或其代理人签名＿＿＿＿＿　　　日期：＿＿＿＿＿年＿＿＿＿＿月＿＿＿＿＿日

海关签注：＿＿＿＿＿　　　日期：＿＿＿＿＿年＿＿＿＿＿月＿＿＿＿＿日

样例 2-16

中华人民共和国海关公路车辆进境（港）申报单

国内车牌号码			车辆备案编号	
驾驶员姓名			驾驶员备案编号	
外国车牌号码			车辆国籍	
车辆自重			进境地	
进境日期及时间			目的地	
预计停留境内时间			企业/车主名称及联系方式	
行驶路线摘要				
货物/旅客摘要说明				
司乘人数		旅客人数		备注
所附单证（标明份数）				
载货清单		车用备件申报单		
司乘人员名单		旅客名单		
自用物品申报单				

运输工具负责人签名＿＿＿＿＿　　　日期：＿＿＿＿＿年＿＿＿＿＿月＿＿＿＿＿日

海关签注：＿＿＿＿＿　　　日期：＿＿＿＿＿年＿＿＿＿＿月＿＿＿＿＿日

进境运输工具抵达监管场所时，监管场所经营人应当通知海关。海关接受进境运输工具申报时，应当审核电子数据和纸质申报单证。进境运输工具在向海关申报以前，未经海关同意，不得装卸货物、物品，除引航员、口岸检查机关工作人员外不得上下人员。

（二）停留监管

1. 现场查验

进出境运输工具到达设立海关的地点时，应接受海关监管和检查，运输工具负责人应在现场根据海关的要求开启舱室、房间、车门。如有走私嫌疑的，应配合查验；如海关要求进出境运输工具工作人员集中，应配合并协助检查。海关检查完毕后，应当按规定填写《检查记录》（见样例 2–17）。

样例 2–17

中华人民共和国海关检查记录

________关第______号

根据《中华人民共和国海关法》，海关于________年________月________日________时________分至________年________月________日________时________分，在________________________________进行了检查。检查经过及情况：被检查运输工具负责人意见及签字：

____

____

年　月　日

经办关员签字：

见证人签字：

见证人联系地址（电话）：

2. 派员值守

海关可派员进入进出境运输工具值守，此时进出境运输工具装卸货物、物品以及上下人员应当征得值守海关人员同意。

3. 装卸货物通知

进出境运输工具负责人应在进出境运输工具装卸货物的 1 小时以前通知海关，如航程或者路程不足 1 小时的，可在装卸货物前通知海关，海关可实施监装监卸。装卸货物完毕后，应向海关递交反映实际装卸情况的交接单据和记录。

运输工具在海关监管场所停靠期间更换停靠地点的，进出境运输工具负责人应当事先通知海关。

（三）境内续驶监管

1. 办理驶离手续

运输工具从境内一个海关地驶往另一个海关地，进出境运输工具负责人应按出境监管有关规定办理驶离手续。未经驶离地海关同意，运输工具不得改驶其他目的地。未办结海关手续的，不得改驶境外。

2. 制发关封

运输工具从境内一个海关地驶往另一个海关地，对符合海关监管要求的制发关封。进出境运输工具负责人应妥善保管关封，抵达另一海关地时向目的地海关提交。

3. 派员监管

运输工具从境内一个海关地驶往另一个海关地时，海关可派员随运输工具实施监管，进出境运输工具负责人应当为海关人员提供方便。

4. 办理抵达手续

运输工具从境内一个海关地驶往另一个海关地，抵达目的地以后，应当按有关规定办理抵达手续。

（四）出境监管

1. 申报时间和形式

出境运输工具离开海关地驶往境外 2 小时前，运输工具负责人应将驶离时间以电子数据形式通知海关。如临时出境的运输工具，则在驶离海关地前将驶离时间通知海关。因客观条件限制，经海关批准，公路车辆负责人可在车辆出境前采用电话、传真等方式通知海关。

2. 申报单据

运输工具出境时，运输工具负责人应按不同运输方式向海关申报，分别提交我国《海关船舶出境（港）申报单》（见样例 2-18）、《海关航空器出境（港）申报单》（见样例 2-19）、《海关铁路列车出境申报单》、《海关公路车辆出境（港）申报单》，以及上述申报单中列明应当交验的其他单证。

样例 2-18

中华人民共和国海关船舶出境（港）申报单

<table>
<tr><td colspan="4">船名及船舶种类</td><td colspan="5"></td><td>IMO 编号</td><td></td></tr>
<tr><td colspan="4">呼号</td><td colspan="5"></td><td>驶离港口</td><td></td></tr>
<tr><td colspan="4">驶离日期及时间</td><td colspan="5"></td><td>船籍国</td><td></td></tr>
<tr><td colspan="4">航长姓名</td><td colspan="5"></td><td>下一港</td><td></td></tr>
<tr><td colspan="9">国籍证书（船籍港、签发日期，编号）</td><td colspan="2"></td></tr>
<tr><td>总吨</td><td colspan="3"></td><td colspan="2">净吨</td><td colspan="3"></td><td colspan="2" rowspan="2">船舶代理名称和联系方式</td></tr>
<tr><td colspan="6">船舶在港位置（锚位或泊位）</td><td colspan="3"></td></tr>
<tr><td colspan="11">船次摘要（先后挂靠港口，并在即将卸下留存货物的港口名下划线标注）</td></tr>
<tr><td colspan="11">货物简述</td></tr>
<tr><td colspan="3">船员人数（包括船长）</td><td colspan="2"></td><td colspan="3">旅客人数</td><td></td><td colspan="2" rowspan="4"></td></tr>
<tr><td colspan="9">所附单证（标明份数）</td></tr>
<tr><td colspan="2">货物申报单</td><td></td><td colspan="4">船用物品申报单</td><td colspan="2"></td></tr>
<tr><td colspan="2">船员名单</td><td></td><td colspan="4">旅客名单</td><td colspan="2"></td></tr>
</table>

船长或其授权代理人签名：　　　　日期：　　年　　月　　日

海关签注：　　　　日期：　　年　　月　　日

样例 2-19

中华人民共和国海关航空器出境（港）申报单

<table>
<tr><td>航班号</td><td></td><td>航空器注册编号</td><td></td></tr>
<tr><td>机型</td><td></td><td>驶离港口</td><td></td></tr>
<tr><td>驶离日期及时间</td><td></td><td>航空器国籍</td><td></td></tr>
<tr><td>机长姓名</td><td></td><td>下一港</td><td></td></tr>
<tr><td>国籍证书编号</td><td></td><td colspan="2" rowspan="4">航空器地面代理名称和联系方式</td></tr>
<tr><td>最大起飞重量</td><td></td></tr>
<tr><td>标准客舱布局载客人数</td><td></td></tr>
<tr><td>停靠机位</td><td></td></tr>
<tr><td colspan="4">飞行路线摘要（本航班始）</td></tr>
<tr><td colspan="4">货物简述</td></tr>
<tr><td>国际旅客人数</td><td></td><td colspan="2" rowspan="11">备注</td></tr>
<tr><td>国内旅客人数</td><td></td></tr>
<tr><td>机组人数（包括机长）</td><td></td></tr>
<tr><td>国际行李件数</td><td></td></tr>
<tr><td>国内行李件数</td><td></td></tr>
<tr><td>货邮件数</td><td></td></tr>
<tr><td>货邮件量</td><td></td></tr>
<tr><td colspan="2">所附单证（标明份数）</td></tr>
<tr><td>货物申报单</td><td></td></tr>
<tr><td>机组名单</td><td></td></tr>
<tr><td>旅客名单</td><td></td></tr>
</table>

机长或其授权代理人签名：　　　　　日期：　　年　　月　　日

海关签注：　　　　　　　　　　　　日期：　　年　　月　　日

三、进出境运输工具的物料管理

（一）物料管理的范围

经运输工具负责人申请，海关核准后，进出境运输工具可以添加、起卸、调拨下列物料：

（1）保障进出境运输工具行驶、航行的轻油、重油等燃料；

（2）供应进出境运输工具工作人员和旅客的日常生活用品、食品；

（3）保障进出境运输工具及所载货物运输安全的备件、垫舱物料和加固、苫盖用的绳索、篷布、苫网等；

（4）海关核准的其他物品。

（二）物料添加与起卸的申报

进出境运输工具需要添加、起卸物料的，物料添加单位或者接受物料起卸单位应向海关申报，并提交《海关运输工具起卸/添加物料申报单》（见样例 2-20）和添加、起卸物料明细单及海关认为必要的其他单证。

样例 2-20

中华人民共和国海关运输工具起卸/添加物料申报单

<table>
<tr><td colspan="1">运输工具编号</td><td colspan="2"></td><td>航次/航班/车次</td><td colspan="2"></td></tr>
<tr><td>国籍</td><td colspan="2"></td><td>代理企业</td><td colspan="2"></td></tr>
<tr><td colspan="3">停靠位置（泊位/机位）</td><td>起卸/添加时间</td><td colspan="2"></td></tr>
<tr><td>序号</td><td>起卸/添加物料名称</td><td>申报数量</td><td>金额</td><td>实际数量</td><td>金额</td></tr>
<tr><td></td><td></td><td></td><td></td><td></td><td></td></tr>
<tr><td></td><td></td><td></td><td></td><td></td><td></td></tr>
<tr><td></td><td></td><td></td><td></td><td></td><td></td></tr>
<tr><td></td><td></td><td></td><td></td><td></td><td></td></tr>
<tr><td></td><td></td><td></td><td></td><td></td><td></td></tr>
<tr><td colspan="2">海关批注栏
经办人员
日期：　　年　　月　　日</td><td colspan="2">添加/起卸物料单位签章
经办人员
日期：　　年　　月　　日</td><td colspan="2">运输工具方确认栏
经办人员
日期：　　年　　月　　日</td></tr>
</table>

运输工具负责人（签章）：

日期：　　年　　月　　日

（三）运输工具间的物料调拨

进出境运输工具之间调拨物料的，接受物料的进出境运输工具负责人应当在物料调拨完毕后向海关提交《运输工具物料调拨清单》（见样例 2-21）。

样例 2-21

运输工具物料调拨清单

<table>
<tr><td colspan="2">调出运输工具名称</td><td colspan="1">（中文）</td><td>（英文）</td></tr>
<tr><td colspan="2">调入运输工具名称</td><td colspan="1">（中文）</td><td>（英文）</td></tr>
<tr><td>序号</td><td>调拨物料名称</td><td>数量</td><td>金额</td></tr>
<tr><td></td><td></td><td></td><td></td></tr>
<tr><td></td><td></td><td></td><td></td></tr>
<tr><td></td><td></td><td></td><td></td></tr>
<tr><td></td><td></td><td></td><td></td></tr>
<tr><td></td><td></td><td></td><td></td></tr>
<tr><td colspan="2">海关批注栏</td><td>调出运输工具方签章栏</td><td>调入运输工具方签章栏</td></tr>
</table>

日期：　　年　　月　　日

进出境运输工具添加、起卸、调拨的物料，运输工具负责人免于提交许可证件，海关予以免税放行；添加、起卸国家限制进出境或者涉及国计民生的物料超出自用合理数量范围的，应当按照进出口货物的有关规定办理海关手续。

四、运输工具工作人员携带物品管理

运输工具工作人员是指在进出境运输工具上从事驾驶、服务，且具有相关资格证书的人员以及实习生。进出境运输工具工作人员携带物品进出境的，应当向海关申报并接受海关监管。进出境运输工具工作人员携带的物品，应当以服务期间必需和自用合理数量为限，不得为其他人员托带物品进境或者出境。如果需携带物品进入境内使用的，应当向海关办理手续，海关按照有关规定验放。

任务三　货物与技术进出口许可管理

学习目标

- 了解进出口货物与技术管理的形式
- 熟悉进出口货物与技术管理的范围及内容
- 掌握进出口许可证申请表和进出口许可证的作用及填写方法
- 明确进出口货物与技术管理的作用

任务导入

进出口许可是国家对进出口的一种行政管理制度，既包括准许进出口的有关证件的审批和管理制度本身的程序，也包括以国家各类许可为条件的其他行政管理手续。

货物进出口许可管理制度是我国进出口许可制度的主体，其管理范围包括：禁止进出口货物、限制进出口货物和自由进出口中部分实行自动许可管理的货物。

一、禁止进出口货物管理

为维护国家安全、社会公共利益和公共道德，保护人民的健康与安全，保护动植物的生命与健康，保护自然资源与生态环境，履行我国所缔结或参加的国际条约和协定，商务部与海关总署依照我国《对外贸易法》和《货物进出口管理条例》等法律法规，制定并公布禁止进出口的货物目录。

禁止进口洋垃圾

（一）禁止进出口货物管理的范围

1. 禁止进口货物的范围

禁止进口货物的范围有下列几个方面：

（1）列入《禁止进口货物目录》的共有六批商品。第一批与第六

批商品主要涉及破坏自然生态环境和生态资源的，如四氯化碳、犀牛角和虎骨等；第二批商品主要涉及旧机电类产品，如旧机床、二手汽车等；第三、第四和第五批商品主要涉及对环境有污染的固体废物类，如城市垃圾、医疗废物等。

（2）国家有关法律法规明令禁止进口的商品。包括：来自动植物疫情流行国家或地区的有关动植物及其产品；动植物病原及其他有害生物和动物尸体等。

（3）其他规定的商品。主要包括：以 cfc-12 为制冷工质的汽车及以 cfc-12 为制冷工质的汽车空调压缩机；右置方向盘的汽车；旧衣服。

（4）Ⅷ因子制剂等血液制品；国产手表复进口等。

2. 禁止出口货物的范围

禁止出口货物的范围有下列两个方面：

（1）列入《禁止出口货物目录》的共有五批商品。第一批商品是涉及破坏自然生态环境和生态资源的，其是在保护世界自然生态环境相关的各项国际条约和协定中规定的范围内，如破坏臭氧层物质的四氯化碳、属世界濒危物种管理范畴的犀牛角和虎骨、禁止出口有防风固沙作用的发菜和麻黄草等植物等；第二批商品主要是涉及森林资源的，如禁止出口木炭等；第三批商品主要是涉及人的健康与环境安全的产品，须履行《关于在国际贸易中对某些危险化学品和农药采用事先知情同意程序的鹿特丹公约》和《关于持久性有机污染物的斯德哥尔摩公约》；第四批商品为天然砂，但不适用于我国台湾、香港、澳门地区；第五批商品为未经化学处理的森林凋落物、经化学处理的森林凋落物和泥炭（草炭）。

（2）国家有关法律法规明令禁止出口的商品。这主要包括：未定名的或新发现并有重要价值的野生植物；原料血浆；商业性出口的野生红豆杉及其部分产品；劳改产品；以氯氟羟物质为制冷剂、发泡剂的家用电器产品和以氯氟羟物质为制冷工质的家用电器用压缩机；滴滴涕、氯丹等。

（二）禁止进出口货物的管理

海关依据国家相关法律法规对禁止进出口货物实行监督管理，凡列入国家公布的禁止进出口目录以及其他法律、行政法规规定的禁止进出口货物不得进出口。

二、限制进出口货物管理

为维护国家安全、社会公共利益和公共道德，保护人民的健康与安全，保护动植物的生命与健康，保护自然资源与生态环境，履行我国所缔结或者参加的国际条约、协定，商务部与海关总署依照我国《对外贸易法》和《货物进出口管理条例》等法律法规，制定并公布限制进出口货物及管理方法。

（一）限制进出口货物管理的范围

1. 限制进口货物的范围

根据我国商务部、海关总署和国家质检总局联合发布的《2011 年进口许可证管理货物目录》的规定，有 36 种货物实行进口许可证管理。化工设备类有液化器等 3 种；金属冶炼设备类有金属冶炼及铸造用转炉等 3 种；工程机械类有龙门式起重机等 22 种；

造纸设备类有制造纤维素纸浆的机器等3种；电力、电气设备类有直缝焊管机等19种；食品加工及包装设备类有乳品加工机器等7种；农业机械类有收割机及脱粒机等4种；印刷机械类有苯胺印刷机等7种；船舶类有高速客船等9种；矽鼓1种；消耗臭氧层物质46种。

2. 限制出口货物的范围

2011年实行出口许可证管理的49种货物，即玉米、大米、小麦、玉米粉、大米粉、小麦粉、棉花、锯材、活牛、活猪、活鸡、煤炭、焦炭、原油、成品油、稀土、锑及锑制品、钨及钨制品、锌矿砂、锡及锡制品、白银、铟及铟制品、钼、磷矿石、蔺草及蔺草制品、碳化硅、滑石块、镁砂、矾土、甘草及甘草制品、冰鲜牛肉、冻牛肉、冰鲜猪肉、冻猪肉、冰鲜鸡肉、冻鸡肉、消耗臭氧层物质、石蜡、锌及锌基合金、部分金属及制品、铂金、汽车及其底盘、摩托车及其发动机和车架、天然砂、钼制品、柠檬酸、维生素C、青霉素工业盐、硫酸二钠。

（二）限制进出口货物的管理

1. 进口许可证管理制度

2011年实施进口许可证管理的货物有两大类：一类是消耗臭氧层物质，由各地商委或商务厅签发进口许可证。在京中央管理企业的进口，由商务部配额许可证事务局签发进口许可证。另一类是重点旧机电产品，由商务部配额许可证事务局负责进口许可证的签发工作。

（1）申请进口许可证材料。申请签发进口许可证需要提交的主要申请材料包括：按规范填写的、加盖企业行政公章的进口许可证申请表（见样例2-22）；有效的进口合同正本复印件；如为委托代理进口的，需提供委托代理进口协议；主管部门批准文件；申领单位的公函或申领人的工作证；其他需要提交的资料。

样例2-22

中华人民共和国进口许可证申请表

<table>
<tr><td colspan="3">1. 进口商：　　　代码</td><td colspan="3">3. 进口许可证号：</td></tr>
<tr><td colspan="3">2. 收货人：</td><td colspan="3">4. 进口许可证有效截止日期
年　月　日</td></tr>
<tr><td colspan="3">5. 贸易方式：</td><td colspan="3">8. 出口国（地区）：</td></tr>
<tr><td colspan="3">6. 外汇来源：</td><td colspan="3">9. 原产地国（地区）：</td></tr>
<tr><td colspan="3">7. 报关口岸：</td><td colspan="3">10. 商品用途：</td></tr>
<tr><td colspan="6">11. 商品名称：　　　商品编码：</td></tr>
<tr><td>12. 规格、型号</td><td>13. 单位</td><td>14. 数量</td><td>15. 单价（币别）</td><td>16. 总值（币别）</td><td>17. 总值折美元</td></tr>
<tr><td></td><td></td><td></td><td></td><td></td><td></td></tr>
<tr><td></td><td></td><td></td><td></td><td></td><td></td></tr>
<tr><td></td><td></td><td></td><td></td><td></td><td></td></tr>
<tr><td></td><td></td><td></td><td></td><td></td><td></td></tr>
</table>

续表

18. 总计					
19. 领证人姓名： 联系电话： 申请日期： 下次联系日期	20. 签证机构审批（初审）： 终审：				

中华人民共和国商务部监制　　第一联（正本）签证机构存档中

知识链接

进口许可证申请表的填写

进口许可证申请表一式二联，由申领许可证的单位填写。其主要项目填写方法如下：

（1）进口商：如为接受赠送、无偿捐赠、援助进口的货物，填写“赠送”，代码为（0000000000001）；如为其他贸易方式项下的，填写进口商名称，注明外贸经营者批准证书13位代码编号，如无进出口经营权的企业应填写“9999+九位组织机构代码”。

（2）收货人：应为实际批准进口用货单位，并应与批准的配额证明和批件一致。

（3）贸易方式：根据进口货物的贸易性质，填写一般贸易、易货贸易、进料加工、来料加工、国际租赁、许可贸易、劳务承包、国际招标、国际展销、国际拍卖、补偿贸易、协定贸易、边境贸易、外资企业进口、援助赠送中的一项。

（4）外汇来源：根据实际情况填写银行购汇、贷款、赠送、索赔、外资中的一项。

（5）报关口岸：填写进口货物到达我国规定开放的口岸。

（6）出口国（地区）：填写出口商所在地的国别（地区）名称。

（7）原产地国（地区）：填写商品进行实质性加工的国别（地区）。

（8）商品用途：填写自用、生产用、内销、外销、样品、维修中的一项。

（9）商品名称及商品编码：填写合同规定的商品名称及其编码。

（10）单价（币别）：填写订货时将要采用的货币。

（2）领取进口许可证。申请单位将填写好的许可证申请表格盖上单位行政公章，随附有关材料一并递交商务主管部门。商务主管部门收到申请材料之日起3个工作日内、特殊情况下为10个工作日内，对核准的申请单位签发进口许可证（见样例2-23），有效期为1年，可申请延长。

申请单位须由指定人领取证书，如有特殊情况，出具公函指定其他人员领取。领证人凭公函和身份证件及取证凭证，即进口许可证申请表第二联、网上申领企业打印的出口许可证申请单领取。

样例 2-23

中华人民共和国进口许可证

IMPORT LICENCE THE PEOPLE'S REPUBLIC OF CHINA

1. 我国货物成交单位　　编码 Importer			3. 进口许可证编号 Licence No.		
2. 收货单位 Consignee			4. 许可证有效期 Validity		
5. 贸易方式 Terms of trade			8. 进口国家（地区） Country of destination		
6. 外汇来源 Terms of foreign exchange			9. 商品原产地 Country of origin		
7. 到货口岸 Port of destination			10. 商品用途 Use of commodity		
11. 唛头一包装件数 Marks & numbers-number of packages					
12. 商品名称 Description of commodity		商品编码 Commodity No.			
13. 商品规格、型号 Specification	14. 单位 Unit	15. 数量 Quantity	16. 单价（USD） Unit price	17. 总值（USD） Amount	18. 总值折美元 Amount in USD
19. 总计 Total					
20. 备注 Supplementary details		21. 发证机关盖章 Issuing authority's stamp & signature 发证日期 Date			

2. 出口许可证管理制度

出口许可证管理制度对出口许可证管理的 49 种货物分别实行出口配额招标管理、出口许可证管理、出口配额许可证管理三种形式。

（1）实行出口配额招标管理的货物是蔺草及蔺草制品、碳化硅、滑石块、镁砂、矾土、甘草及甘草制品。实行出口配额招标管理的货物，无论何种贸易方式，各授权发证机构均凭商务部下发的中标企业名单及其中标数量和招标办公室出具的《申领配额招标商品出口许可证证明书》签发出口许可证。

（2）实行出口许可证管理的货物是活牛、活猪、活鸡、冰鲜牛肉、冻牛肉、冰鲜猪肉、冻猪肉、冰鲜鸡肉、冻鸡肉、消耗臭氧层物质、石蜡、锌及锌基合金、部分金属及制品、铂金、汽车及其底盘、摩托车及其发动机和车架、天然砂、钼制品、柠檬酸、维生素C、青霉素工业盐、硫酸二钠。实行出口许可证管理货物的企业或单位必须向商务主管部门申请签发出口许可证后方可出口。

（3）实行出口配额许可证管理的货物是玉米、大米、小麦、玉米粉、大米粉、小麦粉、棉花、锯材、活牛、活猪、活鸡、煤炭、焦炭、原油、成品油、稀土、锑及锑制品、钨及钨制品、锌矿砂、锡及锡制品、白银、铟及铟制品、钼、磷矿石。实行出口配额许可证管理货物的企业或单位必须向商务主管部门申请签发出口许可证后方可出口。

办理申请签发出口许可证需要提交的申请材料主要包括：规范填写的并加盖企业行政公章的出口许可证申请表，有效的出口合同的正本复印件；有关批准文件；按规定需提交的其他资料。

知识链接

出口许可证申请表的填写

出口许可证申请表由申领许可证的单位填写。其主要项目填写方法如下：

（1）出口商及代码：如为配额管理出口商品，填写出口配额指标单位全称；一般许可证管理出口商品，填写有出口经营权的各类进出口企业的全称。代码应按商务部及授权的发证机关编定的代码填写。

（2）发货人及代码：填写出口商名称；代码应按商务部及授权的发证机关编定的代码填写。

（3）出口许可证号：由发证机关填写。

（4）出口许可证有效截止日期：由发证机关填写。

（5）贸易方式：根据出口贸易性质选择一般贸易、易货贸易、补偿贸易、进料加工、来料加工等。

（6）合同号：填写该笔业务出口合同编码；展品出运时，此栏应填写商务部批准办展的文件号。

（7）报关口岸：填写出运口岸名称。

（8）进口国（地区）：填写最终目的地国家或地区的名称。

（9）支付方式：填写该笔业务实际支付方式，如信用证、托收、汇付、本票等。

（10）运输方式：填写该笔业务实际运输方式，如海上运输、铁路运输、航空运输等。

（11）商品名称和编码：填写商务部发布的出口许可证管理商品目录中的标准名称及商品编码号。

（12）规格等级：填写出口商品的具体品种、规格。

（13）单位：填写出口商品的计量单位。

（14）数量、单价及总值：数量允许保留一位小数，四舍五入进位；单价为出口商品的单位价格；总值为此栏的总金额。

出口商向商务主管部门提交规定的申请材料申请出口许可证，发证机关收到申请材料之日起3个工作日内，对核准的申请单位签发出口许可证（见样例2-24），有效期为6个月，可申请延长。申请单位应由制定人领取证书，如有变化须出具公函，写明被委托人的身份及所持有的具有法律效力的证件名称和证件号码。领证人凭公函和身份证件及取证凭证（出口许可证申请表第二联、网上申领企业打印的出口许可证申请单）领取。

样例2-24

中华人民共和国出口货物许可证

EXPORT LICENSE THE PEOPLE'S REPUBLIC OF CHINA

<table>
<tr><td colspan="3">1. 出口商：
Export</td><td colspan="3">3. 出口许可证编号：
Export license No.</td></tr>
<tr><td colspan="3">2. 发货单位：
Consignor</td><td colspan="3">4. 出口许可证有效截止期：
Export license expiry date</td></tr>
<tr><td colspan="3">5. 贸易方式
Terms of trade</td><td colspan="3">8. 输往国家（地区）
Country/Region of purchase</td></tr>
<tr><td colspan="3">6. 合同号：
Contract No.</td><td colspan="3">9. 收款方式：
Terms of payment</td></tr>
<tr><td colspan="3">7. 报关口岸：
Port of shipment</td><td colspan="3">10. 运输方式：
Means of transport</td></tr>
<tr><td colspan="3">11. 商品名称：
Description of goods</td><td colspan="3">商品编码：
Code of goods</td></tr>
<tr><td>12. 规格、型号
Specification</td><td>13. 单位
Unit</td><td>14. 数量
Quantity</td><td>15. 单价（USD）
Unit price</td><td>16. 总值（USD）
Amount</td><td>17. 总值折美元
Amount in USD</td></tr>
<tr><td></td><td></td><td></td><td></td><td></td><td></td></tr>
<tr><td></td><td></td><td></td><td></td><td></td><td></td></tr>
<tr><td></td><td></td><td></td><td></td><td></td><td></td></tr>
<tr><td></td><td></td><td></td><td></td><td></td><td></td></tr>
<tr><td>18. 总计</td><td></td><td></td><td></td><td></td><td></td></tr>
<tr><td colspan="3">19. 备注
Supplementary details</td><td colspan="3">20. 发证机关盖章
Issuing authority's stamp & signature

发证日期
License date</td></tr>
</table>

商务部监制　　　　本证不得涂改，不得转让

三、自由进出口货物自动进口管理

除法律、行政法规明确禁止或者限制货物进出口外，国家准许货物自由进出口。国务院对外贸易主管部门基于监测进出口情况的需要，对部分自由进出口的货物实行进出口自动许可并公布其目录。

（一）自动进口许可管理

1. 自动进口许可的范围

根据《货物自动进口许可管理办法》，商务部会同海关总署联合公布了《2011 年自动进口许可管理货物目录》，有 781 种十位编码的商品。

由商委或商务厅签发自动进出口许可证的商品范围是：肉鸡、牛肉、羊肉、植物油、烟草、二醋酸纤维丝束、铜精矿、煤、废纸、废钢、废铝、铜、鲜奶、奶粉、乳清、大豆、油菜籽、豆粕、猪肉及副产品、铁矿石、铝土矿、原油、成品油、天然气、氧化铝、化肥、钢材。

由商委或商务厅、部门机电产品进出口办公室签发自动进出口许可证的商品范围是：锅炉、汽轮机、食品机械、工程机械、纺织机械、汽车产品、船舶和飞机等 291 种商品。

由商务部签发自动进出口许可证的商品范围是：机电类商品有烟草机械、汽车产品、船舶和飞机等 194 种商品；旧机电产品有旧胶印机等 12 个商品编码的商品。

2. 自动进口许可的管理

实行自动许可的进口货物，收货人、发货人在办理海关报关手续前提出自动许可申请的，国务院对外贸易主管部门或者其委托的机构应当予以许可；未办理自动许可手续的，海关不予放行。

（1）申请自动进口许可证的材料。收货人申请自动进口许可证，应提交的材料是：收货人从事货物进出口的资格证书、备案登记文件或者外商投资企业批准证书（以上证书、文件仅限公历年度内初次申领者提交）；自动进口许可证申请表（见样例 2-25）；进口合同；属于委托代理进口的，应当提交委托代理进口协议；对进口货物用途或者最终用户法律法规有特殊规定的，应当提交进口货物用途或者最终用户符合国家规定的证明材料；针对不同商品在《目录》中列明的应当提交的材料；商务部规定的其他应当提交的材料。

（2）领取自动进口许可证。收货人向商务部主管部门书面申请自动进口许可证，也可以通过网上申请。发证机构自收到符合规定的申请后，在 10 个工作日内签发自动进口许可证。自动进口许可证有效期为 6 个月，仅限当年度内有效。自动进口许可证实行“一批一证”管理，对部分货物可实行“非一批一证”管理，其在有效期内可以分批次累计报关使用，但累计使用不得超过 6 次。

样例 2-25

中华人民共和国自动进口许可证申请表

外汇来源：				原产地国（地区）：	
报关口岸：				商品用途；	
商品名称：　　商品编码：　　设备状态：					
规格、等级	单位	数量	单价（币别）	总值（币别）	总值折美元
总计					
备注： 联系人： 联系电话： 申请日期：			签证机构审批意见：		

（二）纺织品临时出口许可管理

根据商务部2006年9月发布的《纺织品出口临时管理办法（暂行）》的规定，对《纺织品出口临时管理商品目录》所列的纺织品实行临时出口管理制度。对外贸易经营者在出口该目录所列的纺织品前，应当向当地商务主管部门办理临时出口许可审批手续，并申领许可证，凭许可证向海关办理报关验放手续。

1. 纺织品临时出口许可的范围

纺织品临时出口许可的范围包括以下内容：

（1）《输欧盟纺织品出口临时管理商品目录》内的纺织品；

（2）有关国家或地区对我国实行限制的纺织产品；

（3）双边协议规定需要临时进行数量管理的纺织产品。

2. 纺织品临时出口许可证件的管理

纺织品临时出口许可证件包括输欧盟纺织品出口许可证、输欧盟纺织品产地证和纺织品临时出口许可证。出口企业根据所分得的配额数量申领纺织品临时出口许可证件的程序如下。

（1）申请输欧盟纺织品出口许可证的程序。出口企业可通过书面或网上向地方商务主管部门发证机构提交申请材料：地方商务主管部门下发给经营者的许可数量文件；输欧盟纺织品出口许可证申请表；纺织品出口合同正本复印件等。发证机构应在自网上申报之日起2个工作日内、书面申请应在3个工作日内核准，签发加盖中华人民共和国纺织品专用章的输欧盟纺织品出口许可证和输欧盟纺织品产地证。

（2）申请纺织品临时出口许可证的程序。经营者在申办输欧盟纺织品出口许可证的同时，可通过书面或网上向当地商务主管部门发证机构申请纺织品临时出口许可证，提供有关材料。其主要包括输欧盟纺织品出口许可证和输欧盟纺织品产地证；纺织品临时出口许可证申请表；出口合同复印件。发证机构对内容正确且形式完备的申请，应在自网上申报之日起2个工作日内签发纺织品临时出口许可证。对书面申请，应在3个工作日内签发纺织品临时出口许可证。纺织品临时出口许可证件有效期一般为6个月，在公历年度内有效，可办理延期手续，最长延期不超过3个月，有效期不得超过本公历年度的12月31日。纺织品临时出口许可证件实行“一批一证”和“一证一关”制。

领证原则上由各经营者指定并报发证机构备案的领证人员，凭申请表第二联及本人有效证件领取，并在与出口许可证发放登记表上的许可证号、份数、类别等内容核对无误后，注明领取日期并签名。

知识链接

纺织品临时出口许可证申请表填写

纺织品临时出口许可证申请表由出口单位填写。其主要项目填写方法如下：

（1）出口商及代码：填写出口商名称；填写对外贸易经营者备案登记证13位代码。

（2）发货人及代码：填写出口商名称；填写对外贸易经营者备案登记证13位代码。

（3）出口许可证号：由发证机关填写（10位数：2位年份-2位签证机构代码-1字母5数字序号）。

（4）出口许可证有效截止日期为6个月，由发证机关填写。

（5）贸易方式：根据出口贸易性质选择一般贸易、易货贸易、补偿贸易、进料加工、来料加工等。

（6）合同号：填写该笔业务出口合同编码。

（7）报关口岸：填写出运口岸名称。

（8）出口最终目的国（地区）：填写最终目的地国家或地区的名称。

（9）支付方式：填写信用证等支付方式，如为两种，填写主要一种，另一种在备注内注明。

（10）运输方式：填写该笔业务实际运输方式，如海上运输、铁路运输、航空运输等。

（11）商品名称和编码：填写商务部发布的《纺织品出口临时管理商品目录》内的名称及商品编码。

(12) 规格等级：填写出口商品的具体品种、规格。

(13) 单位：填写出口商品的计量单位。

(14) 数量、单价及总值：填写合同规定的数量、单价和总值。

(15) 备注：填写输欧盟或输美纺织品许可证号以及纺织品类别号。

四、禁止进出口技术管理

为促进我国技术进口的发展，根据我国《对外贸易法》和《技术进出口管理条例》的规定，商务部制定了《中国禁止进口限制进口技术目录》，凡列入该目录中禁止进口的技术，不得进口。

五、限制进出口技术管理

为促进我国技术进口的发展，根据我国《对外贸易法》和《技术进出口管理条例》的规定，商务部制定了《中国禁止进口限制进口技术目录》，凡列入该目录中限制进口的技术，应规定办理进口许可的手续。

(一) 申请技术进口许可证申请材料

技术进口经营者进口限制进口技术时，应填写《中国限制进口技术申请书》、《技术进口许可意向书》、技术进口合同、签约双方法律地位证明文件。

(二) 审核技术进口许可证申请材料

地方商务主管部门自收到申请书之日起 30 个工作日内，组织技术和贸易专家对申请进口的技术进行技术和贸易审查。

(1) 限制进口技术的贸易审查内容是：是否符合我国对外贸易政策，有利于对外经济技术合作的发展；是否符合我国对外承诺的义务；是否对建立或加快建立国内特定产业造成不利影响。

(2) 限制进口技术的技术审查内容是：是否危及国家安全、社会公共利益或者公共道德；是否危害人的健康或安全和动物、植物的生命或健康；是否破坏环境；是否符合国家产业政策和经济社会发展战略，有利于促进我国技术进步和产业升级，有利于维护我国经济技术权益。

(三) 签发技术进口许可证

地方商务主管部门对申请材料核准无误后颁发由商务部统一印制和编号的《技术进口许可意向书》，其有效期为 3 年。技术进口经营者在《技术进口许可意向书》有效期内可对外签订技术进口合同，并可持《技术进口许可意向书》、合同副本及其附件、签约双方法律地位证明文件到地方商务主管部门申请技术进口许可证。地方商务主管部门在收到之日起 10 个工作日内，对技术进口合同的真实性进行审查，并决定是否准予许可。技术进口经许可的，地方商务主管部门向进口经营者颁发由商务部统一印制和编号的《中华人民共和国技术进口许可证》。限制进口技术的进口合同自技术进口许可证颁发之日起生效。技术进口经营者凭《技术进口许可证》办理外汇、银行、税务、海关等相关手续。海关凭《技术进口许可证》办理进口验放手续。

六、自由进出口技术管理

为规范自由进出口技术的管理，建立技术进出口信息管理制度，促进我国技术进出口的发展，商务部修订了《技术进出口合同登记管理办法》，并于2009年3月3日起施行。

（一）技术进口合同登记管理

1. 技术进口合同登记管理的范围

企业进口合同属于技术进口合同，其包括专利权转让合同、专利申请权转让合同、专利实施许可合同、技术秘密许可合同、技术服务合同和含有技术进出口的其他合同，要求进行合同登记。

由商务部负责技术进口合同登记管理的是：《政府核准的投资项目目录》和政府投资项目中由国务院或国务院投资主管部门核准或审批的项目项下的技术进口合同。

由地方商务主管部门负责技术进口合同登记管理的是：中央管理企业的自由进口技术合同；由商务部负责技术进口合同登记管理以外的自由进口技术合同。

2. 技术进口合同登记的程序

技术进口经营者应在合同生效后60天内办理合同登记手续。具体方法如下：

（1）申领CA证书（电子密钥）。首次登录技术进出口信息管理系统，需申领CA证书和登录账号。

（2）在线填写信息。登录技术进出口信息管理系统网址（http：//jsjckqy. fwmys. mofcom. gov. cn），填写技术进口合同信息预填表（见样例2-26），输入合同号、合同名称、技术供方、技术受方、技术使用方、合同概况、合同金额、支付方式、合同有效期等有关信息。

样例2-26

中华人民共和国技术引进合同信息网络管理系统预填表

<table>
<tr><td colspan="2">合同号</td><td></td><td>进口国别</td><td></td><td>进口企业所属行业</td><td></td></tr>
<tr><td colspan="7">关键技术描述</td></tr>
<tr><td rowspan="4">项目情况</td><td>项目批准文号</td><td colspan="5"></td></tr>
<tr><td>批准部门</td><td colspan="2"></td><td>批准日期</td><td colspan="2">年 月 日</td></tr>
<tr><td>项目名称</td><td colspan="5"></td></tr>
<tr><td>总投资（万元）</td><td colspan="2"></td><td>总用汇（万美元）</td><td colspan="2"></td></tr>
<tr><td rowspan="2">合同情况</td><td>合同类别</td><td colspan="3"></td><td>保密期</td><td>年</td></tr>
<tr><td>是否为跨国公司内部交易</td><td colspan="3"></td><td>其他</td><td></td></tr>
</table>

续表

<table>
<tr><td colspan="2">联系人</td><td colspan="2"></td><td>电话</td><td colspan="2"></td><td>传真</td><td></td></tr>
<tr><td colspan="2">E-mail</td><td colspan="7"></td></tr>
<tr><td colspan="2">单位名称</td><td colspan="7"></td></tr>
<tr><td colspan="2">地址</td><td colspan="7"></td></tr>
<tr><td rowspan="2">合同名称</td><td>中文</td><td colspan="7"></td></tr>
<tr><td>英文</td><td colspan="7"></td></tr>
<tr><td rowspan="3">受方公司</td><td>代码</td><td colspan="7"></td></tr>
<tr><td>中文</td><td colspan="7"></td></tr>
<tr><td>英文</td><td colspan="7"></td></tr>
<tr><td rowspan="2">供方公司</td><td>中文</td><td colspan="7"></td></tr>
<tr><td>英文</td><td colspan="7"></td></tr>
<tr><td rowspan="2">技术使用方</td><td>中文</td><td colspan="7"></td></tr>
<tr><td>英文</td><td colspan="7"></td></tr>
<tr><td>签字日期</td><td colspan="4">年 月 日</td><td colspan="2">合同有效期</td><td colspan="2">年 月</td></tr>
<tr><td rowspan="6">支付方式（A、B、C只能选一栏填写）</td><td rowspan="2">A. 一次总付</td><td rowspan="2">原币价格（万）</td><td rowspan="2"></td><td>币种</td><td></td><td rowspan="2">美元价格（万美元）</td><td colspan="2" rowspan="2"></td></tr>
<tr><td>兑换率</td><td></td></tr>
<tr><td rowspan="4">B. 提成</td><td rowspan="4">入门费加提成</td><td>入门费</td><td colspan="5">万美元</td></tr>
<tr><td>提成年限</td><td colspan="2">年</td><td>提成率</td><td colspan="2"></td></tr>
<tr><td>提成基准</td><td colspan="5"></td></tr>
<tr><td>估计提成费用</td><td colspan="5">万美元</td></tr>
<tr><td colspan="2">C. 其他支付方式</td><td colspan="6"></td></tr>
<tr><td>原币信息</td><td>合同总价</td><td>万美元</td><td>技术费</td><td>万美元</td><td>设备费</td><td colspan="3">万美元</td></tr>
<tr><td>报送单位</td><td colspan="8"></td></tr>
</table>

知识链接

技术引进合同信息网络管理系统预填表填写

中华人民共和国技术引进合同信息网络管理系统预填表填写方法如下：

（1）合同号：填写该笔业务进口合同编码，最多9位数（1~2位为年份、3~4位为国别代码、5~6位为地区代码、7位进口用Y或出口用E、8~9位为行业代码）。

（2）进口国别：填写技术来源的国家名称。

（3）项目批准文号：没有项目批准文号，则填写申请日期。

（4）批准部门：没有主管部门，则填写本公司的名称。

（5）项目名称：没有项目名称，则填写合同名称。

（6）总投资：没有总投资，则填写合同总金额。

（7）总用汇：没有总用汇，则填写合同总金额。

（8）合同类型：根据合同类型填写专利技术的许可或转让或专有技术的许可或转让或技术咨询、技术服务或计算机软件的进口或专利、专有技术相关联的商标许可或其他方式的技术进口等。

（9）受方公司代码：填写批准证书或资格证书或对外贸易经营者备案登记表上的13位代码。

（10）受方公司英文名称：没有的，可填写中文。

（11）技术使用方中文名称：没有的，可填写英文名称。

（12）提成基准：填写净销售额、总销售额、每台售价等。

（13）技术费：没有技术费，可填写合同总金额。

（14）设备费：没有设备费，填写“0”。

（3）现场办理登记。填写技术进口合同数据表3份、技术进口合同申请表1份，加盖单位公章；中方企业提供的登记申请报告，加盖单位公章；填写技术进口合同登记证审核单，加盖单位公章；提供合同副本、中方企业营业执照复印件、三资企业批准证书复印件或对外贸易经营者备案登记表；外方企业在其本国成立注册的法律地位证明复印件；其他需要的文件。

（4）领取技术进口合同登记证书。商务主管部门在收到全套材料之日起3个工作日后，经审核并符合管理规定要求的，向技术进口经营者颁发《技术进口合同登记证》。如果不符要求的，通知补正、修改，核准后再颁发登记证。

（二）技术出口合同登记管理

1. 技术出口合同登记管理的范围

企业出口合同属于技术出口合同，包括专利权转让合同、专利申请权转让合同、专利实施许可合同、技术秘密许可合同、技术服务合同和含有技术进出口的其他合同，要求进行合同登记。

2. 技术出口合同登记的程序

（1）申领CA证书（电子密钥）。首次登录技术进出口信息管理系统，需申领CA证书和登录账号。

（2）在线填写信息。登录技术进出口信息管理系统网址（http：//jsjckqy.fwmys.mofcom.gov.cn），填写技术出口合同信息预填表，输入有关信息。

（3）现场办理登记。填写技术出口合同数据表3份、技术出口合同申请表1份，加盖单位公章；中方企业提供的登记申请报告，加盖单位公章；填写技术出口合同登记证审核单，加盖单位公章；提供合同副本、中方企业营业执照复印件、三资企业批准证书复印件或对外贸易经营者备案登记表；外方企业在其本国成立注册的法律地位证明复印件；其他需要的文件。

（4）领取技术出口合同登记证书。商务主管部门在收到全套材料之日起3个工作日后，经审核并符合管理规定要求的，向技术出口经营者颁发《技术出口合同登记证》。

任务四　两用物项和技术进出口许可管理

任务导入

根据我国《两用物项和技术进口许可证管理办法》的有关规定，凡列入《两用物项和技术进出口许可证管理目录》的进出口两用物项和技术，进出口企业必须向商务部配额许可证事务局申领两用物项和技术进口许可证，凭其向海关办理进出口手续。海关对两用物项和技术的进出口实行监管。

两用物项和技术是指我国《核出口管制条例》、《核两用品及相关技术出口管制条例》、《导弹及相关物项和技术出口管制条例》、《生物两用品及相关设备和技术出口管制条例》、《监控化学品管理条例》、《易制毒化学品管理条例》、《放射性同位素与射线装置安全和防护条例》和国务院批准的《有关化学品及相关设备和技术出口管制办法》等相关行政法规所附的清单和名录，以及国家依据相关法律、行政法规予以临时管制或特别管制的物项和技术。根据我国《两用物项和技术进口许可证管理办法》的有关规定，进出口两用物项和技术的企业必须向商务部配额许可证事务局申领两用物项和技术进口许可证，才能向海关办理进出口手续。

一、两用物项和技术进出口许可的范围

根据2011年商务部和海关总署公布调整后的《两用物项和技术进出口许可证管理目录》的规定，对两用物项和技术进出口许可的范围予以规定。具体有下列两个方面：

（一）两用物项和技术进口许可的范围

两用物项和技术进口许可的范围如下：

（1）《监控化学品管理条例》名录所列物项有64种十位数商品编码；

（2）易制毒化学品有42种十位数商品编码；

（3）放射性同位素有8种十位数商品编码。

（二）两用物项和技术出口许可的范围

两用物项和技术出口许可的范围如下：

（1）核出口管制清单所列物项和技术有152种十位数商品编码；

（2）核两用品及相关技术出口管制清单所列物项和技术有162种十位数商品编码；

（3）生物两用品及相关设备和技术出口管制清单所列物项和技术有144种十位数商品编码；

（4）《监控化学品管理条例》名录所列物项有64种十位数商品编码；

（5）有关化学品及相关设备和技术出口管制清单所列物项和技术有37种十位数商品编码；

（6）导弹及相关物项和技术出口管制清单所列物项和技术有 185 种十位数商品编码；

（7）易制毒化学品有 85 种十位数商品编码；

（8）计算机有 6 种十位数商品编码。

二、两用物项和技术进出口许可的管理

根据我国有关法律法规的规定，对两用物项和技术进出口实行许可证的管理。

（一）申请两用物项和技术进出口许可证材料

两用物项和技术进出口许可证实行网上申领。申领两用物项和技术进出口许可证应提供的材料如下：

（1）两用物项和技术进出口许可证申领表；

（2）相关行政主管部门批准文件；

（3）进出口经营者公函（介绍信）原件；

（4）进出口经营者领证人员的有效身份证明。

（二）签发两用物项和技术进出口许可证

发证机构在收到申请材料之日起 3 个工作日内，对核准申请材料的进出口企业签发两用物项和技术进口许可证或出口许可证。其有效期为 1 年，跨年度使用时，在有效期内只能使用到次年 3 月 31 日。

两用物项和技术进口许可证实行“非一批一证”和“一证一关”制，两用物项和技术出口许可证实行“一批一证”和“一证一关”制。

任务五　濒危野生动植物进出口许可管理

学习目标

- 了解黄金和音像制品进出口许可管理的内容
- 熟悉药品与兽药进出口管理的范围及程序
- 掌握濒危野生动植物进出口许可管理的范围及程序
- 明确进出口许可证等准许证的作用

任务导入

为了加强对濒危野生动植物及其产品的进出口管理，保护和合理利用野生动植物资源，履行《濒危野生动植物种国际贸易公约》，国家于 2006 年颁布了《濒危野生动植物进出口管理条例》，规定对凡属于公约禁止或限制的、国家野生动植物主管部门限制

的出口野生动植物及其产品实施进出口限制管理，海关凭国家濒危物种进出口管理机构签发的“允许进出口证明书”予以放行。

一、进出口濒危野生动植物及其产品的条件及范围

（一）进出口濒危野生动植物及其产品的条件

1. 进口濒危野生动植物及其产品的条件

进口濒危野生动植物及其产品必须具备的条件是：对濒危野生动植物及其产品的使用符合国家有关规定；具有有效控制措施并符合生态安全要求；申请人提供的材料真实有效；国务院野生动植物主管部门公示的其他条件。

2. 出口濒危野生动植物及其产品的条件

出口濒危野生动植物及其产品的条件是：符合生态安全要求和公共利益；来源合法；申请人提供的材料真实有效；不属于国务院或者国务院野生动植物主管部门禁止出口的；国务院野生动植物主管部门公示的其他条件。

（二）进出口濒危野生动植物及其产品的范围

（1）因科学研究、驯养繁殖、人工培育、文化交流等特殊情况，需要进口或者出口公约禁止以商业贸易为目的的进出口的濒危野生动植物及其产品。

（2）进口或者出口公约限制进出口的濒危野生动植物及其产品。

（3）出口国家野生动植物主管部门限制出口的野生动植物及其产品。

二、进出口濒危野生动植物及其产品的管理

（一）国家主管部门

国务院野生动植物主管部门主管全国濒危野生动植物及其产品的进出口管理工作，国家濒危物种进出口管理机构代表中国政府履行公约，依照濒危野生动植物进出口管理条例的规定对经国务院野生动植物主管部门批准出口的国家重点保护的野生动植物及其产品、批准进口或出口的公约限制进出口的濒危野生动植物及其产品，核发允许进出口证明书。

（二）办理允许进出口证明书的程序

1. 申请单位提交材料

进口或出口濒危野生动植物及其产品的，申请人应向地方野生动植物主管部门提出申请，并提交材料。这主要包括：进口或者出口合同；濒危野生动植物及其产品的名称、种类、数量和用途；活体濒危野生动物装运设施的说明资料；国务院野生动植物主管部门公示的其他应当提交的材料。

2. 地方野生动植物主管部门受理

地方野生动植物主管部门应在收到申请之日起 10 个工作日内签署意见，并将全部申请材料转报国务院野生动植物主管部门。

3. 国家主管部门核准

国务院野生动植物主管部门应在收到申请之日起 20 个工作日内，作出批准或者

不予批准的决定，并书面通知申请人。在 20 个工作日内不能作出决定的，经国务院野生动植物主管部门负责人批准，可延长 10 个工作日，延长的期限和理由应当通知申请人。

4. 申请单位申请核发允许进出口证明书

申请人取得国务院野生动植物主管部门的进出口批准文件后，应当在批准文件规定的有效期内，向国家濒危物种进出口管理机构申请核发允许进出口证明书，并提交有关材料。这主要包括：允许进出口证明书申请表；进出口批准文件；进口或者出口合同；如果进口公约限制进出口濒危野生动植物及其产品的，需提交出口国（地区）濒危物种进出口管理机构核发的允许出口证明材料；如果出口公约禁止以商业贸易为目的进出口濒危野生动植物及其产品的，需提交进口国（地区）濒危物种进出口管理机构核发的允许进口证明材料；进口的濒危野生动植物及其产品再出口时，需提交海关进口货物报关单和海关签注的允许进口证明书。

5. 发证机构签发证书

国家濒危物种进出口管理机构自收到申请之日起 20 个工作日内，作出审核决定。对申请材料齐全、符合本条例规定和公约要求的，核发允许进出口证明书。签发《濒危野生动植物种国际贸易公约》的允许进出口证明书，简称“公约证明”。签发国家濒危物种进出口管理机构的允许进出口证明书，简称“非公约证明”。公约证明与非公约证明实行“一批一证”制度。

（三）凭允许进出口证明书办理报检报关手续

进口或者出口濒危野生动植物及其产品的，出口商与进口商凭允许进出口证明书向出入境检验检疫机构办理出入境货物报检。获取通关单后，凭允许进出口证明书办理通关手续，接受海关监管，并自海关放行之日起 30 日内，将海关验讫的允许进出口证明书副本交国家濒危物种进出口管理机构备案。

任务六 药品进出口许可管理

任务导入

根据我国《药品管理法》《麻醉药品管理办法》《精神药品管理办法》等有关法律法规的规定，国家对麻醉药品、精神药品的进出口实行准许证管理制度。任何单位以任何贸易方式进出口麻醉药品和精神药品，均需取得国家食品药品监督管理局申请核发的准许证后，方可向海关办理进出口手续。

根据我国《兽药管理条例》和《进口兽药管理目录》有关法律法规的规定，进口单位进口时，需持《进口兽药通关单》向海关申报，海关按货物进口管理的相关规定办理通关手续。

一、药品进出口管理

（一）进出口药品的范围

1. 麻醉药品的管理范围

列入麻醉药品管制品种目录内的大麻、罂粟壳、可卡因等23种八位数商品编码。

2. 精神药品的管理范围

列入精神药品管制品种目录内的咖啡因、格鲁米特等49种八位数商品编码。

（二）进出口药品的管理

任何单位以任何贸易方式进出口麻醉药品、精神药品，均需取得国家食品药品监督管理局核发的麻醉药品进出口准许证或精神药品进出口准许证后，才能向海关办理进出口手续。

1. 进口药品通关口岸的指定

经国务院批准，北京市、天津市、上海市、大连市、青岛市、成都市、武汉市、重庆市、厦门市、南京市、杭州市、宁波市、福州市、广州市、深圳市、珠海市、海口市、西安市为允许药品进口的口岸城市。自2004年1月1日起，所有进口药品的到岸地必须为上述城市中的50个指定通关口岸。

知识链接

药品进口指定通关口岸

北京市：首都机场、五里店、十八里店、京邮办处、京东郊站、机场货管。天津市：天津新港、天津机场、东港海关、津驻邮办。上海市：虹桥机场、浦东机场、吴淞港、沪邮局办。南京市：禄口机场。杭州市：萧山机场、杭关邮办。宁波市：北仑港。福州市：马尾海关、长乐机场。广州市：新风港、白云机场、广州车站、黄埔港、民航快件。厦门市：东渡办、高崎机场。青岛市：青岛大湾、青前湾港、青机场关、青邮局办。武汉市：天河机场、武汉港、武关邮办。深圳市：文锦渡、皇岗、蛇口、深圳机场。珠海市：拱北闸口、湾仔港。重庆市：江北机场、九龙坡港、重庆东站、重庆邮办。成都市：双流机场、火车东站、成关邮办。海口市：美兰机场、秀英港。西安市：咸阳机场。

2. 药品准许证的核发

国家对麻醉药品、精神药品的进出口实行进出口准许证管理制度。麻醉药品、精神药品的进出口单位应向国家食品药品监督管理局申请核发麻醉药品进口准许证、麻醉药品出口准许证、精神药品进口准许证、精神药品出口准许证。

3. 凭准许证通关验放

麻醉药品进口准许证、麻醉药品出口准许证、精神药品进口准许证和精神药品出口准许证仅限于在本证上注明的口岸海关使用，并实行一批一证制度。海关验放麻醉药品或精神药品时，应在相应准许证的指定位置签注盖章。进出口单位在药品进出境后1个月内，将海关签注的准许证第一联交国家食品药品监督管理局备案。

二、兽药进口管理

依据《兽药管理条例》和《兽药进口管理办法》的规定，农业部负责全国进口兽药的监督管理工作。

（一）进口兽药的范围

列入《进口兽药管理目录》的兽药。

（二）进口兽药的管理

进口单位进口时，需持《进口兽药通关单》向海关申报，海关按货物进口管理的相关规定办理通关手续。

1. 申请进口兽药通关单

申请单位由中国境内代理商向兽药进口口岸地方兽医行政管理部门提出申请，递交申请材料。这主要包括：兽药进口申请表（见样例 2-27）；代理合同（授权书）和购货合同复印件；兽药经营许可证与工商营业执照复印件；兽药生产企业申请进口本企业生产所需原料药的，提交兽药生产许可证、工商营业执照及其所生产产品的批准文号证明文件复印件；进口兽药注册证书复印件；生产企业为港、澳、台企业的，需提交兽药注册证书复印件；产品出厂检验报告；装箱单、提运单和货运发票复印件；产品中文标签、说明书式样。

样例 2-27

兽药进口申请表

申请编号：__________

1. 申请单位资料	名称				
	地址				
	邮编				
	联系人				
	联系电话				
2. 进口性质					
3. 进口日期					
4. 进口口岸					
5. 进口兽药资料					
兽药名称（中英文）	规格	单位	数量	生产厂（公司）	（中英文）
6. 行政审批意见				审核：　审批： 盖章　年　月　日	
7. 有效期				自　年　月　日至　年　月　日	
8. 备注					

中华人民共和国农业部制

2. 签发进口兽药通关单

地方兽医行政管理部门自收到申请之日起 2 个工作日内完成审查。审查合格的，发给进口兽药通关单（见样例 2-28）；不合格的，书面通知申请人，并说明理由。进口兽药通关单主要载明代理商名称、有效期限、兽药进口口岸、海关商品编码、商品名称、生产企业名称、进口数量、包装规格等内容。

进口兽药通关单有效期为 30 日，实行一单一关，只能一次性使用，过期应当重新办理。

样例 2-28

进口兽药通关单

1. 进口商：			5. 进口兽药通关单号：			
2. 发货人：			6. 进口兽药通关单有效截止日期：			
3. 进口兽药生产厂：			7. 原产国（地区）：			
4. 报关口岸：			8. 进口兽药用途：			
9. 兽药名称	10. 商品编码	11. 规格	12. 数量	13. 兽药批号	14. 单价	15. 总值
16. 备注			17. 发证机关签章： 发证日期：			

任务七　黄金和音像制品进出口许可管理

任务导入

黄金及其制品属于我国进出口许可管理制度中的限制进出口商品。拥有进出口权的生产企业必须取得中国人民银行颁发的黄金及其制品进出口许可证后，方能办理进出口报关手续。

音像制品属于我国进口许可范围，除外语教材之外所有的进口音像制品，必须报文化部审批。经音像制品内容审查委员会通过后，文化部向申请单位颁发进口音像制品批准单，海关凭其验放。

一、黄金及其制品进出口管理

黄金及其制品进出口管理属于我国进出口许可管理制度中限制进、出口管理范畴，中国人民银行总行为黄金及其制品进出口管理机关。

（一）进出口黄金及其制品的范围

进出口黄金及其制品的范围包括列入《黄金及其制品进出口管理商品目录》的11种十位数商品编码的进出口商品。这主要包括：非货币用金粉、非货币用半制成金、货币用未锻造金、金的废碎料、镶嵌钻石的黄金制首饰及其零件、镶嵌濒危物种制品的金首饰及零件、其他黄金制首饰及零件等。

（二）进出口黄金及其制品的管理

1. 提交申请材料

申请单位应为拥有进出口权的生产企业，其申请黄金及其制品进出口许可证应提交规定的材料。其主要包括：盖有公司公章的申请报告；外商投资企业批准证书；营业执照。

2. 审核申请材料

受理单位地方中国人民银行在收到申请材料之日起5个工作日内，审核申请材料是否符合要求，进口的黄金及其制品是否用于产品的生产，出口的黄金及其制品是否是该公司的产品。对符合规定的，由受理单位向中国人民银行申请颁发黄金及其制品进出口许可证的授权。

3. 签发进出口许可证

地方中国人民银行收到授权后，向申请单位颁发黄金及其制品进出口许可证。黄金及其制品进出口许可证有效期为当年有效，跨年度作废。

二、音像制品进口管理

音像制品属于我国进口许可范围，报文化部审批，取得《进口音像制品批准单》后，方可办理进口报关手续。

（一）进出口音像制品的范围

其包括所有进口音像制品，但外语教材除外。

（二）进出口音像制品的管理

1. 提交申请材料

进口单位备齐音像制品进口申报材料和节目样盘，向文化部音像制品内容审查委员会办公室提出申请。

2. 审核申请材料

音像制品内容审查委员会办公室受理进口单位申报材料和报审样品后，对符合申报要求的予以登记，并组织审查委员对申请材料进行内容审查，并将专家意见及申报材料报文化部文化市场司审批。

3. 签发进口音像制品批准单

文化部自收到进口音像制品申请之日起30日内作出批准或者不批准的决定。对符合规定的，颁发给申请单位进口音像制品批准单（见样例2-29）；对不符合规定的，发给音像制品审查通知单。进口音像制品批准单仅限一次报关使用，自签发之日起公历年度内有效。

音像制品进口单位凭文化部进口音像制品批准文件到海关办理母带（母盘）或者音像制品成品的进口手续，海关凭有效的进口音像制品批准单办理验放手续。对随机器设备同时进口以及进口后随机器设备复出口的记录操作系统、设备说明、专用软件等内容的音像制品，海关凭进口单位提供的合同、发票等有效单证验放。

样例 2-29

新闻出版总署音像制品（成品）进口批准单

编号：

<table>
<tr><td rowspan="2">进口单位</td><td>名称</td><td colspan="3"></td></tr>
<tr><td>联系方式</td><td colspan="3"></td></tr>
<tr><td colspan="2">原产国家/地区</td><td></td><td>入境口岸</td><td></td></tr>
<tr><td colspan="2">境外版权提供单位</td><td colspan="3"></td></tr>
<tr><td colspan="2">节目品种数量（种）</td><td colspan="3"></td></tr>
<tr><td colspan="2">进口数量（盘）</td><td colspan="3"></td></tr>
<tr><td colspan="2">申请进口用途及理由</td><td colspan="3"></td></tr>
<tr><td colspan="5">注：具体节目名称、载体及数量等见第（　　）页至第（　　）页。</td></tr>
<tr><td colspan="3">审批机关意见：</td><td colspan="2">审批机关签章
公章
年　　月　　日</td></tr>
<tr><td colspan="5">载体形式　　　商品名称　　　商品编号</td></tr>
<tr><td colspan="5">节目名称　　语　种　　出品时间　　出版公司　　数量　　金　额</td></tr>
<tr><td colspan="5"></td></tr>
<tr><td colspan="5"></td></tr>
<tr><td colspan="5">合　计</td></tr>
</table>

职业技能训练

一、单选题

1. 我国出入境检验检疫的主管部门是（　　）。

A. 国家质量监督检验检疫总局　　B. 海关

C. 工商局　　D. 税务局

2. 属于自由进出口的技术应当向国务院外经贸主管部门办理登记，国务院外经贸主管部门应当自收到规定的文件之日起（　　）个工作日内对技术进口合同进行登记，颁发技术进出口合同登记证。

A. 2　　B. 3　　C. 5　　D. 7

3. 临时反倾销措施实施的期限，自临时反倾销措施决定公告规定实施之日起，不超过（　　）个月，特殊情况，可以延长至（　　）个月。

A. 6，12　　B. 5，8　　C. 4，9　　D. 3，6

4. 反补贴、反倾销针对（　　）不公平贸易而采取的措施。

A. 进口产品激增的情况　　B. 价格歧视

C. 国别歧视　　D. 数量

5.（　　）是针对的是进口产品激增的情况而采取的对外贸易救济措施。

A. 反倾销　　B. 反补贴　　C. 保障措施　　D. 知识产权措施

6. 对于限制出口货物管理，国家规定有数量限制的出口货物，实行（　　）。

A. 许可证件管理　　B. 配额管理

C. 自动出口管理　　D. 禁止出口管理

7. 属于自由进出口的技术，申请人凭（　　）办理外汇、银行、税务、海关等相关的手续。

A. 技术进出口合同登记证　　B. 自动进口许可证明

C. 技术进口许可证　　D. 科技部的批文

8. 最终保障措施实施期限一般不超过（　　）年，特殊情况需要延长，保障措施全部实施期限不得超过（　　）年。

A. 2，5　　B. 4，10　　C. 5，8　　D. 10，20

9. 保障措施是对外贸易救济措施的一种方式，其实施期限最长不得超过（　　）。

A. 200 天　　B. 4 个月　　C. 4 年　　D. 10 年

10. 进口许可证有效期为（　　），特殊情况需要跨年度使用的，有效期最长不得超过次年（　　）。

A. 1 年，3 月 31 日　　B. 6 个月，2 月底

C. 3 个月，1 月 31 日　　D. 9 个月，3 月 31 日

二、多选题

1. 下列属于对外贸易管制目的的是（　　）。

A. 为了保护本国经济利益　　B. 推行本国的外交政策

C. 为了实现其国家职能　　D. 为了发展本国经济

2. 下列属于贸易管制所涉及的法律渊源的是（　　）。

A. 宪法　　B. 行政法规

C. 地方性法规、规章　　D. 相关的国际条约

3. 下列属于国家禁止出口的是（　　）。

A. 犀牛角、虎骨、麝香　　B. 硅砂、石英砂

C. 劳改产品、木炭　　D. 商业性出口的红豆杉

4. 下列属于国家禁止进口的是（　　）。

A. 四氯化碳　　B. 犀牛角、虎骨　　C. 氯酸钾、硝酸铵　　D. 旧衣服

5. 目前国际上对对外贸易管制按其管制手段分为（　　）。

A. 关税措施　　B. 非关税措施
C. 进口贸易管制　　D. 出口贸易管制

6. 目前我国限制进口货物管理按照其限制方式划分为（　　）。
A. 许可证件管理　　B. 关税配额管理
C. 绝对配额管理　　D. 货物自动进口许可管理

7. 目前，我国货物限制出口按照其限制方式划分为（　　）。
A. 出口配额限制　　B. 出口非配额限制
C. 绝对配额管理　　D. 货物自动出口许可管理

8. 我国出口配额限制有两种管理形式，包括（　　）。
A. 出口配额许可证管理　　B. 出口配额招标管理
C. 禁止出口管理　　D. 自动出口许可管理

9. 我国出入境检验检疫制度内容包括（　　）。
A. 进出口商品检验制度　　B. 进出境动植物检疫制度
C. 国境卫生检疫制度　　D. 法定检验商品

10. 我国商品检验制度的种类有（　　）。
A. 法定检验　　B. 合同检验　　C. 公证鉴定　　D. 委托检验

三、判断题

1. 我国对于旧衣服采取的管理是限制进口。（　　）

2. 我国货物限制出口，按照其限制方式划分为出口配额限制和出口非配额限制。（　　）

3. 出口配额招标管理是通过直接分配方式进行分配。（　　）

4. 限制进出口技术实行目录管理，对于目录范围内的限制进出口技术，实行许可证管理，未经国家许可，不得进出口。（　　）

5. 我国对外贸易经营者的管理，登记和核准制。（　　）

6. 我国对出口收汇管理采取的是外汇核销形式。（　　）

7. 我国对进口付汇管理采取的外汇核销形式。（　　）

8. 关税配额管理是一种相对数量的限制。（　　）

9. 国家规定有数量限制的出口货物，实行许可证件管理。（　　）

10. 我国对于实行出口配额限制的出口货物，需凭配额证明到国务院商务主管部门或其授权发证机关申领出口许可证。（　　）

项目三　进出口商品归类

学习目标

- 了解商品名称及编码协调制度的基本框架和规律；熟悉和理解六大归类总规则的内容和含义；掌握商品编码的正确查找方法
- 能正确分析商品归类要素，快速完成商品归类，确定商品的税率和监管条件
- 养成全面、谨慎、细致的工作习惯

项目导入

李明是从化报关行的一名新入职的报关员，公司对其进行了报关业务和岗位培训，要求其掌握核心的报关操作技能。其中，商品归类是关务技能中的一项核心技能。商品归类是海关对进出口商品监管和征税的基础，商品归类确定了商品的监管条件、计量单位，进出口税率也会随之确定。对企业来说，申报商品类别是否正确关系到商品能否顺利通关，所承担的关税是否合理、合法。公司提供了塑料类、纺织、贱金属类、机电类等产品，要求李明能够在规定时间分析申报商品的具体归类要素，并运用商品归类的规则，查找相应商品编码。

李明如何才能正确地对商品进行归类，在短时间内找出准确的商品编码呢？

任务一　商品名称及编码协调制度

一、《商品名称及编码协调制度》概述

（一）含义

《商品名称及编码协调制度》（简称《协调制度》）又称“HS”（The Harmonized Commodity Description and Coding System），是指在原海关合作理事会商品分类目录和国际贸易标准分类目录的基础上，协调国际上多种商品分类目录而制定的一部多用途的国际贸易商品分类目录。在现实工作中，为了适用于海关监管、海关征税及海关统计，需要按照进出口商品的性质、用途、功能或加工程度等将商品准确地归入《协调制度》中与之对应的类别和编号。

（二）特点

同国际上以往主要的商品分类目录相比，HS 有以下突出特点：

1.《商品名称及编码协调制度》是一部多功能、多用途的商品分类目录

HS 是国际上多个商品分类目录协调的产物，是各国专家长期努力的成果。正如 HS 公约所阐明的，HS 的编制充分考虑了与贸易有关各方面的需要，是国际贸易商品分类的一种“标准语言”。

2.《商品名称及编码协调制度》是世界上最广泛采用的商品分类目录

世界上已有 150 多个国家使用 HS，全球贸易总量 90% 以上的货物都是以 HS 分类的。

3.《商品名称及编码协调制度》是不断修订变化的商品分类目录

作为一个国际上政府间公约的附件，国际上有专门的机构、人员进行维护和管理。HS 委员会决定，每 4~6 年对 HS 作一次全面审议和修订。目前世界通用的是 2017 年生效的版本。

（三）分类目录

《协调制度》目录由最多 6 位数字的商品编码与对应的商品名称组成。其将国际贸易涉及的各种商品按照生产类别、自然属性和不同功能用途等分为 21 类、97 章（其中第 77 章是空章，保留为《协调制度》将来使用），每一章由若干四位数字的品目构成，品目项下根据需要大多细分出若干一级（五位数字）子目和二级（六位数字）子目。为使各个品目和子目之间界限分明，不会发生交叉归类的情况，它在许多类、章下加有注释，有的注释是专门针对某个子目的，叫子目注释。为保证归类的统一性，《协调制度》还设立了归类总规则，作为指导整个商品分类的总原则。

（四）基本结构

1. 类、章及分章标题结构

《协调制度》系统地列出了国际贸易的货品，将货品分为类、章及分章；每类、章（第 77 章除外）或分章都有标题，尽可能确切地列明所包含货品种类的范围。但在许多情况下，归入某类或某章的货品种类繁多，类、章标题不可能将其一一全都列出。例如，以“非针织或非钩编的服装及衣着附件”为章标题的第 62 章，就包括没有被列出的针织或钩编的胸罩等保持体型的服装，也无法将除外货品一一点明；再如，铜合金制的纽扣却不能归入以铜及其制品为章标题的第 74 章。此外，某些不同的类、章标题所涵盖的货品还会产生交叉，导致同一货品看似可能有多个所属类、章。例如，麦秸编结的草帽，从所用材料看是编结材料制品，似应归入以“稻草、秸秆、针茅或其他编结材料制品；篮筐及柳条编结品”为标题的第 46 章，从用途上看是帽子，又似应归入以“帽类及其零件”为标题的第 65 章。

2. 商品名称及编码表

商品名称与编码表由《协调制度》编码和商品名称组成，是《协调制度》商品分类目录的主体，从属于 21 个类，分布在有实质内容的 96 个章中。商品编码栏居左，商品名称栏居右，依此构成一横行。

（五）分类原则

《协调制度》对绝大多数国际贸易的货品分类遵循可续的分类原理和规则，采用行业门类、功能、用途、原材料、加工程度、加工或制造方法、主要成分或特殊成分等常见的商品分类标志进行分类，使商品归类有章可循。

1. 类的划分

从类来看，它基本上是以商品所属的行业门类为类的划分依据，如农业在第一、二类；化学工业在第六类；纺织工业在第十一类；冶金工业在第十五类；机电制造业在第十六类等。

2. 章的划分

从章来看，基本上按商品的自然属性或所具有的原理、功能及用途来分类。例如第1~83章（第64~66章除外）基本上是按商品的自然属性来分章，而每章的前后顺序则是按照动、植、矿物质来先后排列。如第1~5章是活动物和动物产品；第6~14章是活植物和植物产品；第50章和51章是蚕丝、羊毛及其他动物毛；第52章和53章是棉花、其他植物纺织纤维和纸纱线；第54章和55章为化学纤维。第64~66章和第84~97章是按货物所具有的原理、功能及用途来分章的，如第64章是鞋，第65章是帽，第84章是机械设备，第85章是电气设备，第87章是汽车，第89章是船舶等。

3. 类次、同一类章次及同一章的品目的排序原则

从类次、同一类章次及同一章的品目的排序看，一般也是按动物、植物、矿物质、化学及相关产品的商品属性顺序排列，如活动物及动物产品在第一类，植物产品在第二类，矿物产品在第五类，化学及相关工业产品在第六类；存在加工关联的商品，依据其加工程度，由低到高逐次排列，原材料在前，半制成品居中，制成品居后。如在第44章内，品目4403是原木；4404至4408是经简单加工的木材；4409至4413是木的半制品；4414至4421是木的制成品。

任务二　我国海关进出口商品分类

一、我国海关进出口商品目录的产生

经国务院批准，我国海关自1992年1月1日起开始采用《协调制度》，进出口商品归类工作成为我国海关最早实现与国际接轨的执法项目之一。根据海关征税和海关统计工作的需要，我国的《协调制度》在基础上增设本国子目（三级和四级子目），形成了我国海关进出口商品分类目录，然后分别编制出《进出口税则》和《统计商品目录》。为了明确增设的本国子目的商品含义和范围，我国又制定了《本国子目注释》，作为归类时确定三级子目和四级子目的依据。

二、我国海关进出口商品目录的基本结构

在世界海关组织制定的协调制度中商品编码的数字只有6位，而我国商品名称与

编码表中的商品编码数字是 8 位，其中第 7、第 8 位是根据我国国情而增设的“本国子目”。

编码的排列是有一定的规律的，以 03019210 的“鳗鱼苗”为例，各数字的含义如图 3-1 所示：

编码：	0 3	0 1	9	2	1	0
倍数：	1 2	3 4	5	6	7	8
含义：	章号	顺序号	1级子目	2级子目	3级子目	4级子目

图 3-1　编码数字的含义

第 1、2 位编码：它所在税（品）目下所含商品的章号；

第 3、4 位编码：它所在税（品）目下所含商品的顺序号；

第 5 位编码：它所在税（品）目下所含商品 1 级子目的顺序号；

第 6 位编码：它所在税（品）目下所含商品 2 级子目的顺序号；

第 7 位编码：它所在税（品）目下所含商品 3 级子目的顺序号；

第 8 位编码：它所在税（品）目下所含商品 4 级子目的顺序号；

若第 5~8 位出现数字 9，则它不一定代表在该级子目的实际顺序号，而是代表未具体列名的商品。

三、进出口商品归类的海关管理

（一）归类的依据

进出口货物的商品归类应当遵循客观、准确、统一的原则。具体来说，对进出口货物进行商品归类的依据主要有：

（1）《进出口税则》；

（2）《商品及品目注释》；

（3）《本国子目注释》；

（4）海关总署发布的关于商品归类的行政裁定；

（5）海关总署发布的商品归类决定。

（二）归类的申报要求

为了规范进出口企业申报行为，提高进出口商品申报质量，促进贸易便利化，海关总署制定了《中华人民共和国海关进出口商品规范申报目录》（以下简称《规范申报目录》）。《规范申报目录》按我国海关进出口商品分类目录的品目顺序编写，并根据需要在品目级或子目级列出了申报要素。例如，对于品目 8528“电视接收装置，不论是否装有无线电收音装置或声音、图像的录制或重放装置”的申报要素为：①品名；②用途；③品牌；④显像类型；⑤显示屏幕尺寸；⑥型号。

商品归类申报的具体申报要求如下：

1. 必须准确、如实申报

收发货人或者其代理人应当按照法律、行政法规规定以及海关的要求如实、准确申报进出口货物的商品名称、规格型号等，并且对其申报的进出口货物进行商品归类，确定相应的商品编码。

2. 要求海关对商业资料进行保密

收发货人或者其代理人向海关提供的资料涉及商业秘密，要求海关予以保密的，应当事前向海关提出书面申请，并且具体列明需要保密的内容，海关应当依法为其保密。收发货人或者其代理人不得以商业秘密为理由拒绝向海关提供有关资料。

3. 收发货人或其代理人配合海关做好相关申报

海关依法在审核收发货人或者其代理人申报的商品归类事项时，收发货人或其代理人应当予以配合：

（1）查阅、复制有关单证、资料；

（2）要求收发货人或者其代理人提供必要的样品及相关商品资料；

（3）组织对进出口货物实施化验、检验，并且根据海关认定的化验、检验结果进行商品归类；

（4）海关可以要求收发货人或者其代理人提供确定商品归类所需的资料，必要时可以要求收发货人或者其代理人补充申报。

收发货人或者其代理人隐瞒有关情况，或者拖延、拒绝提供有关单证、资料的，海关可以根据其申报的内容依法审核确定进出口货物的商品归类。

（三）归类的修改

海关审核认为收发货人或者其代理人申报的商品名称编码不正确的，按有关规则和规定予以重新确定，并根据《报关单修改和撤销管理办法》等有关规定，通知收发货人或者其代理人对报关单进行修改、删除。

（四）预归类

在海关注册登记的进出口货物的经营单位，可以在货物实际进出口的45日前，向直属海关申请就其拟进口的货物进行商品归类。具体的规定如下：

1. 预归类申请

申请人向实际进出口直属海关提出申请，需要提交下列文件：

（1）《中华人民共和国海关预归类申请表》；

（2）进出口合同；

（3）商品情况说明、样品等，其中应包括：商品的中英文名称、规格、型号、结构原理、性能指标、功能、用途、成分、加工方法、分析方法等。

2. 预归类受理和预归类决定

经审核认为申请预归类的商品归类事项属于《税则》《税则注释》《本国子目注释》以及总署发布的关于商品归类的行政裁定、商品归类决定有明确规定的，应当在接受申请之日起15个工作日内制发《中华人民共和国海关商品预归类决定书》（以下简称《预归类决定书》，并且告知申请人。

3. “预归类决定书”的使用

预归类决定在直属海关所辖关区范围内有效。申请人在实际进出口《决定书》所述商品时，应提交并按照《决定书》申报，海关按照《决定书》所确定的归类意见审核放行。

（五）商品归类决定

海关总署可以根据有关的法律、法规及相关规定，对进出口货物作出具有普遍约束力的商品归类决定。进出口相同货物，应该适用相同的商品归类决定。

任务三　《协调制度》归类总规则

任务导入

商品名称及编码协调制度，简称《协调制度》（Harmonized System，HS），是指在原海关合作理事会（现名为世界海关组织）商品分类目录和国际贸易标准分类目录的基础上，协调国际上多种商品分类目录而制定的一部多用途的国际贸易商品分类目录。目前，世界上已有150多个国家使用HS，全球贸易总量90%以上的货物都是以HS分类的。

一、六大归类总则

（一）规则一

1. 条文内容

类、章以及分章的标题，仅仅为查找方便而设。

具有法律效力的归类，应该按照税（品）目条文和有关类注或章注确定，如税目、类注或章注无其他规定，按以下规则确定。

协调制度总则

2. 条文解释

第一：类、章及分章的标题是为查找方便而设立的，本身不是归类的依据；第二：归类的法律依据是税（品）目条文和类注、章注释；

例如：四川产红辣椒（已经晒干，未磨成粉）；

解析：鲜辣椒属于蔬菜应该归第七章，但根据第七章注释四“本章不包括辣椒干及辣椒粉（品目09.04）”的注释，所以四川产红辣椒（已经晒干，未磨成粉），应归入税号：0904.2100。

协调制度
规则一、二

（二）规则二

1. 规则二（一）条文内容

“品目所列货品，应视为包括该项货品的不完整品或未制成品，只要在进口或出口时该项不完整品或未制成品具有完整品或制成品的基本特征，还应视为包括该项货品的完整品或制成品（或按本款可作为完整品或制成品归类的货品）在进口或出口时的未组装件或拆散件。”

2. 规则二（一）条文解释

规则二（一）有条件地将不完整品、未制成品和散件包括在品目所列货品范围之内。对于不完整品和未制成品，必须具有相应完整品或制成品的基本特征。

不完整品是指这个物品还不完整，还缺少一些东西。例如：摩托车少了一个轮胎仍按摩托车归类。

未制成品是指虽具有制成品的形状特征，但还不能直接使用，需经进一步加工才能使用的物品。例如：齿轮的毛坯，需要进一步完善方可作为零件使用，但已经具备零件的大致形状，则判断为具有齿轮的基本特征。

已具备制成品的基本特征的各种散件；散件必须是因运输、包装等原因而被拆散或未组装，仅经组装、紧固等简单加工就可装配起来的物品。例如：为便于运输而将主机和显示器、键盘等分装于不同包装箱内未组装的电脑，可视为电脑整机。

3. 规则二（二）条文内容

品目中所列材料或物质，应视为包括该种材料或物质与其他材料或物质混合或组合的物品。品目所列某种材料或物质构成的货品，应视为包括全部或部分该种材料或物质构成的货品。由一种以上材料或物质构成的货品，应按规则三归类。

4. 规则二（二）条文解释

规则二（二）的作用是将保持原商品特征的某种材料或物质构成的混合物或组合物品，等同于某单一材料或物质构成的货品。即有条件地将单一材料或物质构成货品的范围扩大到添加辅助材料的混合或组合材料制品。

例如：涂蜡的热水瓶软木塞子（已经加入了其他材料物质）仍归 4503；镶嵌小银花的木制首饰盒，依旧按照木制首饰盒归类。

5. 规则二（二）应注意要点

在因混合或组合导致商品失去原有特征的场合，应按规则三办理。例如：加入杀鼠剂的稻谷，就不能够再按照 1006 的“稻谷”归类，因为混合后商品的特征和用途已经发生了变化，变成了毒饵，所以应该归 3808。

6. 只有在规则一无法解决时，方能运用规则二

例如：品目 1503 为“液体猪油，未经混合”，而混合了其他油的液体猪油就不能够运用规则二（二）归入品目 1503。

（三）规则三

当货品按规则二（二）或由于其他原因看起来可归入两个或两个以上税目时，应按以下规则归类：

1. 规则三（一）条文内容

协调制度规则三

列名比较具体的品目，优先于列名一般的品目。但是，如果两个或两个以上品目都仅述及混合或组合货品所含的某部分材料或物质，或零售的成套货品中的某些货品，即使其中某个品目对该货品描述得更为全面、详细，

这些货品在有关品目的列名应视为同样具体。

2. 规则三（一）条文解释

规则三（一）讲的是具体列名原则。指当一种商品似乎在两个或更多的税目中都涉及的情况下，应该比较一下哪一个税目的描述更加详细、具体，更为接近要归类的商品。即列名比较具体的品目，优先于列名一般的品目。可理解为：与类别名称相比，商品的品种名称更具体。

例如：用于小汽车的簇绒地毯涉及两个税目：8708 机动车辆的零件、附件；5703 簇绒地毯应用具体列名的原则，簇绒地毯更加具体，所以归入 5703。

3. 规则三（二）条文内容

混合物、不同材料构成或不同部件组成的组合物以及零售的成套货品，如果不能按照规则三（一）归类时，在本款可适用的条件下，应按构成货品基本特征的材料或部件归类。

规则三（二）是说明混合物、不同材料或不同部件的组合货品以及零售的成套货品，在归类时应按构成材料或部件的基本特征归类。在按照比例混合的物品中，成分比例越大的商品，越能够体现货物的基本特征，即“从大归类”原则。

例如：含 40%猪肉、55%牛肉块、5% 其他配料的肉罐头。该货物应该按照牛肉罐头归类，归入品目 1602. 5010。又如：放在皮盒里准备出售，含有电动理发梳子、剪子、毛巾的成套理发用具。查阅类、章注无此成套货品的具体列名，但按照规则三（二）其中最体现主要特征货品是电动理发梳子，所以归入 8510. 2000。

4. 规则三（三）条文内容

货品不能按照规则三（一）或（二）归类时，应按号列顺序归入其可归入的最末一个品目。

5. 规则三（三）条文解释

规则三（三）描述的是“从后归类”的原则，它只适用于不能按规则三（一）、规则三（二）归类的货品。应当注意，此规定不能在类注、章注有例外规定时使用，注释中的例外规定在操作时总是优先于总规则的。

例如：橡胶底的旅游鞋，鞋面一半是皮革，一半是涤纶，就难以确定其主要特征。似乎可以归入 6403，又可以归入 6404，但根据从后归类的原则，确定归入 6404：用橡胶为底，用纺织材料制鞋面的鞋子。

（四）规则四

1. 条文内容

根据上述规则无法归类的货品，应该归入与其最相似的税目。

2. 条文解释

当今科技发展非常迅速，新产品也是层出不穷，任何商品目录都会因为形势的发展出现不适应的情况。因此，在出现按照规则无法归类的商品时，只能用最相似的货品来替代。

协调制度规则四、五、六

“最相类似”指名称、特征、功能、用途、结构等因素，需要综合考虑才能确定。本规则在实践中一般很少使用。

例如：手动羊毛剪。该商品在《税则》中没有具体列名，因此，无法直接归入与其相适应的税号。通过对该商品的分析得知，手动羊毛剪是贱金属制的，但它不同于理发用的剪子、裁缝用的剪子及一般家庭用的剪子。其属于农业专用的手工工具，具体为剪羊毛用的剪子。所以，应将其归入8201．9090（其他农业、园艺、林业用手工工具）。

（五）规则五

除上述规则外，本规则适用于下列货品的归类：

1. 规则五（一）条文内容

制成特殊形状仅适用于盛装某个或某套物品并适合长期使用的照相套、乐器盒、枪套、绘图仪器盒、项链盒及类似容器，如果与所装物品同时进口或出口，并通常与所装物品一同出售的，应与所装物品一并归类。但本款不适用与本身构成整个货品基本特征的容器。

2. 规则五（一）条文解释

同时符合以下条件的包装容器，应与所装物品一并归类：

（1）制成特殊形状，专门盛装某一物品或某套物品的；

（2）适合长期使用的；

（3）与所装物品一同报验的（单独报验的容器应归入其所应归入的品目）；

（4）与所装物品一同出售；

（5）本身并不构成整个货品基本特征的。

例如：与数字照相机同时进口的相机套，本商品涉及两个货品：数字照相机（8525）和相机套（4202），根据规则五，应该归入数字照相机（8525）。

3. 例外情况

如果容器构成了整个货品的基本特征，则本款规定不适用。

例如："银制的茶叶罐装入茶叶"，该茶叶罐本身构成了整个货品的基本特征，因而不能与茶叶一并归类，应与茶叶分开归类。

4. 规则五（二）条文内容

除规则五（一）规定的以外，与所装货品同时进口或出口的包装材料或包装容器，如果通常是用来包装这类货品的，应与所装货品一并归类。但明显可重复使用的包装材料和包装容器可不受本款限制。

例如：液化煤气罐。

（六）规则六

1. 条文内容

原文货品在某一税目项下各子目的法定归类，应该按照子目条文或有关的子目注释和以上的各条规则来进行归类，但是子目的比较应该在同一数级上进行。

2. 条文解释

在确定子目时，一定要先确定一级子目，再按照二级子目、然后再三级子目、最后四级子目的顺序进行。在确定子目时，要遵循"同级比较"的原则。即一级子目与一级子目比较，二级子目与二级子目比较，依此类推。

例如：中华绒螯蟹种苗

——未冻的：

——蟹：03063310——种苗

——其他：03063391——中华绒螯蟹

03063392——梭子蟹

03063399——其他

归类应按以下步骤进行：先确定1级子目，即将两个1级子目“冻的”与“未冻的”进行比较后归入。

二、我国《进出口税则》商品归类

分22类、98章，其中77章是空章。具体分布如表3-1所示：

表3-1　我国《进出口税则》商品归类

第一类　活动物；动物产品	
第1章	活动物
第2章	肉及食用杂碎
第3章	鱼、甲壳动物，软体动物及其他水生无脊椎动物
第4章	乳品；蛋品；天然蜂蜜；其他食用动物产品
第5章	其他动物产品
第二类　植物产品	
第6章	活树及其他活植物；鳞茎、根及类似品；插花及装饰用簇叶
第7章	食用蔬菜、根及块茎
第8章	食用水果及坚果；柑橘属水果或甜瓜的果皮
第9章	咖啡、茶、马黛茶及调味香料
第10章	谷物
第11章	制粉工业产品；麦芽；淀粉；菊粉；面筋
第12章	含油子仁及果实；杂项子仁及果实；工业用或药用植物；稻草、秸秆及饲料
第13章	虫胶；树胶、树脂及其他植物液、汁
第14章	编结用植物材料；其他植物产品
第三类　动、植物油、脂及其分解产品；精制的食用油脂；动、植物蜡	
第15章	动、植物油、脂及其分解产品；精制的食用油脂；动、植物蜡
第四类　食品；饮料、酒及醋；烟草、烟草及烟草代用品的制品	
第16章	肉、鱼、甲壳动物，软体动物及其他水生无脊椎动物的制品

续表

第 17 章	糖及糖食
第 18 章	可可及可可制品
第 19 章	谷物、粮食粉、淀粉或乳的制品；糕饼点心
第 20 章	蔬菜、水果、坚果或植物其他部分的制品
第 21 章	杂项食品
第 22 章	饮料、酒及醋
第 23 章	食品工业的残渣及废料；配制的动物饲料
第 24 章	烟草及烟草代用品的制品
第五类 矿产品	
第 25 章	盐；硫磺；泥土及石料；石膏料、石灰及水泥
第 26 章	矿砂、矿渣及矿灰
第 27 章	矿物燃料、矿物油及其蒸馏产品；沥青物质；矿物蜡
第六类 化学工业及其相关工业的产品	
第 28 章	无机化学品；贵金属、稀土金属、放射性元素及其同位素的有机及无机化合物
第 29 章	有机化合物
第 30 章	药品
第 31 章	肥料
第 32 章	鞣料浸膏及染料浸膏；鞣酸及其衍生物；染料、颜料及其他着色料；油漆及清漆；油灰及其他类似胶粘剂；墨水、油墨
第 33 章	精油及香膏；芳香料制品及化妆盥洗品
第 34 章	肥皂、有机表面活性剂、洗涤剂、润滑剂、人造蜡、调制蜡、光洁剂、蜡烛及类似品、塑型用膏、“牙科用蜡”及牙科用熟石膏制剂
第 35 章	蛋白类物质；改性淀粉；胶；酶
第 36 章	炸药；烟火制品；火柴；引火合金；易燃材料制品
第 37 章	照相及电影用品
第 38 章	杂项化学产品
第七类 塑料及其制品；橡胶及其制品	
第 39 章	塑料及其制品
第 40 章	橡胶及其制品
第八类 生皮、皮革、毛皮及其制品；鞍具及挽具；旅行用品、手提包及类似容器；动物肠线（蚕胶丝除外）制品	

续表

第41章	生皮（毛皮除外）及皮革
第42章	皮革制品；鞍具及挽具；旅行用品、手提包及类似容器；动物肠线（蚕胶丝除外）制品
第43章	毛皮、人造毛皮及其制品
第九类 木及木制品；木炭；软木及软木制品； 稻草、秸秆、针茅或其他编结材料制品；篮筐及柳条编结品	
第44章	木及木制品；木炭
第45章	软木及软木制品
第46章	稻草、秸秆、针茅或其他编结材料制品；篮筐及柳条编结品
第十类 木浆及其他纤维状纤维素浆；回收（废碎）纸或纸板；纸、纸板及其制品	
第47章	木浆及其他纤维状纤维素浆；回收（废碎）纸或纸板
第48章	纸及纸板；纸浆、纸或纸板制品
第49章	书籍、报纸、印刷图画及其他印刷品；手稿、打字稿及设计图纸
第十一类 纺织原料及纺织制品	
第50章	蚕丝
第51章	羊毛、动物细毛或粗毛；马毛纱线及其机织物
第52章	棉花
第53章	其他植物纺织纤维；纸纱线及其机织物
第54章	化学纤维长丝
第55章	化学纤维短纤
第56章	絮胎、毡呢及无纺织物；特种纱线；线、绳、索、缆及其制品
第57章	地毯及纺织材料的其他铺地制品
第58章	特种机织物；簇绒织物；花边；装饰毯；装饰带；刺绣品
第59章	浸渍、涂布、包覆或层压的纺织物；工业用纺织制品
第60章	针织物及钩编织物
第61章	针织或钩编的服装及衣着附件
第62章	非针织或非钩编的服装及衣着附件
第63章	其他纺织制成品；成套物品；旧衣着及旧纺织品；碎织物
第十二类 鞋、帽、伞、杖、鞭及其零件；已加工的羽毛及其制品；人造花；人发制品	
第64章	鞋靴、护腿和类似品及其零件
第65章	帽类及其零件
第66章	雨伞、阳伞、手杖、鞭子、马鞭及其零件

续表

第 67 章	已加工羽毛、羽绒及其制品；人造花；人发制品
第十三类 石料、石膏、水泥、石棉、云母及类似材料的制品；陶瓷产品；玻璃及其制品	
第 68 章	石料、石膏、水泥、石棉、云母及类似材料的制品
第 69 章	陶瓷产品
第 70 章	玻璃及其制品
第十四类 天然或养殖珍珠、宝石或半宝石、贵金属、包贵金属及其制品；仿首饰；硬币	
第 71 章	天然或养殖珍珠、宝石或半宝石、贵金属、包贵金属及其制品；仿首饰；硬币
第十五类 贱金属及其制品	
第 72 章	钢铁
第 73 章	钢铁制品
第 74 章	铜及其制品
第 75 章	镍及其制品
第 76 章	铝及其制品
第 77 章	
第 78 章	铅及其制品
第 79 章	锌及其制品
第 80 章	锡及其制品
第 81 章	其他贱金属、金属陶瓷及其制品
第 82 章	贱金属工具、器具、利口器、餐匙、餐叉及其零件
第 83 章	贱金属杂项制品
第十六类 机器、机械器具、电气设备及其零件；录音机及放声机、电视图像、声音的录制和重放设备及其零件	
第 84 章	核反应堆、锅炉、机器、机械器具及其零件
第 85 章	电机、电气设备及其零件；录音机及放声机、电视图像、声音的录制和重放设备及其零件、附件
第十七类 车辆、航空器、船舶及有关运输设备	
第 86 章	铁道及电车道机车、车辆及其零件；铁道及电车道轨道固定装置及其零件、附件；各种机械（包括电动机械）交通信号设备
第 87 章	车辆及其零件、附件，但铁道及电车道车辆除外
第 88 章	航空器、航天器及其零件
第 89 章	船舶及浮动结构体

续表

第十八类　光学、照相、电影、计量、检验、医疗或外科用仪器及设备、精密仪器及设备；钟表；乐器；上述物品的零件、附件	
第 90 章	光学、照相、电影、计量、检验、医疗或外科用仪器及设备、精密仪器及设备；上述物品的零件、附件
第 91 章	钟表及其零件
第 92 章	乐器及其零件、附件
第十九类　武器、弹药及其零件、附件	
第 93 章	武器、弹药及其零件、附件
第二十类　杂项制品	
第 94 章	家具；寝具、褥垫、弹簧床垫、软座垫及类似的填充制品；未列名灯具及照明装置；发光标志、发光铭牌及类似品；活动房屋
第 95 章	玩具、游戏品、运动品及其零件、附件
第 96 章	杂项制品

任务四　商品归类的一般方法

任务导入

商品可从不同的视角进行归类，主要有五种方法。当进出口商对商品进行编码查询时，也可依据不同的原则进行，主要包括列名优先原则、用途为二原则、成分为三原则。

一、商品编码的归类方法

（一）完整归类

完整归类是指某一成品货物按其完整名称进行归类，即成品名称正好和商品编码书的某个商品编码完全或基本一致。例如，火鸡商品编码 01051290，其又称列名归类，但此种归类情形较少。

（二）用途归类

用途归类是指某一货物名称没有明确对应的编码时，采用用途和功能进行归类。例如，家用电风扇，若属于机器类，应到编码书的 84 章去查，之后在 8415 空气调节器里检索，然后找到编码 84151021.00（制冷量≤4 千大卡/时分体式空调）。此种归类情形较多。

（三）成分归类

成分归类是指某一成品名称没有对应的编码和明确的用途时，则从构成此成品的基本成分，即材料或部件进行归类。例如，铁制晒衣架没有具体对应的编码，以用途归类的方法也无法找出，则从材料入手，即找钢铁制品 73 章，再从其他钢铁制品 7326 中找出编码 73262090.00（非工业用钢铁丝制品）或编码 73269090.00。此种归类情形比较多。

（四）靠后归类

靠后归类是指以成分归类会有几个编码，则选择靠后的编码。例如，找出的铁制晒衣架的编码有 73262090.00 和 73269090.00，则选择 73269090.00 编码。

（五）接近归类

接近归类是指对于没有明确归类的新产品，先按用途最接近的类别分，再按材料最接近的归类分。

二、商品归类编码查询的路径

（一）列名优先

列名优先是指列名比较具体的品目，优先于列名一般的品目，是首选的归类方法。因此，在实际业务中进行商品归类时，首先要根据所归类商品的特征，如商品的主要成分、加工方式、规格、用途、等级、包装方式、功能作用等进行综合分析，再根据分析结果找出其相适合的品目，最后以“列名优先”的原则进行归类。

例如，“纯棉妇女用针织紧身胸衣”的归类步骤如下：

1. 商品分析

成分为纯棉；用途为妇女用；加工方式为针织；品名为紧身胸衣。

2. 品目归类

根据对成分及加工方式的分析，将该项商品归入第六十一章：针织或钩编的服装及衣着附件。但我们仔细阅读第六十一章注释二（一）可以发现，本章不包括 62.12 品目的商品。62.12 品目条文：胸罩、束腰带、紧身胸衣、吊裤带、吊袜带……因此，我们可以初步将“紧身胸衣”归入 62.12 品目。

3. 简易方法适用

根据“列名优先”的原则，我们查看 62.12 品目中所包含的子目 6212.3090，可以看出，该税号符合所需归类商品的特定意义。因此，“纯棉妇女用针织紧身胸衣”应归入税号 6212.3090。

（二）用途为二

没有列名归用途。当所需归类商品的内容不能与《税则》中品目、子目条文所列明的内容相吻合时，则按照该商品的主要用途进行归类。

例如，“含有中草药的牙膏”的归类步骤如下：

1. 商品分析

成分为含有中草药的原药或者提取的有效成分；特征为比普通牙膏增加了护齿、洁齿功能。

2. 品目归类

通过对该商品的分析，我们可以得知，虽然该种牙膏比普通牙膏增加了中草药的成分，但是其主要的成分及其功能并没有发生改变，仍然为护齿、洁齿品。因此，尽管该种牙膏增加了中草药的成分，也不可能具备医疗功能，则不能将其归入药品类。因而，只能根据其基本的用途归入相应品目。第三十三章：……芳香料制品及化妆盥洗品。牙膏应属于“盥洗品”类，所以应在该章查找出相应的品目。品目33.06：口腔及牙齿清洁剂……牙膏应属于“牙齿清洁剂”类，所以应归入该品目。

3. 简易方法适用

虽然，品目33.06显示为口腔及牙齿清洁剂……但是，在其所包含的子目中并没有明确列名“含有中草药的牙膏”，根据没有列名归用途的归类方法，在品目33.06中查找相适应的子目，“含有中草药的牙膏”归入税号3306.1010。我们不能根据该商品的“成分”，将其错误地归入第三十章。

（三）成分为三

没有用途归成分。当某种商品的归类语言无法与《税则》相吻合，既没有具体列名，并且用途特征也不明显时，应依顺序按其主要“成分”归类。在实际操作中，可以按照成分归类的商品基本分为两大类：一是由某种材料制的商品，如铝制、铜制、塑料制、纸制、木制门窗、铝制牛奶桶等；二是按重量计、含有某种材料与其他材料混合的制成品，如女式针织毛衣（按重量计，含羊毛70%、兔毛20%、腈纶10%）。

例如，“一次性纸制厨师帽”的归类步骤如下：

1. 商品分析

成分为纸；特征为一次性使用；品目为厨师帽。

2. 品目归类

通过对商品的分析，其是由纸制成的，并且是供厨师一次性使用的专用帽子。《税则》中包含各种帽类的章分别是：第四十八章的“纸制衣着附件”、第六十三章的“旧帽类”、第六十八章的“石棉制的帽类”及第九十五章的“玩偶帽类或狂欢节用的帽类”。“一次性纸制厨师帽”在以上各章均无具体列名，所以不能依第一顺序“列名优先”的方法归类。依次按第二顺序“按用途”归类。由于该商品的用途特征仅为“厨师用的帽子”，虽然已经显示出该商品的专用性特征，但其中缺少“成分”内容，所以，并未完全表达出我们需要归类的商品的全部定义，也就是归类语言不完整。我们再依次按第三顺序“按成分”归类。该商品的成分为纸，这时我们的商品归类语言可以表述为：用纸制成的厨师用的帽子。需要归类的商品是“一次性纸制厨师帽”，“一次性纸制厨师帽”与“用纸制成的厨师用的帽子”之间的区别，仅仅在于是否是一次性使用。一次性使用或者多次性使用，只是使用方法问题，且《归类总规则》中并没有关于商品进出口后使用方式的限定，因此，应当忽略不计。根据“一次性纸制厨师帽”的特定含义可知，该帽子应该是与厨师的职业服装同时使用的，因此，应将其归入纸制的衣着附件类。根据第四十八章注释二（十一）：本章不包括第六十四章或第六十五章的物品。我们可以在第四十八章中查找与之相适应的品目，品目 48. 18：衣服及衣着附件。因此，“一次性纸制厨师帽”应该归入该品目。

3. 简易方法适用

根据列名、用途、成分的先后顺序，“一次性纸制厨师帽”应该以其成分归类，归入纸制品类。查找品目 48. 18，“一次性纸制厨师帽”应归入税号 4818. 5000。

商品归类编码查询路径原则也可归纳如下：有列名归列名；没有列名归用途；没有用途归成分；没有成分归类别；不同成分比多少；相同成分要从后。

职业技能训练

一、不定项选择题

1. 运用“归类总规则三（二）”判断“基本特征”的因素因货品不同而可能不同。（　　）不能作为判定基本特征的因素。

A. 功能、用途　　B. 外观形态、结构

C. 生产厂家　　D. 最终使用目的

2.《协调制度》归类总规则的使用次序是（　　）。

A. 规则一至四应依次顺序使用

B. 规则五至六应依次顺序使用

C. 规则一至六应依次顺序使用

D. 规则三至四应依次顺序使用

3. 不属于进出口商品归类的法律依据为（　　）。

A.《中华人民共和国进出口税则》

B.《进出口税则商品及品目注释》

C.《海关商品预归类决定书》

D.《中华人民共和国进出口税则本国子目注释》

4. 下列属于人造纤维的是（　　）。

A. 尼龙、锦纶　　B. 涤纶　　C. 醋酸纤维　　D. 氨纶

5. 在进出口商品归类时，（　　）不属于“贵金属”。

A. 金　　B. 钯　　C. 铟　　D. 银

6. 进行商品归类时，下列不属于动植物类商品深加工方法的是（　　）。

A. 香肠及类似产品的制作　　B. 蒸、煮、烤、煎、炸、炒等烹饪方法

C. 盐腌、腌渍　　D. 精细均化

7. 下列商品不属于品目 85. 09 的是（　　）。

A. 电动牙刷（0. 2 千克/台）　　B. 家用空气增湿机（21 千克/台）

C. 地板打蜡机（25 千克/台）　　D. 电动水果榨汁机（5 千克/台）

8.《协调制度》共有（　　）。

A. 20 类、96 章　　B. 21 类、97 章

C. 6 类、97 章　　D. 21 类、96 章

9. HS 编码制度将国际贸易商品分类后，在各类内则基本上按（　　）设章。

A. 贸易部门　　B. 生产部门　　C. 自然属性　　D. 用途（功能）

10. 下列选项中属于归类的依据的是（　　）。

A.《进出口税则》

B.《商品及品目注释》

C.《本国子目注释》

D. 海关总署发布的关于商品归类的行政裁定或决定

二、按照进出口商品编码查询的方法查询商品编码。

1. 欧洲鳗鲡鱼苗
2. 珊瑚美人鱼（观赏用，海水鱼）
3. 伞菌属蘑菇（鲜的）
4. 小麦胚芽（加工方法：新鲜采收，低温烘焙，400 克/ 罐）
5. 未焙炒的花生仁（去壳）
6. 粗甘油
7. 味千面条
8. 维生素药片（零售包装，0. 1 千克）
9. 固体胶（零售包装，0. 25 千克）
10. 塑料装饰手机挂件
11. 塑料衣架
12. 橡胶手套（家用）
13. 狗链（化纤制）
14. 化纤钱包
15. 牛津高阶英语词典
16. 女式长裤（机织，材质 62%涤纶、33%人棉、5%弹力纤维）
17. 化纤针织头巾
18. 塑料凉鞋
19. 玻璃香水瓶（0. 25 升）
20. 塑料耳环
21. 贱金属制餐叉（非成套，未镀贵金属）
22. 手动榨汁机（贱金属制，5 千克）
23. 电子计算器（办公用）
24. 汽车雨刮器
25. 液压千斤顶

三、请分析以下工作任务

安装在衣柜中的感应灯这类商品可算是人性化家居的代表。这类商品通常体积较

小，固定于衣柜上部、依靠电池供电（或者说自供能源），可通过感应人体来自动开关。浙江某贸易公司 从北仑口岸申报进口该产品，其申报品名为：感应灯；申报商品码：109000；但是，其所申报的商品编码是错误的，为什么呢？

图 3-2 衣柜感应灯

项目四　一般进出口货物报关

学习目标

- 掌握一般进出口货物概念；理解一般进出口货物的监管特征
- 能为一般进出口货物报关进行关务设计
- 树立一般进出口货物报关的爱国、守法、诚信意识；具备专业细致、守时负责、团队协作的职业素养

项目导入

李明在报关公司常随师傅潘经理接单、录单、跑单、申报和办理查验，最近老是听师傅唠叨说，我国货物进出口的贸易结构发生了一些变化。李明登录商务部网站时，也浏览到一则消息：欧盟、美国和东盟进出口是我国前三大贸易伙伴，与俄罗斯、哈萨克斯坦、波兰等部分“一带一路”沿线国家进出口增势较好，民营企业进出口增长，比重提升，机电产品、传统劳动密集型产品仍为出口主力。2023年，我国一般贸易进出口21.66万亿元，占我国进出口总值的56.4%，贸易方式结构有所优化。

但李明对有些东西还是没想明白：一般进出口货物就是一般贸易货物吗？一般进出口货物的报关流程是怎样的？

任务一　一般进出口货物申报

一、什么是一般进出口货物

（一）含义

一般进出口货物是一般进口货物和一般出口货物的合称，是指在进出口环节缴纳了应征的进出口税费并办结了所有必要的海关手续，海关放行后不再进行监管，可以直接进入生产和消费流通领域的进出口货物。

（二）特征

一般进出口货物主要有以下三个特征：

1. 进出境环节缴纳进出口税费

一般进出口货物的收发货人应当按照《海关法》和其他有关法律、行政法规的规定，在货物进出境时向海关缴纳应当缴纳的税费。

2. 进出口时提交相关的许可证件

货物进出口应受国家法律、行政法规管制并需要申领进出口许可证件的，进出口货物收发货人或其代理人应当向海关提交相关的进出口许可证件。

3. 海关放行即办结了海关手续

海关征收了全额的税费，审核了相关的进出口许可证件，并对货物进行实际查验（或作出不予查验的决定）以后，按规定签章放行。这时进出口货物收发货人或其代理人才能办理提取进口货物或者装运出口货物的手续。对一般进出口货物来说，海关放行就意味着海关手续已经全部办结，海关不再监管，可以直接进入生产和消费领域流通。

（三）范围

实际进出口货物，除特定减免税货外，都属于一般进出口货物的范围，包括10种货物：

（1）一般贸易进口货物；

（2）一般贸易出口货物；

（3）转为实际进口的保税货物、暂准进境货物或转为实际出口暂准出境货物；

（4）易货贸易、补偿贸易的进出口货物；

（5）不准予保税的寄售代销贸易货物；

（6）承包工程项目实际进出口货物；

（7）外国驻华商业机构进出口陈列用样品；

（8）外国旅游者小批量订货出口的商品；

（9）随展览品进出境的小卖品；

（10）免费提供的进口的货物（商业往来的赠送属于一般进口货物）：①外商在经济贸易活动中赠送的进口货物（外国政府免费赠送属于法定减免货物）；②外商在经济贸易活动中免费提供的试车材料等；③我国在境外的企业、机构向国内单位赠送的进口货物。

二、一般进出口货物的报关程序

一般进出口货物的报关程序没有前期阶段和后续阶段，只有进出口阶段，由进出口申报、缴纳税费、配合查验、提取或装运货物四个环节构成。

（一）进出口申报

申报是指进出口货物收发货人、受委托的报关企业，依照《海关法》以及有关法律法规的要求，在规定期限、地点采用电子数据报关单和纸质报关单形式，向海关报告实际进出口货物的情况，并接受海关审核的行为。

1. 申报地点

一般情况下，进出口货物应当由收发货人或其代理人在货物进出境地海关申报。经海关同意，进出口货物可在设有海关的地点申报。

以保税货物、特定减免税货物和暂准进境货物申报进境的货物，因故改变使用目的从而改变货物性质转为一般进口时，应当在货物所在地的主管海关申报。

2. 申报日期

申报日期是指申报数据被海关接受的日期。不论以电子数据报关单方式申报，还是以纸质报关单方式申报，海关接受申报数据的日期即为申报日期。

3. 申报期限和滞报金

进口货物必须在运输工具申报进境之日起 14 日内向海关申报，申报期限的最后一天是法定节假日或休息日的，顺延至法定节假日或休息日后的第一个工作日。对于运输工具申报进境之日起超过 3 个月仍未申报，海关将变卖处理。不宜长期保存的货物，海关可提前处理。

出口货物必须在货物运抵海关监管区后装货的 24 小时以前向海关申报。

讨论 4-1

进口货物的申报期限为装载货物的运输工具申报进境之日起（　　）内，进口货物装载货物的运输工具申报进境之日起超过（　　）仍未向海关申报的，货物由海关提取并依法变卖。

A. 15 日，3 个月　　B. 14 日，3 个月　　C. 15 日，1 个月　　D. 14 日，4 个月

未按规定期限申报，由海关征收滞报金，滞报金按日计征，起始日和截止日均计入滞报期间。起始日为运输工具申报进境之日起第 15 日为起始日，海关接受申报之日为截止日。

进口货物在电子数据申报后，未在规定期限内提交纸质报关单，海关予以撤销电子数据报关单处理，因此重新申报产生滞报的，以自运输工具申报进境之日起第 15 日为起始日，以海关重新接受申报之日为截止日。

进口货物收货人申报并经海关依法审核，必须撤销原电子报关单重新申报，产生滞报的，以撤销原电子数据报关单之日起第 15 日为起始日，以海关重新接受申报之日为截止日。

滞报金的日征收金额为进口货物完税价格的 0.5‰，以人民币“元”为计征单位，不足人民币 1 元的部分免予计收。征收滞报金的计算公式为：

滞报金额 = 进口货物完税价格 × 0.5‰ × 滞报期间（滞报天数）

滞报金的起征点为人民币 50 元。滞报金的计征起始日如遇法定节假日，则顺延至其后第一个工作日。

讨论 4-2

绍兴某公司以 75 000 美元/台 CIF 杭州从德国进口 4 台纺织机械。载运该批货物的运输工具于 1 月 9 日（星期一）申报进境，由于该公司春节放假至元宵节，故在元宵节后的第二天 2 月 7 日（星期二）向海关申请办理进口手续，海关于当天接受申报（注：

根据国务院的节假日休假安排，1月22~28日放假，元宵节不是法定节假日）。中国银行的折算牌价1美元=人民币6.232 5元。请问该公司是否应缴纳滞报金？如果需要缴纳，应缴纳多少？

【评析】

运载进口货物的运输工具申报进境的当日不计算在内，从运输工具申报进境之日的第二天开始算，具体计算时，将1月9日直接再加上14天，即1月23日（是运输工具申报进境之日起的第14日），它是按期申报的截止日，而滞报金的计征起始日是第二天，即1月24日，该日是正月初二（法定节假日），如果计征起始日仅仅遇到法定节假日（不包括休息日）才要顺延到法定节假日之后的第一个工作日。而1月29日是节假日后第一个工作日，即滞报金的计征起始日，所以滞报期间是10天（1/29、1/30、1/31、2/1、2/2、2/3、2/4、2/5、2/6、2/7）。

《海关法》规定，滞报金的征收金额为进口货物完税价格0.5‰，所以该公司应缴纳的滞报金是：75 000×4×0.5‰×10×6.232 5=9 348.75（元）。

4. 进出境申报步骤

（1）办理报关委托。不能自行办理报关的企业须办理报关委托，与报关企业签订报关委托书。

报关委托的事项主要包括：填单申报、辅助查验、垫缴税款、办理海关证明联、审批及核销加工贸易手册、申办减免税手续等。

（2）准备申报单证。准备申报单证是整个报关工作能够顺利进行的关键一步。申报单证可以分为报关单和随附单证两大类，其中随附单证包括基本单证和特殊单证，见图4-1。

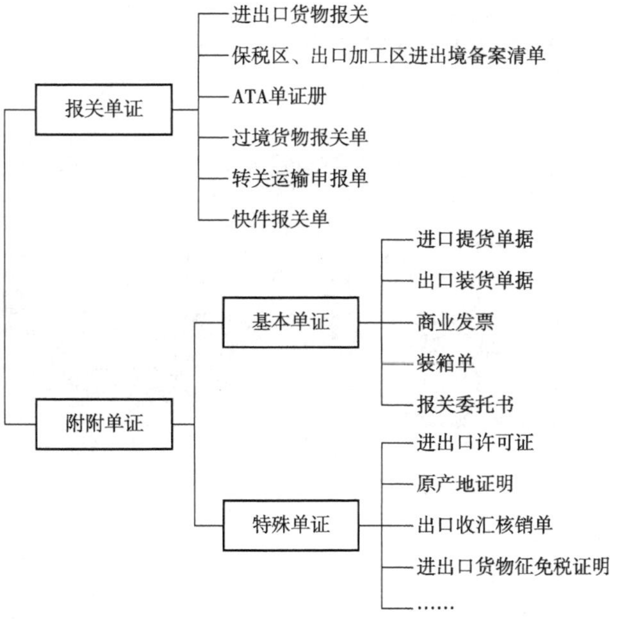

图4-1　报关申报单证

准备申报单证的原则是：基本单证、特殊单证必须齐全、有效、合法；报关单填制必须真实、准确、完整；报关单与随附单证必须一致。

（3）理单。理单是指报关企业对进出口收发货人的报关委托单证进行合理审核的行为。

审核出口报关单证的步骤方法如下：

第一步：查询基本信息，包括经营单位有效期、法检通关单数据、品牌授予权等。

第二步：确认运输工具信息，包括船名、航次是否与 S/O 相一致，柜型、柜量的逻辑判断，截关期、截编号时间，是否危险品、冻柜等。

第三步：审核纸质单证，主要包括基本单证审核（合同、商业发票、装箱单、委托书）；监管单证审核（通关单、许可证）；增值税发票审核（原件与复印件需盖经营单位章）等。

第四步：需要与客户确认的其他信息，包括品牌、是否退税、运保费、结汇方式、境内货源地、商品编码和申报要素，以及同客户确认报关单上的其他清关数据等。

（4）申报前看货取样。收货人在向海关申报前，为了确定品名、规格、型号、归类等，可向海关提出查看货物或提取货样的书面申请。海关开具取样记录和取样清单，取样后收货人要在取样记录和取样清单上签字确认。

（5）申报。

第一，电子申报。进出口货物收发货人或其代理人可以选择终端申报方式、委托 EDI 方式、自行 EDI 方式、网上申报方式（见图 4-2）等 4 种电子申报方式中适应的一种，将报关单内容录入电子计算机系统，生成电子数据报关单，并将数据、内容传送到海关报关自动化系统即 QP 系统。

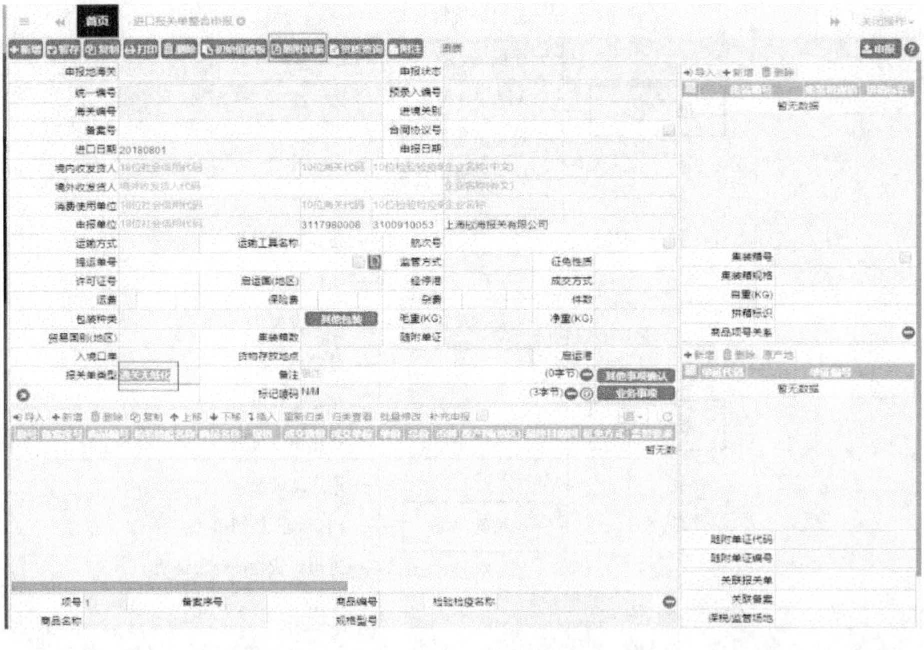

图 4-2 电子申报（国际贸易单一窗口）

第二，纸质申报。进出口货物收发货人或其代理人应当自接到海关“现场交单”或“放行交单”信息之日起 10 日内，持打印的纸质报关单，备齐规定的随附单证并签名盖章，到货物所在地海关提交书面单证（见样例 4-1），办理相关海关手续。

样例 4-1

中华人民共和国海关进口货物报关单

预录入编号：　　　　　　　　　　海关编号：　　　　　　　　　　页码/页数：

<table>
<tr><td>境内收货人</td><td colspan="2">进境关别</td><td colspan="2">进口日期</td><td>申报日期</td><td colspan="2">备案号</td></tr>
<tr><td>境外发货人</td><td colspan="2">运输方式</td><td colspan="2">运输工具名称及航次号</td><td>提运单号</td><td colspan="2">货物存放地点</td></tr>
<tr><td>消费使用单位</td><td colspan="2">监管方式</td><td colspan="2">征免性质</td><td>许可证号</td><td colspan="2">启运港</td></tr>
<tr><td>合同协议号</td><td colspan="2">贸易国（地区）</td><td colspan="2">启运国（地区）</td><td>经停港</td><td colspan="2">入境口岸</td></tr>
<tr><td>包装种类</td><td>件数</td><td>毛重（千克）</td><td>净重（千克）</td><td>成交方式</td><td>运费</td><td>保费</td><td>杂费</td></tr>
<tr><td colspan="8">随附单证
随附单证 1：　　　　　　　　随附单证 2：</td></tr>
<tr><td colspan="8">标记唛码及备注</td></tr>
<tr><td colspan="8">项号 商品编号 商品名称及规格型号 数量及单位 单价/总价/币制 原产国（地区） 最终目的国（地区） 境内目的地 征免</td></tr>
<tr><td colspan="8">1</td></tr>
<tr><td colspan="8">2</td></tr>
<tr><td colspan="8">3</td></tr>
<tr><td colspan="8">4</td></tr>
<tr><td colspan="8">5</td></tr>
<tr><td colspan="8">6</td></tr>
<tr><td colspan="8">7</td></tr>
<tr><td colspan="8">特殊关系确认：　　　价格影响确认：　　　支付特许权使用费确认：　　　自报自缴：</td></tr>
<tr><td colspan="6">申报人员 申报人员证号　电话　　兹申明以上内容承担如实申报、依法纳税之法律责任。
申报单位　　　　　　　　　　　　申报单位（签章）</td><td colspan="2">海关批注及签章</td></tr>
</table>

（6）申报修改或撤销。海关接受进出口申报后，电子数据和纸质的进出口货物报关单不得修改或者撤销；确有正当理由，经海关批准，可以修改或撤销。

第一，人员操作或书写失误造成申报差错，但未发现有走私违规或者其他违法嫌疑的；

第二，出口货物放行后，由于装配、装运等原因造成原申报货物全部或部分退关；

第三，进出口货物在装载、运输、存储过程中因溢短装、不可抗力的灭失、短损等原因造成原申报数据与实际货物不符的；

第四，根据国际惯例先行采用暂时价格成交、实际结算时按商检品质认定或国际市场实际价格付款方式需要修改原申报单据的；

第五，由于计算机、网络系统等方面的原因导致电子数据申报错误的；

第六，其他特殊情况经海关核准同意的。

(二) 缴纳税费

进出口货物的收发货人或其代理人将报关单和随附的单证提交给货物进出境地指定地海关，经海关审核报关单通过后，进出口货物收发货人根据申报的货物自行在国际贸易单一窗口计算税费，打印纳税缴款书和收费票据。进出口货物收发货人或其代理人凭海关签发的缴税通知书和收费单据在限定的时间内向指定银行缴纳税费。

在试行中国电子口岸网上缴税和付费的海关，进出口货物收发货人或其代理人可以通过电子口岸接收海关发出的税款缴款书和收费票据，在网上指定银行进行税费的电子支付。

(三) 配合查验

海关查验是指海关为确定进出境货物收发货人向海关申报的内容是否与进出口货物的真实情况相符，或者为了确定货物的归类、价格、原产地等，依法对进出口货物进行实际核查的执法行为。海关通过查验，核实有无伪报、瞒报、申报不实等走私、违规行为，同时也为海关征税、统计、后续管理提供可靠的资料。

海关查验时，进出口货物的收发货人或其代理人应当到场，并负责搬移货物，开拆和重封货物的包装。海关认为必要时，可以径行开验、复验或者提取货样。经收发货人申请，海关总署批准，有些进出口货物可以免检。

1. 查验地点

查验应当在海关监管区内实施。对进出口大宗散货、危险品、鲜活商品在装卸作业的现场进行查验。特殊情形（货物易受温度、静电、粉尘）经书面申请可以在海关监管区外实施查验。

2. 查验时间

当海关决定查验时，即将查验的决定书以书面方式通知收发货人或其代理人，约定查验的时间。查验一般在海关正常工作时间内，特殊情况也允许有例外。对于易腐易烂等不宜长期保存的货物，可以优先安排查验。

3. 查验方法

海关实施查验可以彻底查验，也可以抽查。查验操作可以分为人工查验和设备查验。其中人工查验包括外形查验和开箱查验；海关可根据货物情况以及实际执法需要，确定具体的查验方法。

4. 复验

海关可以对已查验货物进行复验。有下列情形之一的，海关可以复验：

(1) 初次查验未能查明货物真实性，需对已查验货物某些性状作进一步确认的；

(2) 货物涉嫌违规，需要重新查验的；

(3) 进出口货物收发货人对查验结论有异议，经海关同意的；

（4）其他海关认为必要的情形。

5. 径行开验

径行开验是指海关在进出口货物收发货人或其代理人不在场的情况下，对进出口货物进行开拆包装查验。

6. 报关员配合查验

海关查验时，进出口货物收发货人或其代理人应当到场，配合海关查验。

7. 货物损坏赔偿

海关对货物损坏的赔偿仅限于在实施查验过程中，由于查验人员的责任造成被查验货物损坏的直接经济损失。事后发现货物有损的，不负责赔偿，必须查验现场提出。

（四）提取或装运货物

1. 海关进出境现场放行和货物结关

海关放行是对进出口货物作出结束海关进出境现场监管决定，允许进出口货物离开海关监管现场的工作环节。货物结关是“办结海关手续”的简称，是指进出口货物的收、发货人或其代理人向海关办理完进出口货物通关的所有手续，履行了法律规定的与进出口有关的义务，有关货物一旦办结海关手续，海关就不再进行监管。

海关放行有两种情况：一是放行即结关，对于一般进出口货物而言，放行时进出口货物收发货人或其代理人已经办理了所有海关手续；二是放行不等于结关，对保税货物、特定减免税货物、暂准进出境货物，放行时进出口货物收发货人或其代理人并未办完所有的海关手续，货物尚未结关，海关在一定期限内还需进行后续管理。

2. 提取或装运货物

提取货物是进口货物收货人或其代理人签收海关加盖海关放行章戳记的进口提货凭证，凭此到货物进境地的港区、机场、车站、邮局等地的海关监管仓库办理提取进口货物的手续。

装运货物是出口货物发货人或其代理人签收海关加盖海关放行章戳记的出口装货凭证，凭此到货物出境地的港区、机场、车站、邮局等地的海关监管仓库办理货物装上运输工具离境的手续。

3. 签发证明联

进出口货物收发货人或其代理人，办理完提取进口货物或装运出口货物的手续以后，如需要海关签发有关的货物进出口证明联的，均可向海关提出申请。

常见的证明主要有：

（1）进口付汇证明联。对需要在银行或国家外汇管理部门办理进口核销的进口货物，报关员应当向海关申请签发进口货物报关单付汇证明联。

（2）出口收汇证明联。对需要在银行或国家外汇管理部门办理出口核销的出口货物，报关员应当向海关申请签发出口货物报关单收汇证明联。

（3）出口退税证明联。对需要在国家税务机构办理出口退税的出口货物，报关员应当向海关申请签发出口货物报关单退税证明联。海关经审核，对符合条件的，予以签发并在证明联上签名、加盖海关验讫章，交给报关员，同时通过电子口岸执法系统向国家税务机构发送证明联电子数据。

(4) 进口货物证明书。对进口汽车、摩托车等，报关员应当向海关申请签发“进口货物证明书”，进口货物收货人凭此向国家交通管理部门办理汽车、摩托车的牌照申领手续。海关放行汽车、摩托车后，向报关员签发“进口货物证明书”。

任务二　进出口报关单填制

任务导入

进出口货物报关单是进出口货物的收发货人或其代理人，按照海关规定的格式对进出口货物实际情况作出书面声明，以此要求海关对其货物按适用的海关制度办理通关手续的法律文书。其分别是中华人民共和国进口货物报关单和中华人民共和国出口货物报关单，并以不同的底纹颜色来区分在不同监管方式下的使用情况。

一、报关单的分类

进出口货物报关单是报关员代表报关企业向海关办理货物进出境手续的主要单证，其可从以下不同的视角进行分类：

(一) 按进出口流向分类

可分为进口货物报关单和出口货物报关单。

(二) 按介质分类

可分为纸质报关单和电子数据报关单。电子数据报关单是指报关单位通过电子计算机系统，按照《报关单填制规范》的要求，向海关申报的电子报文形式的报关单。

(三) 按海关监管方式分类

可分为进料加工进（出）口货物报关单（粉红色）、来料加工及补偿贸易进（出）口货物报关单（浅绿色）、一般贸易及其他贸易进（出）口货物报关单（浅蓝色）。

二、进出口货物报关单各联的用途

(一) 进口货物报关单

进口货物报关单分为以下四联：

1. 海关作业联

海关作业联是报关企业配合海关查验、缴纳税费和提货的依据，也是海关查验货物、征收税费、编制海关统计和处理其他海关事务的重要凭证。

2. 企业留存联

企业留存联在进口货物报关后由企业留存，用于业务管理。

3. 海关核销联

海关核销联是海关对实际申报进口货物签发的证明文件，是办理加工贸易合同核销、结案手续的重要凭证。实际业务中，与海关作业联一并使用。

4. 进口付汇证明联

进口付汇证明联是海关对实际进口货物签发的证明文件，是银行与外汇管理部门办理售汇、付汇与核销手续的主要凭证。

（二）出口货物报关单

出口货物报关单分为以下五联：

1. 海关作业联

海关作业联是报关企业配合海关查验、缴纳税费和装运货物的依据，也是海关查验货物、征收税费、编制海关统计和处理其他海关事务的重要凭证。

2. 企业留存联

企业留存联在出口货物报关后由企业留存，用于业务管理。

3. 海关核销联

海关核销联是海关对实际申报出口货物签发的证明文件，与海关作业联一并使用。

4. 出口收汇证明联

出口收汇证明联是海关对实际出口货物签发的证明文件，是银行与外汇管理部门办理收汇与核销手续的主要依据。

5. 出口退税证明联

出口退税证明联是海关对实际申报的并已出境的货物签发的证明文件，是国家税务部门办理出口货物退税手续的主要凭证。

三、进出口货物报关单填制的基本要求

报关企业填制进口货物报关单或出口货物报关单的基本要求如下。

（一）真实

报关单的填报必须真实，要求做到单证相符、单货相符。单证相符是指报关单与合同、批文、发票、装箱单等相关内容相符；单货相符是指报关单中所申报的内容与实际进出口货物情况相符。

（二）准确

报关单填报的项目要准确，事后需要更改内容的，应立即向海关办理更正手续，填写报关单更正单，经海关同意后方可修改或者撤销。

（三）齐全

报关单的项目要按规定逐项填制，不得遗漏。

（四）整洁

报关单填报的项目要整洁、清楚、端正，不得涂改。

（五）分单

不同的合同、许可证、批文、备案号、贸易方式、运输方式、运输工具的名称及航

次、原产地证书、征免性质的货物，必须分单填制。

（六）分项

不同的商品编号、商品名称、原产国、目的地国的货物，必须分项填制。

四、进口货物报关单的填报方法

（一）预录入编号

由接受申报的海关确定18位编号并自动打印，用于尚未接受申报的报关单。

（二）海关编号

由接受申报的海关确定18位编号（前4位为关区代码；后4位为年份；第9位“0”为出口，“1”为进口；最后为流水号）并自动打印，用于接受申报的报关单，通常就是预录入编号。

（三）进口口岸

填报货物进口关境口岸的隶属海关名称及代码，如上海海关2200为关区，其隶属海关有浦江海关2201、吴淞海关2202、外高桥海关2218。

（四）备案号

填报向海关递交的备案审批文件的编号，无备案审批文件的，免于填报。

（五）进口日期

填报运载所申报进口货物的运输工具申报进境的日期，顺序为年（4位）、月（2位）、日（2位）。如运输工具申报进境日期为2010年8月18日，则填报“20100818”。

（六）申报日期

申报日期是指海关接受进口货物的收货人或受其委托的报关企业向海关申报货物进口的日期，本栏目在申报时免于填报。

（七）经营单位

填报对外签订并执行进口贸易合同的我国境内企业、单位或者个人的名称及海关注册编码。经营单位编码为10位数字，如上海兰生股份有限公司3109915020。

（八）运输方式

填报运输方式的名称或代码，如水路运输2，航空运输5。

（九）运输工具的名称

如为水路运输，填报船舶英文名称或船舶编号/航次号，若EAST EXPRESS/801E；若为航空运输，填报航班号JOLLY/031S；如为汽车运输，填报该跨境运输车辆国内行驶车牌号+“/”+进境日。

（十）提运单号

填报进口货物提单或运单的编号，公路运输或无实际进境的免于填报。若有分提单的，填“提单号*分提单号”；若为航空运输，填“总运单号—分运单号”，无分运单的填报“总运单号”。

（十一）收货单位

填报进口货物在境内的最终消费、使用单位的名称。

（十二）贸易方式

填报相应的贸易方式简称或代码，如一般贸易 0110。

（十三）征免性质

填报相应的征免性质的简称或代码，如一般征税 101。

（十四）征税比例

填报原“进料非对口”贸易方式下进口料件的征税比例。

（十五）许可证号

填报进口许可证编号，一个进口许可证号限一份报关单。

（十六）起运国（地区）

填报进口货物起始发运的国家（地区）的名称。

（十七）装运港

填报货物起始装运的港口名称，通常是指进口货物在运抵我国关境前的最后一个境外装运港。

（十八）境内目的地

填报进口货物在境内目的地的名称或代码。

（十九）批准文号

本栏无须填报。

（二十）成交方式

填报合同规定的贸易术语或代码，如贸易术语“CIF”，填“CIF”或“1”。

（二十一）运费

填报实际运费计算形式。或为运费率，直接填报运费率的“数值/运费率标记”，即 5%的运费率填报 5/1；或为运费单价，填报运费“货币代码/运费单价的数值/运费单价标记”，即 30 美元的运费单价填报 502/30/2；或为运费总价，填报运费“货币代码/运费总价的数值/运费总价标记”，即 1 100 美元的运费总价填报 502/1100/3。货物的成交方式为 CFR、CIF 进口的，此栏不填。

（二十二）保费

填报实际保费计算形式。若为保险费率，填报保险费率的“数值/保险费率标记”，即 0. 5%的保费率填报 0. 5/1；若为保费总价，填报保费“货币代码/保费总价的数值/保费总价标记”，即 1 000 美元的保费总价填报 502/1000/3。货物的成交方式为 CIF 进口的，此栏不填。

（二十三）杂费

填报成交价格以外的，应计入完税价格或应从完税价格中扣除的手续费、佣金、回扣等费用的计算形式。

一是杂费率。填报杂费的“数值/杂费率标记”，即计入1.5%的杂费率填报1.5/1；从完税价格中扣除的1.5%的回扣率，填报-1.5/1。

二是杂费总价。填报杂费“货币代码/杂费总价的数值/杂费总价标记”，即500英镑杂费总价填报303/500/3。

知识链接

费用填报标记

a）“1”表示运费率。

如2%的运费率为2/1，0.4%的保费率为0.4/1，1.5%的杂费率为1.5/1。

b）“2”表示单价。

如30欧元的运费单价为300/30/2。

c）“3”表示总价。

如800美元的运费总价为502/800/3，10 000日元的保费总价为116/10 000/3，500英镑保费总价为303/500/3。

（二十四）合同协议号

填报本批交易的合同编号。

（二十五）件数

填报本批进口货物外包装的实际件数，裸装、散装货物为“1”。若装箱单仅列明托盘件数或与单件件数并列，应填报“托盘数”，如“2 PALLETS 100 CTNS”，应填报2；若装箱单列明集装箱个数、托盘件数、单件包装件数，应填报“托盘数”；若仅列明集装箱个数，应填报“集装箱个数”。

（二十六）包装种类

填报本批进口货物外包装的种类，如纸箱、托盘等。

（二十七）毛重

填报本批进口货物总的实际毛重，计量单位为千克，不足1千克的填报“1”。

（二十八）净重

填报本批进口货物总的实际净重，计量单位为千克，不足1千克的填报“1”。

（二十九）集装箱号

填报装载本批进口货物（包括拼箱货）集装箱号、集装箱的规格和集装箱的自重，其格式为“集装箱号/规格/自重”，如TEXU3605231/20/2376。若为多个集装箱，第二个以后依次填报在备注栏中；若为非集装箱货物，则填报“0”。

（三十）随附单据

填报随附进口货物报关单一并向海关递交的单证或文件，合同、发票、装箱单、许可证除外，其格式为“监管证件代码+监管证件编号”，如入境货物通关单编号是4421。010406445，应填报“A：442100104064457”。有两个以上监管证件的，第二个以后依次填报在备注栏中。

（三十一）用途

填报本批进口货物的实际用途的名称或代码。

（三十二）标记唛码及备注

填报本批进口货物唛头中除图形以外的所有文字和数字。受外商投资企业委托代理其进口投资设备、物品的外贸企业名称填“委托××公司进口”。

（三十三）项号

填报本批进口货物在报关单中的商品排列序号，用“01、02”表示。一张纸质报关单最多可打印5项商品，可另外附带3张纸质报关单，合计最多打印20项商品。对于商品编号、商品名称、原产国/最终目的国（地区）、征免不同的，都应各自占据表体的一栏。

（三十四）商品编码

填报本批进口货物的商品编码8位税则号列，第9、第10位附加编号。

（三十五）商品名称、规格型号

填报本批进口货物的中文名称、规格型号。第一行填进口货物规范的中文名称，必要时可加注原文；第二行填报规格型号。

（三十六）数量及单位

填报本批进口货物的实际数量、计量单位、法定计量单位。第一行填报法定第一计量单位及数量，第二行填报法定第二计量单位及数量，第三行填报成交计量单位及数量（见样例4-2）：

样例4-2

商品名称	规格型号	数量及单位	备注
男式袜子	122 640 双	（法定第一计量单位及数量）	如无法定第二计量单位，第二行不写
	100%全棉	1 042 千克	（法定第二计量单位及数量）
	10 220 打	（成交计量单位及数量）	

知识链接

报关常见计量单位

1. 进出口货物中常见的成交计量单位

重量单位：公吨、长吨、短吨、千克、克、磅、盎司等。其适用于一般天然产品，以及部分工业制成品，如羊毛、棉花、谷类、矿产品、油类、沙盐、药品等。

长度单位：米、厘米、码、英尺、英寸等。其适用于纺织品、绳索、电线电缆等。

面积单位：平方米、平方厘米、平方码等。

体积单位：立方米、立方厘米、立方码、立方英尺、立方英寸等。其适用于木材、化学气体等。

容积单位：升、加仑、蒲式耳等。其主要适用于流体商品，如煤油、汽油、酒精等。

个数单位：只、件、双、台、套、架、打、罗、大罗、令、卷、辆、头、箱、桶、袋等。

2. 海关法定计量单位

海关法定计量单位又分为海关法定第一计量单位和海关法定第二计量单位，其以《统计商品目录》中规定的计量单位为准。部分内容如下：

数量单位：头、只、条、个、张、台、辆、套、把、支、千瓦、千瓦时等。

重量单位：克、千克、公吨等。

长度单位：米等。

面积单位：平方米等。

体积单位：立方米等。

容积单位：升、千升等。

（三十七）原产国（地区）

填报本批进口货物生产、加工、开采的国家或地区的中文名称或代码。进口货物由多国加工生产，可填报最后一个加工生产的国家或地区的名称或代码。如原产国（地区）无法确定的，应该填写“国别不详或701”。

（三十八）单价

填报本批进口货物成交的商品单位价格的金额。若非整数，其小数点后保留4位，第5位及以后略去。

（三十九）总价

填报本批进口货物同一项号下成交的商品总价。若非整数，其小数点后保留4位，第5位及以后略去。

（四十）币制

填报本批进口货物成交价格的币制或代码。

（四十一）征免

填报海关对本批进口货物进行征税、减税、免税的处理方式的名称及代码。例如，照章征税，代码为 1；全免，代码为 3。

（四十二）税费征收情况

由海关工作人员填写。

（四十三）录入员

由负责将该份报关单内容录入海关计算机系统并打印预录入报关单的实际操作人员签名确认。

（四十四）录入单位

填报经海关批准允许将该份报关单内容录入海关计算机系统的单位名称。

（四十五）申报单位

填报本批进口货物申报单位的收货人及报关企业报关专用章，注明单位地址、邮编、电话和填制日期，并盖报关员章。

（四十六）海关审单批注及放行日期（签章）

由海关相关工作人员填写。

进口货物报关单如样例 4-3 所示。

样例 4-3

中华人民共和国海关进口货物报关单

预录入编号　　　　　　　　　　　　　　　　　　　　海关编号

进口口岸	备案号	进口日期	申报日期	
经营单位	运输方式	运输工具名称	提运单号	
收货单位	贸易方式	征免性质	征税比例	
许可证号	起运国（地区）	装运港	境内目的地	
批准文号	成交方式	运费	保费	杂费
合同协议号	件数	包装种类	毛重（千克）	净重（千克）
集装箱号	随附单据	用途		
标记唛码及备注				
项号　商品编号　商品名称、规格型号　数量及单位　原产国（地区）　单价　总价　币制　征免				
税费征收情况				

续表

录入员　录入单位	兹声明以上申报无讹并承担法律责任。	海关审单批注及放行日期（签章） 审单　审价
报关员 单位地址 邮编　电话	申报单位（签章） 填制日期	征税　统计 查验　放行

五、进出口货物报关单的填报方法

出口货物报关单的填报方法与进口货物报关单的基本相同。以下仅介绍不同栏目的填写方法。

（一）出口口岸

填报货物出口关境口岸的隶属海关名称及代码。

（二）出口日期

填报运载所申报出口货物的运输工具办结出境手续的日期，顺序为年（4 位）、月（2 位）、日（2 位）。

（三）申报日期

申报日期是指海关接受出口货物的发货人或受其委托的报关企业向海关申报货物出口的日期，本栏目在申报时免于填报。

（四）经营单位

填报对外签订并执行出口贸易合同的我国境内企业、单位或者个人的名称及海关注册编码。

（五）发货单位

填报出口货物在境内的生产或销售单位。

（六）结汇方式

填报本批出口货物成交的结汇方式或代码，如信用证或代码“6”。出口货物不需结汇的，应填报“其他”。

（七）许可证号

填报出口许可证编号，一个出口许可证号限一份报关单。

（八）运抵国（地区）

填报出口货物直接运抵的国家（地区）的名称。

（九）指运港

填报出口货物运往境外的最终目的港的名称。

（十）境内货源地

填报出口货物在境内货源地的名称或代码。

（十一）运费

填报实际运费计算形式。货物的成交方式为 FOB 贸易术语，此栏不填。

（十二）保费

填报实际保费计算形式。货物的成交方式为 FOB、CFR 贸易术语，此栏不填。

（十三）合同协议号

填报本批交易的出口合同编号。

（十四）随附单据

填报随附出口货物报关单一并向海关递交的单证或文件，合同、发票、装箱单、许可证除外，其格式为“监管证件代码+监管证件编号”。有两个以上监管证件的，第二个以后依次填报在备注栏中。

（十五）生产厂家

填报本批出口货物的生产厂家名称。

（十六）标记唛码及备注

填报本批出口货物唛头中除图形以外的所有文字和数字。

（十七）最终目的国（地区）

填报本批出口货物最终交付的国家或地区名称或代码。

出口货物报关单如样例 4-4 所示。

样例 4-4

中华人民共和国海关出口货物报关单

预录入编号： 海关编号：

<table>
<tr><td>出口口岸</td><td colspan="2">备案号</td><td colspan="2">出口日期</td><td>申报日期</td></tr>
<tr><td>经营单位</td><td>运输方式</td><td colspan="2">运输工具名称</td><td colspan="2">提运单号</td></tr>
<tr><td>收货单位</td><td colspan="2">贸易方式</td><td colspan="2">征免性质</td><td>结汇方式</td></tr>
<tr><td>许可证号</td><td colspan="2">运抵国（地区）</td><td colspan="2">指运港</td><td>境内货源地</td></tr>
<tr><td>批准文号</td><td>成交方式</td><td>运费</td><td colspan="2">保费</td><td>杂费</td></tr>
<tr><td>合同协议号</td><td>件数</td><td>包装种类</td><td colspan="2">毛重（千克）</td><td>净重（千克）</td></tr>
<tr><td>集装箱号</td><td colspan="4">随附单据</td><td>生产厂家</td></tr>
<tr><td colspan="6">标记唛码及备注</td></tr>
</table>

续表

<table>
<tr><td>项号</td><td>商品编号</td><td>商品名称、规格型号</td><td>数量及单位</td><td>最终目的国（地区）</td><td>单价</td><td>总价</td><td>币制</td><td>征免</td></tr>
<tr><td colspan="9"></td></tr>
<tr><td colspan="9"></td></tr>
<tr><td colspan="9"></td></tr>
<tr><td colspan="9"></td></tr>
<tr><td colspan="9"></td></tr>
<tr><td colspan="9">税费征收情况</td></tr>
<tr><td colspan="2">录入员　　录入单位</td><td colspan="3" rowspan="2">兹声明以上申报无讹并承担法律责任

申报单位（签章）

填制日期</td><td colspan="4">海关审单批注及放行日期（签章）。

审单　　　　审价</td></tr>
<tr><td colspan="2">报关员
单位地址
邮编　　电话</td><td colspan="4">征税　　　　统计
查验　　　　放行</td></tr>
</table>

六、进出口货物报关单的修改、撤销、审批

进出口货物收发货人及其代理人在报关单填制后，需修改相关内容的，应向海关主管部门提出申请。

（一）修改或撤销报关单的情形

（1）由于报关人员操作或书写失误造成所申报的报关单内容有误，并且未发现有走私违规或者其他违法嫌疑的；

（2）出口货物放行后，由于装运、配载等原因造成原申报货物部分或全部退关、变更运输工具的；

（3）进出口货物在装载、运输、存储过程中因溢短装、不可抗力的灭失、短损等原因造成原申报数据与实际货物不符的；

（4）根据贸易惯例先行采用暂时价格成交、实际结算时按商检品质认定或国际市场实际价格付款方式需要修改申报内容的；

（5）由于计算机、网络系统等方面的原因导致电子数据申报错误的；

（6）其他特殊情况经海关核准同意的。

（二）申请办理报关单修改、撤销的手续

1. 向海关递交报关单修改、撤销申请及有关文件

这主要包括：《进出口货物报关单修改/撤销申请表》（见样例 4-5）；说明进出口实际情况的相关单证；税款缴款书；进口货物放行或出口货物结关后海关已签发证明联的，还应提供报关单收付汇证明联、退税证明联或银行、外管、国税等有关部门出具的相关证明；海关要求提供的其他材料。

2. 海关受理后审核

海关受理申请后进行审核，自收到申请材料之日起 20 个工作日内作出决定。

样例 4-5

进出口货物报关单修改/撤销申请表

编号： 海关〔 年〕 号

<table>
<tr><td colspan="2">报关单编号</td><td></td><td>报关单类别</td><td>□进口 □出口</td></tr>
<tr><td colspan="2">经营单位名称</td><td></td><td>申请事项</td><td>□修改 □撤销</td></tr>
<tr><td colspan="2">报关单位名称</td><td colspan="3"></td></tr>
<tr><td colspan="5">修改/撤销内容</td></tr>
<tr><td colspan="2">报关单数据项（进口/出口）</td><td>原填报内容</td><td colspan="2">应当填报内容</td></tr>
<tr><td rowspan="8">需按审查程序办理的项目</td><td>商品编号</td><td></td><td colspan="2"></td></tr>
<tr><td>商品名称及规格型号</td><td></td><td colspan="2"></td></tr>
<tr><td>币制</td><td></td><td colspan="2"></td></tr>
<tr><td>单价</td><td></td><td colspan="2"></td></tr>
<tr><td>总价</td><td></td><td colspan="2"></td></tr>
<tr><td>原产国（地区）/最终目的国（地区）</td><td></td><td colspan="2"></td></tr>
<tr><td>贸易方式（监管方式）</td><td></td><td colspan="2"></td></tr>
<tr><td>成交方式</td><td></td><td colspan="2"></td></tr>
<tr><td rowspan="4">其他项目</td><td></td><td></td><td colspan="2"></td></tr>
<tr><td></td><td></td><td colspan="2"></td></tr>
<tr><td></td><td></td><td colspan="2"></td></tr>
<tr><td></td><td></td><td colspan="2"></td></tr>
<tr><td colspan="5">修改或者撤销原因：
兹声明以上申请理由和申请内容无讹，随附证明资料真实有效，如有虚假，愿承担法律责任。

申请人签字： 申请日期： 申请单位（公章）：</td></tr>
<tr><td colspan="5">海关批注：
经审查，上述申请符合/不符合《中华人民共和国海关进出口货物报关单修改和撤销管理办法》第 条第 款的规定，我关同意/不同意修改/撤销。

海关印章： 年 月 日</td></tr>
</table>

模拟操作

一般进出口货物报关单填制

宁波进出口公司与 XINQIAO TRADE CORPORATION 就全棉 T 恤衫磋商达成一致意见后，双方签订了出口销售合同。为此，宁波进出口公司根据合同的规定认真履约，办理订舱、报检和报关手续。

一、模拟操作资料

1. 国外发票

国外发票见样例4-6：

样例4-6

TOKYO IMPORT & EXPORT CORPORATION
82-324 OTOLI MACHI TOKYO，JAPAN
TEL：028-548-742 FAX：028-548 -743

COMMRCIAL INVOICE

FANGZHENG IMPORT & EXPORT CORPORATION 1321 ZHONGSHAN ROAD SHANGHAI CHINA TEL：021-56082266 FAX：021-56082265	INVOICE NO. TIEX060930
	DATE：SEP. 16. 2010
	PAYMENT TERMS： AT SIGHT L/C

MARKS： N/M

SHIPPED FROM	SHIPPED TO	VESSEL/VOYAGE NO.		
TOKYO	SHANGHAI	COSCO V.861		
DESCRIPTION		QUANTITY	PRICE PER SET	TOTAL AMOUNT
WRENCH			FOB TOKYO	
HEX DEYS WRENCH		1 000 SET	USD 10.00	USD 10 000.00
DOUBLE RING OFFSET WRENCH		1 500 SET	USD 10.00	USD 15 000.00
COMBINATION WRENCH		2 000 SET	USD 20.00	USD 40 000.00
ADJUSTABLE WRENCH		1 500 SET	USD 20.00	USD 30 000.00
L/C NO：XUT17345				USD 95 000.00
P/C NO：TX200523				
PACKED IN CARTON OF 100 SET				

SAY U.S. DOLLARS NINETY FIVE THOUSAND ONLY

2. 装箱单

装箱单见样例4-7：

样例4-7

TOKYO IMPORT & EXPORT CORPORATION
82-324 OTOLI MACHI TOKYO，JAPAN
TEL：028-548-742 FAX：028-548-743

PACKING LIST

FANGZHENG IMPORT & EXPORT CORPORATION 1321 ZHONGSHAN ROAD SHANGHAI CHINA TEL：021-56082266 FAX：021-56082265	INVOICE NO. TIEX060930 DATE：SEP. 16，2010 PAYMENT TERMS： AT SIGHT L/C

MARKS： N/M

SHIPPED FROM		SHIPPED TO	VESSEL/VOYAGE NO.	
TOKYO		SHANGHAI	COSCO V. 861	
PACKAGES	DESCRIPTION	QUANTITY	GROSS WEIGHT	NET WEIGHT
	WRENCH			
60	HEX DEYS WRENCH	1 000SET	35KGS	30KGS
	DOUBLE RING OFFSET WRENCH	1 500SET	35KGS	30KGS
	COMBINATION WRENCH	5 000SET	50KGS	40KGS
	ADJUSTABLE WRENCH	2 000SET	55KGS	45KGS
	L/C NO.：XUT17345	6 000SET	175KGS	145KGS
	PACKED IN ONE CARTON OF 100 SET			

SAY TOTAL SIXTY（60）CARTONS ONLY.

山　田

TOKYO IMPORT & EXPORT CORPORATION

3. 补充资料

买　　方：方正进出口公司（代码：0387124666）

入境口岸：吴淞海关

进口日期：2022 年 9 月 24 日

运输方式：江海运输提单号码：XY05111

编码：8204.1100

贸易方式：一般贸易

用途：自营内销

入境货物通关单号：T0608114

二、报关单的填写方法

1. 预录入编号

由接受申报的海关确定 18 位编号并自动打印，用于尚未接受申报的报关单。

2. 海关编号

由接受申报的海关确定 18 位编号（前 4 位为关区代码；后 4 位为年份；第 9 位“0”为出口、“1”为进口；最后为流水号）并自动打印，用于接受申报的报关单，通常就是预录入编号。

3. 进口口岸

填报货物进口关境口岸的隶属海关名称及代码，如上海海关 2200 为关区，其隶属海关有浦江海关 2201、吴淞海关 2202、外高桥海关 2218。

4. 备案号

填报向海关递交的备案审批文件的编号，无备案审批文件的，免于填报。

5. 进口日期

填报运载所申报进口货物的运输工具申报进境的日期，顺序为年（4 位）、月（2 位）、日（2 位）。如运输工具申报进境日期为 2022 年 8 月 18 日，则填报“20220818”。

6. 申报日期

申报日期是指海关接受进口货物的收货人或受其委托的报关企业向海关申报货物进口的日期，本栏目在申报时免于填报。

7. 经营单位

填报对外签订并执行进口贸易合同的我国境内企业、单位或者个人的名称及海关注册编码。经营单位编码为10位数字，如上海兰生股份有限公司3109915020。

8. 运输方式

填报运输方式的名称或代码，如水路运输2，航空运输5。

9. 运输工具的名称

若为水路运输，填报船舶英文名称或船舶编号/航次号，如EAST：EXPRESS/801E；若为航空运输，填报航班号JOLLY/031S；若为汽车运输，填报该跨境运输车辆国内行驶车牌号+“/”+进境日。

10. 提运单号

填报进口货物提单或运单的编号，公路运输或无实际进境的免于填报。若有分提单的，填“提单号＊分提单号”；若为航空运输，填“总运单号一分运单号”，无分运单的填报“总运单号”。

11. 收货单位

填报进口货物在境内的最终消费、使用单位的名称。

12. 贸易方式

填报相应的贸易方式简称或代码，如一般贸易0110。

13. 征免性质

填报相应的征免性质的简称或代码，如一般征税101。

14. 征税比例

填报原“进料非对口”贸易方式下进口料件的征税比例。

15. 许可证号

填报进口许可证编号，一个进口许可证号限一份报关单。

16. 起运国（地区）

填报进口货物起始发运的国家（地区）的名称。

17. 装运港

填报货物起始装运的港口名称，通常是指进口货物在运抵我国关境前的最后一个境外装运港。

18. 境内目的地

填报进口货物在境内目的地的名称或代码。

19. 批准文号

本栏无须填报。

20. 成交方式

填报合同规定的贸易术语或代码，如贸易术语“CIF”，填“CIF”或“1”。

21. 运费

填报实际运费计算形式。若为运费率，直接填报运费率的“数值/运费率标记”，即5%的运费率填报5/1；若为运费单价，填报运费“货币代码/运费单价的数值/运费单价标记”，即30美元的运费单价填报502/30/2；若为运费总价，填报运费“货币代码/运费总价的数值/运费总价标记”，即1 100美元的运费总价填报502/1 100/3。货物的成交方式为CFR、CIF进口的，此栏不填。

22. 保费

填报实际保费计算形式。若为保险费率，填报保险费率的“数值/保险费率标记”，即0.5%的保费率填报0.5/1；若为保费总价，填报保费“货币代码/保费总价的数值/保费总价标记”，即1 000美元的保费总价填报502/1 000/3。货物的成交方式为CIF进口的，此栏不填。

23. 杂费

填报成交价格以外的，应计入完税价格或应从完税价格中扣除的手续费、佣金、回扣等费用的计算形式。

一是为杂费率。填报杂费的“数值/杂费率标记”，即计入1.5%的杂费率，填报1.5/1；从完税价格中扣除的1.5%的回扣率，填报-1.5/1。

二是杂费总价。填报杂费“货币代码/杂费总价的数值/杂费总价标记”，即500英镑杂费总价填报303/500/3。

知识链接

费用填报标记

1. “1”表示运费率

如2%的运费率为2/1，0.4%的保费率为0.4/1，1.5%的杂费率为1.5/1。

2. “2”表示单价

如30欧元的运费单价为300/30/2。

3. “3”表示总价

如800美元的运费总价为502/800/3，10 000日元的保费总价为116/10 000/3，500英镑杂费总价为303/500/3。

24. 合同协议号

填报本批交易的合同编号。

25. 件数

填报本批进口货物外包装的实际件数，裸装、散装货物为“1”。若装箱单仅列明托盘件数或与单件件数并列，应填报“托盘数”，如“2 PALLETS 100 CTNS”应填报2；若装箱单列明集装箱个数、托盘件数、单件包装件数，应填报“托盘数”；若仅列明集装箱个数，应填报“集装箱个数”。

26. 包装种类

填报本批进口货物外包装的种类，如纸箱、托盘等。

27. 毛重

填报本批进口货物总的实际毛重，计量单位为千克，不足1千克的填报“1”。

28. 净重

填报本批进口货物总的实际净重，计量单位为千克，不足1千克的填报“1”。

29. 集装箱号

填报装载本批进口货物（包括拼箱货）集装箱号、集装箱的规格和集装箱的自重，其格式为“集装箱号/规格/自重”，如TEXU3605231/20/2376。若为多个集装箱，第二个以后依次填报在备注栏中；若为非集装箱货物，则填报“0”。

30. 随附单据

填报随附进口货物报关单并向海关递交单证或文件，合同、发票、装箱单、许可证除外，其格式为“监管证件代码+监管证件编号”，如入境货物通关单编号是4421010406445，应填报“A：44210010406445”。有两个以上监管证件的，第二个以后依次填报在备注栏中。

31. 用途

填报本批进口货物的实际用途的名称或代码。

32. 标记唛码及备注

填报本批进口货物唛头中除图形以外的所有文字和数字。受外商投资企业委托代理其进口投资设备、物品的外贸企业名称，填“委托××公司进口”。

33. 项号

填报本批进口货物在报关单中的商品排列序号，用“01、02”表示。一张纸质报关单最多可打印5项商品，可另外附带3张纸质报关单，合计最多打印20项商品。对于商品编号、商品名称、原产国/最终目的国（地区）、征免不同的，都应各自占据表体的一栏。

34. 商品编码

填报本批进口货物的商品编码8位税则号列，第9、第10位附加编号。

35. 商品名称、规格型号

填报本批进口货物的中文名称、规格型号。第一行填进口货物规范的中文名称，必要时可加注原文；第二行填报规格型号。

36. 数量及单位

填报本批进口货物实际数量、计量单位、法定计量单位。第一行填报法定第一计量单位及数量，第二行填报法定第二计量单位及数量，第三行填报成交计量单位及数量（见样例4-8）：

37. 原产国（地区）

填报本批进口货物生产、加工、开采的国家或地区的中文名称或代码。进口货物由多国加工生产，可填报最后一个加工生产的国家或地区的名称或代码。若原产国（地区）无法确定的，应该填写“国别不详或701”。

样例 4-8

商品名称、规格型号	数量及单位	备 注
男式袜子 100%全棉	122 640 双（法定第一计量单位及数量） 1 042 千克（法定第二计量单位及数量） 10 220 打（成交计量单位及数量）	如无法定第二计量单位，第二行不写

38. 单价

填报本批进口货物成交的商品单位价格的金额。若非整数，其小数点后保留 4 位，第 5 位及以后略去。

39. 总价

填报本批进口货物同一项号下成交的商品总价。若非整数，其小数点后保留 4 位，第 5 位及以后略去。

40. 币制

填报本批进口货物成交价格的币制或代码。

41. 征免

填报海关对本批进口货物进行征税、减税、免税的处理方式的名称及代码。例如，照章征税，代码为 1；全免，代码为 3。

42. 税费征收情况

由海关工作人员填写。

43. 录入员

由负责将该份报关单内容录入海关计算机系统并打印预录入报关单的实际操作人员签名确认。

44. 录入单位

填报经海关批准允许将该份报关单内容录入海关计算机系统的单位名称。

45. 申报单位

填报本批进口货物申报单位的收货人及报关企业，注明单位地址、邮编、电话和填制日期，并盖报关员章。

46. 海关审单批注及放行日期（签章）

由海关相关工作人员填写。

三、模拟操作要求

请你以报关员方敏利的身份，根据上述资料填制进口货物报关单（见样例 4-9）。

样例 4-9

中华人民共和国海关进口货物报关单

预录入编号：　　　　　　　　　　海关编号：

进口口岸	备案号	进口日期	申报日期	
经营单位	运输方式	运输工具名称	提运单号	
收货单位	贸易方式	征免性质	征税比例	
许可证号	起运国（地区）	装货港	境内目的地	
批准文号	成交方式	运费	保费	杂费
合同协议号	件数	包装种类	毛重（千克）	净重（千克）
集装箱号	随附单据	用途		
标记唛码及备注				

项号	商品编号	商品名称、规格型号	数量及单位	原产国（地区）	单价	总价	币制	征免

税费征收情况

录入员　　录入单位	兹声明以上申报无讹并承担法律责任	海关审单批注及放行日期（签章）
报关员　　　　申报单位（签章） 单位地址 邮编　　电话　　　填制日期		审单　　　审价 征税　　　统计 查验　　　放行

模拟操作

来料加工贸易——进出口报关单的填制

山田（上海）贸易公司在办妥入境货物报检后，填写进口货物报关单，并随附进口贸易合同、国外发票、装箱单、提单、进口许可证和入境货物通关单等单证办理进口货物报关手续。入境口岸海关经查验货物核准后征收关税，并在报关单和提货单上盖放行章。山田（上海）贸易公司的业务员凭盖有放行章的提货单进行提货。

一、模拟操作资料

进口口岸：吴淞海关（2202）

备案号：H078765432

收货人：山田（上海）贸易公司（注册号：31019864564）

上海市浦东新区东方路100号邮编：200136 电话：021—6578××××

运输工具名称：COSCOV. 861　　提单编号：：EX060511

贸易方式：来料加工　　许可证编号：08-JZ5661168

合同号码：ST080388　　来料数量：18 000 米（180 箱）

毛重：1 980 千克　　净重：1 820 千克

集装箱号码：COS84321898　　入境货物通关单号：T0608114

报关员：李明　　报关日期：2023 年 4 月 24 日

用途：加工　　货物名称：全棉布（WOVEN FABRICS OF COTTON）

HS 编码：5209. 5200　　来料单价：每米 1 美元 CIF SHANGHAI

海洋运费：886 美元　　保险费：780 美元

许可证编号：08-JZ5661168　　起运口岸：东京

境内目的地：南汇

二、报关单的填写方法

如为来料加工，应填写进口货物报关单，其填制方法如下：

1. 预录入编号

填入预录入单位预录入报关单的编号，用于海关尚未接受申报的报关单。预录入编号由接受申报的海关决定编号规则。报关单录入凭单的编号规则由申报单位自行决定。

2. 海关编号

填入海关接受申报时给予报关单的编号。

3. 进口口岸

填入加工贸易货物指定进口口岸的海关名称及其海关“关区代码表”的代码，若指定口岸与实际货物进境口岸不符，应向合同备案主管海关办理变更手续后填报；若为进口转关运输货物，应填报货物进境地海关名称及代码；按转关运输方式监管的跨关区深加工结转货物，应填报转入地海关名称及代码；对于在不同出口加工区之间转让的货物，应填报对方出口加工区海关名称及代码；对于无实际进出境的货物，应填报接受申报的海关名称及代码。

4. 备案号

如为加工贸易合同项下货物，填报《加工贸易手册》编号，在异地口岸报关的，填报分册编号；涉及征、减、免税备案审批的货物，填报《征免税证明》编号；出入出口加工区的保税货物，应填报标记代码为“H”的电子账册备案号；出入出口加工区的征免税货物、物品，应填报标记代码为“H”、第 6 位为“D”的电子账册备案号；使用异地直接报关分册和异地深加工结转出口分册在异地口岸报关的，本栏目应填报分册号；本地直接报关分册和本地深加工结转分册限制在本地报关，本栏目应填报总册号；加工贸易成品凭《征免税证明》转为享受减免税进口货物的，填报《征免税证明》

编号；减免税设备及加工贸易设备之间的结转，转入和转出企业分别填报《加工贸易手册》编号。一份报关单限报一个备案号，无备案审批文件的，本栏目免于填报。

5. 进口日期

填报进口货物所载的运输工具的进境日期，无实际进境的，则填申请办理货物进口手续的日期。

6. 申报日期

填报进口商或其代理人申请办理货物进口手续的日期。以电子数据报关单方式申报的，申报日期为海关计算机系统接受申报数据时记录的日期。

7. 经营单位

填报经营单位名称及经营单位编码。经营单位是指对外签订并执行进出口贸易合同的中国境内企业、单位。经营单位编码是经营单位在海关办理注册登记手续时，海关给予的注册登记10位编码。若为援助、赠送、捐赠的货物，填报直接接受货物的单位；进出口企业之间相互代理进出口的，填报代理方；外商投资企业委托进出口企业进口投资设备、物品的，填报外商投资企业，并在标记唛码及备注栏注明“委托某进出口企业进口”；有代理报关权的进出口企业在本企业进出口或代理其他企业进出口时，填报本企业的经营单位编码；代理其他企业办理进出口报关手续时，填报委托方经营单位编码。

8. 运输方式

填报实际运输方式和海关规定的特殊运输方式；同一出口加工区内或不同出口加工区的企业之间相互结转的货物，不同保税区之间、同一保税区内不同企业之间、保税区与出口加工区等海关特殊监管区域之间调拨的货物，加工贸易余料结转、深加工结转、内销货物等，填报“9”。

9. 运输工具名称

填报载运货物进境的运输工具名称或编号。若为江海运输，填报船名+航次号；若为航空运输，填报航班号；若为铁路运输，填报车厢编号或交接单号；若为汽车运输，填报该跨境运输车辆的国内行驶车牌号。

10. 提运单号

填报进口货物提单或运单的编号。一份报关单只允许填报一个提运单号，一票货物对应多个提运单时，应分单填报。具体填报要求是：若为江海运输，填报进口提单号；若为汽车运输，免于填报；若为铁路运输，填报运单号；若为航空运输，填报分运单号，无分运单的填报总运单号；无实际进出境的免于填报。

11. 收货单位

填报加工贸易手册中经营企业的中文名称及编码，没有编码的填报其中文名称。在减免税货物报关单填报征免税证明的“申请单位”。

12. 贸易方式

填报加工贸易实际方式的简称或代码，如“来料加工或0214”，“进料加工或0615”。出口加工区内企业填制《出口加工区进（出）境货物备案清单》，应选择填报适用于出口加工区货物的监管方式简称或代码；少量低值辅料（即5 000美元以下，78

种以内的低值辅料）按规定不使用《加工贸易手册》的，在辅料进口报关单填报“低值辅料”，使用《加工贸易手册》的，按《加工贸易手册》上的贸易方式填报；外商投资企业按内外销比例为加工内销产品而进口的料件或进口供加工内销产品的料件，在进口报关单填报“一般贸易”；加工贸易料件结转或深加工结转货物，按批准的贸易方式填报；若为加工贸易料件转内销货物（及按料件补办进口手续的转内销成品、残次品、半成品），应填制进口报关单，本栏目填报“（来料或进料）料件内销”；加工贸易成品凭《征免税证明》转为享受减免税进口货物的，应填报“（来料或进料）成品减免”；加工贸易出口成品因故退运进口及复出口、加工贸易进口料件因换料退运出口及复运进口的，填报与《加工贸易手册》备案相应的退换监管方式简称或代码；备料《加工贸易手册》中的料件结转入加工出口《加工贸易手册》的，填报相应的来料或进料加工贸易方式；保税工厂加工贸易进出口货物，根据《加工贸易手册》填报相应的来料或进料加工贸易方式；加工贸易边角料内销和副产品内销，在进口报关单应填报“（来料或进料）边角料内销”；加工贸易料件或成品放弃，在进口报关单应填报“（进料料件或成品）放弃”。

13. 征免性质

填报海关对进口货物实施征、减、免税管理的性质类别或代码，一份报关单只允许填报一种征免性质。加工贸易报关单应按照海关核发的《加工贸易手册》中批注的征免性质填报相应的征免性质简称或代码。若有特殊情况，填报的方法是：保税工厂经营的加工贸易，根据《加工贸易手册》填报“进料加工”或“来料加工”；外商投资企业按内外销比例为加工内销产品而进口料件，填报“一般征税”或其他相应征免性质；加工贸易转内销货物，按实际应享受的征免性质填报（如一般征税、科教用品、其他法定等）；若为料件退运出口、成品退运进口货物，填报“其他法定”（代码0299）；若为加工贸易结转货物，本栏目为空。

14. 征税比例

仅用于“非对口合同进料加工”（代码0715）贸易方式下进口料件的进口报关单，填报海关规定的实际应征税比率，如5%填报“5”，15%填报“15”。

15. 许可证号

属于进口许可证范围的，必须在此栏目填报进口货物许可证的编号，不得为空。一份报关单只允许填一个许可证号，若有多个许可证号，必须分单申报。

16. 起运国（地区）

填报进口货物直接运抵或者在运输中转国（地）未发生任何商业性交易的情况下运抵我国的起始发出的国家（地区）。

17. 装货港

填报进口货物在运抵我国关境前的最后一个境外装运港或其代码。无实际进出境的，本栏目填报“中国境内”（代码0142）。

18. 境内目的地

填报已知的进口货物在国内的消费、使用地或最终运抵地或其代码。

19. 批准文号

免于填报。

20. 成交方式

填报成交方式或代码。无实际进境的，填报 CIF 价。

21. 运费

应注明该批货物的运费并注明币制代码，可按运费单价、总价或运费率三种方式之一填报，同时注明运费标记。运费标记“1”表示运费率，“2”表示运费单价，“3”表示运费总价，如 7 000 美元的运费总价填报为“502/7 000/3”。如为 CIF 或 CFR，则可不填。

22. 保费

填报该批货物的全部保险费和币制代码，可按保险费总价或保险费率两种方式之一填报，同时注明保险费标记。保险费标记“1”表示保险费率，“3”表示保险费总价。如为 CIF，可不填。

23. 杂费

填报成交价格以外的、按照我国《进出口关税条例》规定应计入完税价格或应从完税价格中扣除的费用，其可按杂费总价或杂费率两种方式之一填报，同时注明杂费标记，并按海关规定的《货币代码表》选择填报相应的币种代码。杂费标记“1”表示杂费率，“3”表示杂费总价。

24. 合同协议号

注明进口货物合同（协议）的全部字头和号码。

25. 件数

填报有外包装的进口货物的实际件数。若舱单件数为集装箱的，填报集装箱个数；若舱单件数为托盘的，填报托盘数；若为裸装货物，填报“1”。

26. 包装种类

填报进口货物的实际外包装的种类或其代码。

27. 毛重（千克）

填报进口货物的实际毛重，计量单位为千克，不足 1 千克的填报“1”。

28. 净重（千克）

填报进口货物的实际净重，计量单位为千克，不足 1 千克的填报“1”。

29. 集装箱号

填报集装箱编号及数量，非集装箱货物，填报“0”。

30. 随附单据

填报随进口货物报关单一并向海关递交的单证或文件，格式为“代码+编号”，合同、发票、装箱单、进出口许可证等必备的随附单证不需填报。若系加工贸易内销征税，填报内销征税联系单代码及编号。

31. 用途

填报进口货物的实际用途或其代码。例如：“其他内销”代码“03”，适用于进料加工转内销部分、来料加工转内销货物、外商投资企业进口供加工内销产品的料件；

“加工返销”代码“05”，适用于来料加工、进料加工项下为履行产品出口合同从国外进口料件，并在国内加工后返销到境外。

32. 标记唛码及备注

填报标记唛码中除图形以外的文字、数字，受外商投资企业委托代理其进口投资设备、物品的进出口企业名称，加工贸易结转货物及凭《征免税证明》转内销货物，填报“转至……号手册”。

备注包括：若为加工贸易结转货物及凭证免税转内销货物，应填报对应的备案号；若为加工贸易结转内销货物，需注明“活期”字样；若为来料加工出口产品，应注明料件费与工缴费。

33. 项号

分两行填报：第一行为报关单中的商品排列序号；第二行专用于加工贸易等已备案的货物，填报该项货物在《加工贸易手册》中的项号，若为深加工结转货物，填报《加工贸易手册》中的进口料件项号；若为料件结转货物（包括料件、成品和半成品折料），填报转进《加工贸易手册》中进口料件的项号；若为加工贸易料件转内销货物（及按料件补办进口手续的转内销成品、半成品、残次品），应填报《加工贸易手册》中进口料件的项号；加工贸易成品凭《征免税证明》转为享受减免税进口货物的，填报《征免税证明》中的项号。

34. 商品编号

填报商品分类编码规则的商品编号，《加工贸易手册》中的商品编号与实际商品编号不符的，应按实际商品编号填报。

35. 商品名称、规格型号

分两行填报：第一行为进口货物的中文商品名称；第二行为规格型号，必要时可加注原文。对于加工贸易等已备案的货物，应填报的货物名称、规格型号要与备案登记中的一致；若同一收货人使用同一运输工具同时运抵的进口货物应同时申报，视为同一报验状态，据此确定其归类；成套设备、减免税货物如需分批进口，货物实际进口时，应按照实际报验状态确定归类。

36. 数量及单位

填报进口商品的实际数量及计量单位。分三行填报：第一行为法定计量单位“千克”；第二行为海关列明的第二计量单位，无第二计量单位的为空；第三行为成交计量单位及数量。若为装入可重复使用的包装容器的货物，按货物的净重填报；使用不可分割包装材料和包装容器的货物，按货物的净重填报；若以公量重计价的商品，应按公量重填报；若采用以毛重作为净重计价的货物，按毛重填报；成套设备、减免税货物如需分批进口，货物实际进口时，应按照实际报验状态确定数量；若为加工贸易等已备案的货物，成交计量单位必须与《加工贸易手册》中同项号下货物的计量单位一致。

37. 原产国（地区）

填报进口货物的生产、开采或加工制造国家（地区）的名称及其代码。若为深加工结转货物，填报“中国”（代码 0142）；若为料件内销货物，属加工成品、半成品、残次品、副产品状态内销的，均填报“中国”（代码 0142）；若属剩余料件状态内销的，应填报原料件生产国。

38. 单价

填报同一项号下进口货物实际成交的商品单位价格。无实际成交价格的，在本栏目填报货值。

39. 总价

填报同一项号下进出口货物实际成交的商品总价。无实际成交价格的，在本栏目填报货值。

40. 币制

填报进口货物实际成交价格的币种或其代码。

41. 征免

填报《征免税证明》或有关政策规定的相应征减免税方式或其代码。加工贸易报关单应根据《加工贸易手册》中备案的征免规定填报，若为“保金”或“保函”的，不能按备案的征免规定填报，而应填报“全免”。

42. 录入员

填报预录入操作人员的姓名。

43. 录入单位

填报电子数据报关单的录入单位名称。

44. 申报单位

填报对申报内容的真实性直接向海关负责的企业或单位。自理报关的，应填报进口货物的经营单位名称及编码；委托代理报关的，应填报经海关批准的报关企业名称及编码。

45. 填制日期

填报报关单的填制日期。

46. 海关审单批注栏

本栏目是指供海关内部作业时签注的总栏目，由海关关员手工填写在预录入报关单上。其中在“放行”栏填写海关对接受申报的进口货物作出放行决定的日期。

47. 税费征收情况

本栏目供海关批注进口货物税费征收及减免情况。

三、模拟操作要求

请你以李明报关员的身份，根据上述资料填制进口货物报关单修改/撤销申请表(见样例 4-10)。

样例 4-10

中华人民共和国海关进口货物报关单

编号

进口口岸	备案号	进口日期	申报日期
经营单位	运输方式	运输工具名称	提运单号
收货单位	贸易方式	征免性质	征税比例

续表

许可证号	起运国（地区）	装运港	境内目的地	
批准文号	成交方式	运费	保费	杂费
合同协议号	件数	包装种类	毛重（千克）	净重（千克）
集装箱号	随附单据		用途	
标记唛码及备注				

项号	商品编号	商品名称、规格型号	数量及单位	原产国（地区）	单价	总价	币制	征免

税费征收情况		
录入员　录入单位	兹声明以上申报无讹并承担法律责任	海关审单批注及放行日期（签章） 审单　审价
报关员 单位地址 邮编　电话	申报单位（签章） 填制日期	征税　统计 查验　放行

模拟操作

进出境快件报关单的填制

进境快件应当自运输工具申报进境之日起 14 日内、出境快件在运输工具离境 3 小时之前，可采用纸质报关单和电子数据方式向海关办理进出境快件的报关手续。

运营人按照进出境快件的分类分别提交进出境快件 KJl 或 KJ2 或 KJ3 报关单。

一、模拟操作资料

1. 文件类

运营人名称：EMS

入境口岸：上海浦东机场

运输工具航次：MU07530SY

进境日期：2023 年 8 月 1 日

总运单号码：PJll081
分运单号码：PJll081—321
名称：进口结汇单证
件数：1 套
重量：1. 5KGS
收件人名称：上海进出口公司
报关员：章析
申报日期：2023 年 8 月 2 日
2. 个人物品类
运营人名称：UPS
出境口岸：上海浦东机场
运输工具航次：MUll 5098
出口日期：2023 年 9 月 2 日
总运单号码：U11091
分运单号码：U11091-21
物品名称：电脑
价值：8 000 元
件数：1 台
收件人：高田商社
国别地区：日本
证件号码：310×××198809112×××
报关员：幸莉
3. 海关规定准予免税货物类
运营人名称：FedEx
出境口岸：上海虹桥机场
运输工具航次：JRll2
出口日期：2023 年 9 月 9 日
总运单号码：JR0321
分运单号码：JR0321-01
经营单位编码：3103456785
经营单位名称：方正进出口公司
货物名称：产品目录
价值：无商业价值
报关员：谢莉
4. 征税货物类
运营人名称：UPS
出境口岸：上海浦东机场
运输工具航次：GJ234

出口日期：2023 年 9 月 6 日
总运单号码：GJ056
分运单号码：GJ056-08
经营单位编码：3101234765
经营单位名称：圆圆进出口公司
商品编码：61034200.11
货物名称：男裤样衣
价值：300 元
件数：4
重量：1 千克
增值税税率：17%
报关员：泰莉

知识链接

国际快递公司

1. 全球邮政特快专递（EMS）

全球邮政特快专递业务是各国（地区）邮政开办的一项特殊邮政业务，在各国（地区）邮政、海关、航空等部门均享有优先处理权。

2. 中国速递国际快件（中速快件）

中国速递国际快件是中国邮政与荷兰 TNT 邮政集团合作办理的一项国际快件业务，可通达 200 多个国家和地区，并在快件的重量和规格限制方面有较大的灵活性。

3. 联合包裹服务公司（UPS）

UPS 快递（UPS Express）是世界上最大的快递承运商与包裹递送公司，也是专业的运输、物流、资本与电子商务服务的提供者。

4. 联邦快递（FedEx Express）

联邦快递隶属于美国联邦快递集团（FedEx corp.），是全球最具规模的快递运输公司，为全球 235 个国家及地区提供快捷、可靠的快递服务。联邦快递设有环球航空及陆运网络。

二、进出境报关单的填写方法

1. 进出境快件 KJ1 报关单的填写方法

报关单编号：由海关填写。
运营人名称：填写快递公司的全称。
进/出口岸：填写出入境口岸的海关名称。
运输工具航次：填写承载快件的出入境运输工具的航次。
进/出境日期：填写快件实际出入境的日期。
总运单号码：填写本批快件的总运单号码。
分运单号码：填写本批快件的分运单号码。

名称：填写快件实物的名称。

件数：填写快件的件数。

重量（KG）：填写本批快件的总毛重。

收/发件人名称：填写收货人或发货人的全称。

验放代码：由海关填写验放代码，即 R 放行、C 查验、D 报关。

报关员：由企业报关员签章。

申报日期：对于进境快件，应当自运输工具申报进境之日起 14 日内申报。

2. 进出境个人物品申报单的填写方法

进出境个人物品申报单与进出境快件 KJ1 报关单的项目基本相同。不同项目的填写方法介绍如下：

价值：填写申报物品的价值。

税率：由海关工作人员填写。

税额：由海关工作人员填写。

国别地区：若为出境物品，填写目的地国家名称。

证件号码：填写申报人的身份证号码。

3. 进出境快件 KJ2 报关单的填写方法

进出境快件 KJ2 报关单与进出境快件 KJ1 报关单的项目基本相同。不同项目的填写方法介绍如下：

经营单位编码：填写经营单位海关注册编码。

经营单位名称：填写本票业务经营单位的全称。

商品编码：填写本票货物的商品编码。

4. 进出境快件 KJ3 报关单的填写方法

进出境快件 KJ3 报关单与进出境快件 KJ2 报关单的项目基本相同。不同项目的填写方法介绍如下：

商品编码：填写本票货物的商品编码。

关税税率：由海关工作人员填写。

关税税额：由海关工作人员填写。

增值税税率：填写 17%。

增值税税额：填写货物应缴的税额。

消费税率：若为出口货物，不填；若为进口货物，填写进口国消费税率。

消费税额：若为出口货物，不填；若为进口货物，填写进口货物消费税额。

三、模拟操作要求

根据上述资料填写进出境快件 KJl 报关单、进出境快件个人物品申报单（见样例 4-11）、进出境快件 KJ2 报关单、进出境快件 KJ3 报关单。

样例 4-11

中华人民共和国海关进出境快件个人物品申报单

报关单编号

<table>
<tr><td colspan="11">运营人名称： 进/出口岸： 运输工具航次： 进/出境日期： 总运单号码：</td></tr>
<tr><td>序号</td><td>分运单号码</td><td>物品名称</td><td>价值（RMB）</td><td>件数</td><td>税率</td><td>税额</td><td>收/发件人姓名</td><td>国别/地区</td><td>证件号码</td><td>验放代码</td></tr>
<tr><td></td><td></td><td></td><td></td><td></td><td></td><td></td><td></td><td></td><td></td><td></td></tr>
<tr><td colspan="11">本运营人保证： 年 月 日向 海关申报的上述物品为《中华人民共和国海关对进出境快件监管办法》中的个人物品类范围内的物品，并就申报的真实性和合法性向你关负法律责任。
（运营人报关专用章） 报关员： 申报日期：</td></tr>
<tr><td colspan="11">以 下 由 海 关 填 写</td></tr>
<tr><td colspan="11">海关签章： 经办关员： 日期： 查验关员： 日期：</td></tr>
</table>

实训操作

一般货物进口报关单的填制

一、实训操作资料

买方：上海玩具进出口公司（海关注册号：3108719876）

地址：13 FENXIANG ROAD SHANGHAI CHINA

TEI.：021—5608×××× FAX：021—5608××××

卖方：YMDA IMPORT & EXPORT CORPORATION

82OTOLI MACHI OSKA，JAPAN

TEL：028—548—742 FAX：028—548—743

商品名称：电子手掌玩具（ELECTRON PALM BAUBLE）

单价：CIP SHANGHAI R222S USD 50.00/PC、R333H USD 45.00/PC、R666W USD 35.00/PC、R888A USD 20.00/PC

数量：4 000 PCS

合同号：TX06238

HS 编码：9503.9000

包装：每 20 台装入一个出口纸箱

运输工具名称：CUNl34

运单号：CN3466

许可证号：ZD-17668

到岸日期：2022 年 10 月 30 日

装运港：大阪

目的地港：上海

入境口岸：上海浦东机场（代码 2233）

保险费：390 美元

用途：其他

数量：R222S 1 000 台、R333H 1 000 台、R666W 1 000 台、R888A 1 000 台

包装数量：200 台

运费：USD 600

二、实训操作要求

请你以上海玩具进出口公司业务员张成的身份，根据上述资料、合同、信用证的有关内容填写进口货物报关单（见样例 4-12）。

样例 4-12

中华人民共和国海关进口货物报关单

预录入编号：　　　　　　　　　　　　　　　　海关编号：

进口口岸	备案号	进口日期	申报日期	
经营单位	运输方式	运输工具名称	提运单号	
收货单位	贸易方式	征免性质	征税比例	
许可证号	起运国（地区）	装运港	境内目的地	
批准文号	成交方式	运费	保费	杂费
合同协议号	件数	包装种类	毛重（千克）	净重（千克）
集装箱号	随附单据	用途		
标记唛码及备注				

项号	商品编号	商品名称、规格型号	数量及单位	原产国（地区）	单价	总价	币制	征免

税费征收情况		
录入员　录入单位	兹声明以上申报无讹并承担法律责任。	海关审单批注及放行日期（签章）
		审单　审价
报关员	申报单位（签章）	
单位地址		征税　统计
邮编　电话	填制日期	查验　放行

实训操作

一般货物出口报关单的填制

一、实训操作资料

卖方：广州纺织品进出口公司（海关注册代码：3048712481）

广州市北京路 530 号

TEL：020—6404××××　　FAX：020—6404××××

买　方：OLEARA IMPORT & EXPORT CORPORATION

310—224 HOLA STREET MARSEILLE FRANCE

合同号：ST071032

发票号码：GZT00021

信用证号：07/CB4578

货名：男式衬衫 Art No. 88（蓝色）、Art No. 44（黑色）

数量：Art No. 88（蓝色）3 000 件、Art No. 44（黑色）3 000 件

价格：Art No. 88 每件 6. 50 美元、Art No. 44 每件 7. 00 美元 CIF MARSEILLE

委托书编号：3106824541

被委托方：广州国际货运代理公司（负责人赵峡）

委托方式：逐票

委托内容：填单申报、辅助查验、垫缴税款

委托书有效期：至 2022 年 8 月 10 日止

收到单证日期：2022 年 7 月 2 日

收到单证名称：合同、发票、装箱清单

包装：每 20 件装入一只纸箱

重量与体积：毛重为 20. 2 千克/箱、净重为 20 千克/箱、尺码为 0. 2M/箱唛头：由卖方指定

装运港：广州

目的港：MARSELLE

出运日期：2022 年 7 月 31 日

提单份数：3 份

提单号码：COCS06—11861

商品编码：6303. 4500

运　费：1 800 美元

保险费：1 200 美元

船　名：NANGXING V. 086

出口口岸：广州海关（5100）

生产单位：广州纺织品进出口公司电话：020-6404××××

二、实训操作要求

请你以广州纺织品进出口公司业务员王伟的身份，根据上述资料缮制代理报关委托

书、委托报关协议和出口货物报关单（见样例 4-13）。

样例 4-13

中华人民共和国海关出口货物报关单

预录入编号　　　　　　　　　　　　　　　　　　　　　　海关编号

<table>
<tr><td>出口口岸</td><td colspan="2">备案号</td><td colspan="2">出口日期</td><td colspan="2">申报日期</td></tr>
<tr><td>经营单位</td><td>运输方式</td><td colspan="2">运输工具名称</td><td colspan="3">提运单号</td></tr>
<tr><td>收货单位</td><td colspan="2">贸易方式</td><td colspan="2">征免性质</td><td colspan="2">结汇方式</td></tr>
<tr><td>许可证号</td><td colspan="2">运抵国（地区）</td><td colspan="2">指运港</td><td colspan="2">境内货源地</td></tr>
<tr><td>批准文号</td><td>成交方式</td><td colspan="2">运费</td><td colspan="2">保费</td><td>杂费</td></tr>
<tr><td>合同协议号</td><td>件数</td><td colspan="2">包装种类</td><td colspan="2">毛重（千克）</td><td>净重（千克）</td></tr>
<tr><td>集装箱号</td><td colspan="4">随附单据</td><td colspan="2">生产厂家</td></tr>
<tr><td colspan="7">标记唛码及备注</td></tr>
<tr><td colspan="7">项号　商品编号　商品名称、规格型号　数量及单位　最终目的国（地区）　单价　总价　币制　征免</td></tr>
<tr><td colspan="7"></td></tr>
<tr><td colspan="7"></td></tr>
<tr><td colspan="7"></td></tr>
<tr><td colspan="7"></td></tr>
<tr><td colspan="7"></td></tr>
<tr><td colspan="7">税费征收情况</td></tr>
<tr><td>录入员　录入单位</td><td colspan="3" rowspan="2">兹声明以上申报无讹并承担法律责任。

报关员　　　　申报单位（签章）
单位地址
邮编　　电话　　填制日期</td><td colspan="3">海关审单批注及放行日期（签章）</td></tr>
<tr><td></td><td colspan="3">审单　　审价
征税　　统计
查验　　放行</td></tr>
</table>

实训操作

来料加工贸易

一、实训操作资料

进口口岸：吴淞海关（2202）

备案号：H022005432

收货人：上海进出口公司（海关注册号：3106542142）

上海市中山路 100 号　邮编：200036　电话：021-6572××××

运输工具名称：TES V. 321
提单编号：TEl105678
贸易方式：来料加工
合同号码：TSl109832
来料数量：21 600 米（216 箱）
毛重：2 560 千克
净重：1 830 千克
集装箱号码：TEXUl98723（40 英尺、自重 2 377 千克）
入境货物通关单号：T0608114
报关员：李莉
报关日期：2023 年 9 月 24 日
用途：加工
货物名称：全棉牛仔布（DENIM OF COTTON）
HS 编码：5209. 4200
来料单价：每米 1 美元 CIF SHANGHAI
海洋运费：806 美元
保险费：712 美元
起运口岸：大阪
境内目的地：松江

二、实训操作要求

请你以报关员李丽的身份，根据上述资料填制进口货物报关单。
中华人民共和国海关进口货物报关单
预录入编号：　　海关编号：

职业技能训练

一、不定项选择题

1. 某企业从美国进口一批集成电路，该货物由美国的洛杉矶港出口，经新加坡中转，再经宁波港，最终达到上海洋山港。报关单中的经停港应填报（　　）。

A. 洛杉矶　　B. 新加坡　　C. 宁波　　D. 上海

2. 根据进出口货物实际成交价格条款，按照海关规定的《成交方式代码表》选择填报相应的成交方式代码。无实际进出境的货物，进口填报（　　）。

A. FOB　　B. CIF　　C. CFR　　D. CPT

3. 以下监管证件需填入许可证号栏的是（　　）。

A. 两用物项和技术进（出）口许可证
B. 自动进口许可证
C. 密码产品和设备进口许可证

D. 固定废物进口许可证

4. 某医院进口一套核磁共振成像装置，在海关申请办理了《中华人民共和国进出口货物征免税证明》关税为 0%、增值税为 16%，报关单征免方式栏应填报（　　）。

A. 全免　　B. 特案　　C. 保函　　D. 照章征税

5. 某公司从韩国 AEO 认证企业进口一批商品，韩国企业提供的认证证书编号是 No. 1135600，在填写境外收发货人时，填报样式正确的是（　　）。

A. KR<1135600>　　B. AEO<1135600>

C. AEO<KR1135600>　　D. KR<AEO1135600>

6. 以下需填报在报关单备案号中的是　（　　）。

A. 加工贸易手册　　B. 原产地证书

C. 征免税证明　　D. 保税账册

7. 报关单填制中，下列关于“保费”填制描述正确的是（　　）。

A. 进口货物保费指货物运抵我国境内输入地点起卸前的保险费用

B. 保险费计算公式为：保险费= 货价×3‰

C. 运保费合并计算的，运保费填报在“运费”栏，保费免于填制

D. 保费总价填报时，录入格式为：保险金额/ 币值代码/ 3

8. 进出口货物报关单备案号为“C××××××××”的海关监管方式为（　　）。

A. 一般贸易　　B. 进料加工

C. 来料加工　　D. 进料对口

9. 进口货物基本申报单证包括（　　）。

A. 贸易合同　　B. 商业发票

C. 装箱单　　D. 提单

10. 报关单填制中运输方式的主要类别包括（　　）。

A. 江海运输　　B. 铁路运输

C. 公路运输　　D. 航空运输

二、报关单填制题

2019 年 5 月 18 日，永康和兴贸易有限公司有一批货物出口，委托义乌市大顺报关行办理出口报关手续。信息资料如下：出口口岸为北仑海关，发货单位为杭州紫林贸易有限公司，一般贸易方式，提单号为 WHL3107305，船名航次为 WAN HAI 513 V. 014W，集装箱号为 WHLU5339359，40 尺高柜。客户提供的货物商品编码为 62143000. 00，品名为围巾，申报要素为梭织，100% 涤纶，无品牌。随附单据包括商业发票、装箱单、合同、报关委托书。义乌大顺报关行报关员徐芳根据报关委托信息和单据，应如何完成出口货物报关单证的填制呢？

1. 商业发票

永康和兴贸易有限公司

YONG KANG HE XING TRADING CO. LTD

COMMERCIAL INVOICE

买方： Buyer： SYNERGY INTER TRADE SERVICES（M）SDN. BHD 244-A，JALAN BATU UNJUR7，41200KLANG，MALAYSIA			日期 Date	MAY18，2019
			发票号 Invoice No.	HX14-422
装运港 From	NINGBO		目的港 To	KUCHING
唛头 SHIPPING MARK	货名描述 DESCRIPTIONS OF GOODS	数量 QUANTITY	单价 UNIT PRICE	金额 AMOUNT
N/ M	SCARF	25 000PCS	FOB NINGBO USD3. 00/PC	USD 75 000. 00
TOTAL		25 000PCS		USD 75 000. 00

2. 装箱单

永康和兴贸易有限公司

YONG KANG WAN HE XING TRADING CO. LTD

PACKING LIST

Buyer： SYNERGY INTER TRA VICES（M）SDN. BHD 244-A，JALAN BA DE SER R7，41200KLANG， TU UNJU MALAYSIA			日期 Date	MAY18，2019		
			发票号 Invoice No.	HX14-422		
装运港 From	NINGBO		目的港 To	KUCHING		
MARKS AND NUMBERS	NUNBER AND KIND OF PACKAGES DESCRIPTIONS OF GOODS	QUANTITY	PACKAGE	G. W.	N. W.	MEAS
N/M	SCARF	25 000PCS	62CTNS	2 580KGS	2 478KGS	$60M^3$
TOTAL		25 000PCS	62CTNS	2 580KGS	2 478KGS	$60M^3$

3. 合同

SALES CONTRACT

CONTRACT No：HX14022

Date：MAR 1, 2019

THE SELLER：YONG KANG HE XING TRADING CO. LTD

116 HUAFENG STREET, YONG KANG, P. R. CHINA TEL：0086-579-89267255 FAX：0086-579-89267256

THE BUYER：SYNERGY INTER TRADE SERVICES (M) SDN. BHD

244-A, JALAN BATU UNJUR7, 41200KLANG, MALAYSIA Tel：0060-19-80233399 FAX：0060-19-80233396

This Contract is made by and between the Buyer and the Seller, whereby the Buyer agrees to buy and the Seller agrees to sell the under-mentioned commodity according to the terms and conditions stipulated below：

Commodity & Specification	Quantity	Unit Price	Amount
SCARF	25 000PCS	FOB NINGBO USD3. 00 / PC	USD 75 000. 00
Total	25 000PCS		USD 75 000. 00

5% more or less both in amount and quantity allowed

Packing：62 CTNS

Time of Shipment：NOT LATER THAN MAY 31, 2019

Port of Loading and Discharge：FROM NINGBO TO KUCHING, MALAYSIA

Transshipment is NOT ALLOWED and partial shipment is ALLOWED Insurance：Covered by the Buyer.

Payment：100% BY T / T

Other Terms：(omitted)

This contract is made in two original copies and becomes valid after both parties' signature, one copy to be held by each party.

Signed by：

THE SELLER：	THE BUYER：
YONG KANG HE XING TRADING CO.	LTDSYNERGY INTER TRADE SERVICES (M) SDN. BHD

4. 报关委托书

义乌市大顺报关行：

代理报关委托书

编号：□□□□□□□□□□□□□□□□□

我单位现 A（A 逐票、B 长期）委托贵公司代理 ABD 等通关事宜（A. 报关查验　B. 垫缴税款　C. 办理海关证明联　D. 审批手册　E. 核销手册　F. 申办减免税手续　G. 其他），详见《委托报关协议》。

我单位保证遵守《海关法》和国家有关法规，保证所提供的情况真实、完整、单货相符。否则，愿承担相关法律责任。

本委托书有效期自签字之日起至 2019 年 12 月 31 日止。

委托方（盖章）：永康和兴贸易有限公司

法定代表人或《代理报关委托书》授权签署人　　王铮

（签字）

2019 年 5 月 18 日

委托报关协议

为明确委托报关具体事项和各自责任，双方经平等协商签订协议如下：

委托方	永康和兴贸易有限公司
主要货物名称	围巾
HS编码	6 2 1 4 3 0 0 0 0 0
进出口日期	2019年5月18日
提单号	WHL3107305
贸易方式	一般贸易
原产地/货源地	永康
传真电话	0086-579-89267255
其他要求： 出口口岸已确认 境内货源地已确认	
背面所列通用条款是本协议不可分割的一部分， 对本协议的签署构成了对背面通用条款的同意。	
委托方业务签章： 经办人签章： 联系电话：　　2019年5月18日	

被委托方	义乌市大顺报关行	
*报关单编码	No.214352555	
收到单证日期	2019年05月18日	
收到单证情况	合同☑	发票☑
	装箱清单☑	提（运）单☐
	加工贸易手册☐	许可证件☐
	其他	
报关收费	人民币：　×××　元	
承诺说明：		
背面所列通用条款是本协议不可分割的一部分， 对本协议的签署构成了对背面通用条款的同意。		
被委托方业务签章： 经办报关员签章： 联系电话：　　2019年5月18日		

（白联：海关留存；黄联：被委托方留存；红联：委托方留存）

中华人民共和国海关进口货物报关单

预录入编号：　　　　　　　　　　海关编号：　　　　　　　　　　页码/页数：

<table>
<tr><td>境内收货人</td><td colspan="2">进境关别</td><td colspan="2">进口日期</td><td>申报日期</td><td colspan="2">备案号</td></tr>
<tr><td>境外发货人</td><td colspan="2">运输方式</td><td colspan="2">运输工具名称及航次号</td><td colspan="3">提运单号</td></tr>
<tr><td>消费使用单位</td><td colspan="2">监管方式</td><td colspan="2">征免性质</td><td colspan="3">许可证号</td></tr>
<tr><td>合同协议号</td><td colspan="2">贸易国（地区）</td><td colspan="2">启运国（地区）</td><td colspan="3">指运港</td></tr>
<tr><td>包装种类</td><td>件数</td><td>毛重（千克）</td><td>净重（千克）</td><td>成交方式</td><td>运费</td><td>保费</td><td>杂费</td></tr>
<tr><td colspan="8">随附单证</td></tr>
<tr><td colspan="8">标记唛码及备注</td></tr>
<tr><td colspan="8">项号 商品编号 商品名称及规格型号 数量及单位 单价/总价/币制 原产国（地区） 最终目的国（地区） 境内目的地 征免</td></tr>
<tr><td colspan="8">1</td></tr>
<tr><td colspan="8">2</td></tr>
<tr><td colspan="8">3</td></tr>
<tr><td colspan="8">4</td></tr>
<tr><td colspan="8">5</td></tr>
<tr><td colspan="8">特殊关系确认：　　价格影响确认：　　支付特许权使用费确认：　　自报自缴：</td></tr>
<tr><td colspan="6">报关人员　报关人员证号　电话　兹申明以上内容承担如实申报、依法纳税之法律责任
申报单位　　　　　　　　　　　　　　申报单位（签章）</td><td colspan="2">海关批注及签章</td></tr>
</table>

三、报关单查错练习

1. 浙江丽云丝绸进出口公司采购绍兴柯桥素雅公司生产的面料出口，并委托绍兴柯桥素雅公司直接把面料发往境外某公司，国内发货单位栏填报：绍兴柯桥素雅公司。

2. 某企业一般贸易海运进口钢材一批。《重要工业品自动进口许可证》编号为C00220030714011。则在进口货物报关单中的“许可证号”栏应填报为：C00220030714011。

3. 义乌某进出口公司与新加坡某公司签约进口的100台美国产福特汽车车从纽约启运经新加坡中转运抵宁波。请问进口货物报关单的“起运国”“原产国”“装货港”该如何填？

4. 某汽车装配厂进口3辆载重汽车全套组装件，分装在6个木箱中向海关申报，数量及单位栏填报：6个。

发票上显示：Quantity：8 000KGS，Unit Price：USD 10 / KG，Amount：USD80 000，Freight Charge：USD2 200，Price Term：CFR SHANGHAI。则单价栏填报：USD10，总价栏填报：USD80 000。

任务三 一般进出口货物查验

任务导入

对进出境货物进行查验是我国海关法赋予海关的基本权力，也是海关为确定进出口货物收发货人向海关申报的内容是否与进出口货物的真实情况相符，或者为确定商品的归类、价格、原产地等，依法对进出口货物进行实际核查的执法行为。在查验过程中，报关企业及其代理必须予以配合。

一、海关查验

我国海关进出口货物查验管理办法对海关查验有如下规定：

（一）查验人员

海关查验人员须有2名以上共同实施。

（二）查验地点

实施查验的地点为海关监管区内。如因货物易受温度、静电、粉尘等自然因素影响，不宜在海关监管区内实施查验，或者因其他特殊原因，需要在海关监管区外查验的，经进出口货物收发货人或者其代理人书面申请，海关可以派员到海关监管区外实施查验。

（三）查验方式

海关可以根据货物情况以及实际执法需要，确定全部查验或抽查，通过人工查验或机检查验等手段实施查验。

（四）查验实施

对于危险品或者鲜活、易腐、易烂、易失效、易变质等不宜长期保存的货物，以及因其他特殊情况需要紧急验放的货物，经进出口货物收发货人或者其代理人申请，海关可以优先安排查验。实施查验时需要提取货样、化验，以进一步确定或者鉴别进出口货物的品名、规格等属性的，海关依照我国《海关对进出口货物实施化验鉴定的规定》等有关规定办理。

有下列情形之一的，海关可以在进出口货物收发货人或者其代理人不在场的情况下，对进出口货物进行径行开验：

（1）进出口货物有违法嫌疑的；

（2）经海关通知查验，进出口货物收发货人或者其代理人届时未到场的。

海关径行开验时，存放货物的海关监管场所经营人、运输工具负责人应当到场协助，并在查验记录上签名确认。

（五）查验记录

查验结束后，查验人员应当如实填写查验记录并签名。查验记录应当由在场的进出口货物收发货人或者其代理人签名确认。进出口货物收发货人或者其代理人拒不签名的，查验人员应当在查验记录中予以注明，并由货物所在监管场所的经营人签名证明。查验记录作为报关单的随附单证由海关保存。

（六）查验处理

进出口货物收发货人或者其代理人违反海关进出口货物查验管理办法的，海关依照我国《海关法》《海关行政处罚实施条例》等有关规定予以处理。

（七）赔偿处理

海关在查验进出口货物时造成被查验货物损坏的，由海关按照我国《海关法》《海关行政赔偿办法》的规定承担赔偿责任。

1. 海关赔偿责任

海关赔偿的责任是在查验过程中因过失导致进出口货物直接的经济损失，不包括间接经济损失。进出口收发货人或代理人发现货物被损坏时，可要求海关出具查验货物、物品损坏报告书，确认货物损坏情况，作为赔偿请求额依据。

2. 海关赔偿除外责任

不属于海关责任的情形是：

（1）在查验时对货物是否受损坏未提出异议，事后发现有损坏的；

（2）进出口货物收货人或其委托人搬移、开拆、重封包装或保管不善等自身原因造成的损失；

（3）在海关正常工作程序所需时间内易腐、易失效的货物的损失；

（4）海关正常查验不可避免的磨损；

（5）海关查验前或后发生的损失；

（6）不可抗力的原因造成的损失。

（八）查验费用

海关在监管区内实施查验不收取费用，在海关监管区外查验货物，按照规定收费。对集装箱、货柜车或者其他货物加施海关封志的，按照规定收取封志工本费。因查验而产生的进出口货物搬移、开拆或者重封包装等费用，由进出口货物收发货人承担。

二、报关企业配合查验

我国海关进出口货物查验管理办法规定，报关企业有配合海关查验的义务。具体内容如下：

（一）报关企业人员到场

出口货物收发货人或者其代理人收到海关到场通知后，应按规定的时间、地点到场。

（二）报关企业人员配合查验

查验货物时，进出口货物收发货人或者其代理人应按照海关要求搬移货物，开拆和重封货物的包装，并如实回答查验人员的询问以及提供必要的资料。

因进出口货物所具有的特殊属性，容易因开启、搬运不当等原因导致货物损毁，需要查验人员在查验过程中予以特别注意的，进出口货物收发货人或者其代理人应当在海关实施查验前声明。

（三）报关企业的权利

报关企业人员对查验人员利用职权牟取私利、滥用职权、故意刁难、拖延查验的，可依法向有关部门进行举报。

1. 外形查验

外形查验是指对外部特征直观、易于判断基本属性的货物的包装、唛头和外观等状况进行验核的查验方式。

2. 开箱查验

开箱查验是指将货物从集装箱、货柜车箱等箱体中取出并拆除外包装后，对货物实际状况进行验核的查验方式。

3. 机检查验

机检查验即以利用技术检查设备为主，对货物实际状况进行验核的查验方式。

任务四 一般进出口货物税款缴纳

任务导入

海关征税工作遵循准确归类、正确估价、依率计征、依法减免、严肃退补、及时入库的原则。进出口货物收发货人在货物实际进出口前，必须按照有关规定向海关进行申报，在规定时间内向指定的银行缴纳税款，违者征收滞纳金或承担相应的法律责任。

一、进出口货物收发货人申报

进出口货物收发货人应依法向海关办理申报手续，按照规定提交有关单证和相关资料。提供的资料为外文的，须提供中文译文并对译文内容负责。

进口货物收货人、受委托的报关企业应自运输工具申报进境之日起 14 日内向海关申报。超过 14 天的，计征滞报金。滞报金的起征点为人民币 50 元，不足 50 元的免征。

滞报金的计算公式如下：

$$滞报金金额=进口货物完税价格\times滞报天数\times0.5‰$$

讨论 4-3

上海某公司从日本进口一批货物，成交价格为 CIF 上海 10 000 美元，载运货物的运输工具于 2023 年 5 月 17 日（周二）申报进境，该公司于 2023 年 6 月 20 日向上海海关进行申报。计算该货物应缴纳的滞报金（1 美元=6.5 元人民币）。

第一步，计算滞报天数（一般是在原来日期上加14天即可）：

该货物申报的最后期限为5月31日（17+14=31，周二），滞报期为6月1日至6月20日，共计20天；

第二步，计算货物的完税价格（换算为人民币）：

$$10\ 000\times6.5=65\ 000\text{（元）}$$

第三步，代入公式：

$$\text{滞报金金额}=65\ 000\times20\times0.5‰=650\text{（元）}$$

二、海关审核

海关可以根据口岸通关和货物进出口的具体情况，在货物通关环节仅对申报内容作程序性审核，在货物放行后再进行申报价格、商品归类、原产地等是否真实、正确的实质性核查。海关审核中，发现申报的进出口货物税则号列有误的，应按商品归类的有关规则和规定予以重新确定；发现申报的进出口货物价格不符合成交价格条件，或者成交价格不能确定的，应按审定进出口货物完税价格的有关规定另行估价；发现申报的进出口货物原产地有误的，应当按海关原产地管理的有关规定予以确定。

进出口货物收发货人违反海关规定，涉嫌伪报、瞒报的，应当按照规定移交海关调查或者缉私部门处理。

三、税款缴纳

进出口货物收发货人按照海关根据进出口货物的税则号列、完税价格、原产地、适用的税率和汇率计征的税款，在规定的时间向指定部门缴纳税款。

（一）进出口关税税率的适用

（1）进出口货物适用海关接受该货物申报进口或者出口之日实施的税率。进口货物到达前，经海关核准先行申报的，适用装载该货物的运输工具申报进境之日实施的税率；经海关批准，实行集中申报的进出口货物，应当适用每次货物进出口时海关接受该货物申报之日实施的税率。

（2）因超过规定期限未申报而由海关依法变卖的进口货物，其税款计征应当适用装载该货物的运输工具申报进境之日实施的税率；因纳税义务人违反规定需要追征税款的进出口货物，应当适用违反规定的行为发生之日实施的税率；行为发生之日不能确定的，适用海关发现该行为之日实施的税率。

（二）进出口关税的征收

海关按照《关税条例》的规定，以从价、从量或者国家规定的其他方式对进出口货物征收关税。海关按照有关法律、行政法规规定的适用税种、税目、税率和计算公式对进口货物计征进口环节海关代征税。关税和进口环节海关代征税计算公式如下：

1. 从价计征关税的计算公式

$$\text{应纳税额}=\text{完税价格}\times\text{关税税率}$$

讨论 4-4

国内某公司从中国香港购进日本产皇冠轿车 10 辆，成交价格合计为 FOB 香港 120 000 美元，实际支付运费 5 000 美元，保险费 800 美元。已知该轿车的气缸容量 2 000cc，适用中国银行的外汇折算价为 1 美元=人民币 6. 839 6 元，计算应征进口关税。(原产国日本适用最惠国税率 25%)

第一步，确定货物的完税价格（即确定货物的 CIF 报价）：

审定完税价格为 125 800 美元（120 000 美元+5 000 美元+800 美元）；

第二步，根据汇率适用原则将外币计算为人民币：

将外币价格折算成人民币，为 860 421. 68 元；

第三步，按照公式计算应该征收的税款：

应征进口关税税额=完税价格×法定进口关税税率
=860 421. 68×25%
=215 105. 42（元）

2. 从量计征关税的计算公式

应纳税额=货物数量×单位关税税额

讨论 4-5

国内某公司从中国香港购进原产日本柯达彩色胶卷 50 400 卷（宽度 35 毫米，长度不超过 2 米），成交价格合计为 CIF 境内某口岸 10 港币/卷，已知适用中国银行的外汇折算价为 1 港币 = 人民币 0. 881 5 元；以规定单位换算表折算，规格 “135/36” 1 卷=0. 057 75 平方米，计算应征进口关税。(原产地日本适用最惠国税率 26 元/平方米)

第一步，确定货物的实际进口数量，如果进口计量单位与计税的单位不同，应该进行换算：

50 400 卷×0. 057 75 平方米/卷=2 910. 6（平方米）

第二步，按照公式计算应该征收的税款：

应征进口关税税额=货物数量×单位税额
=2 910. 6 平方米×26 元/平方米
=75 675. 60（元）

3. 计征进口环节增值税的计算公式

应纳税额=（完税价格+实征关税税额+实征消费税税额）×增值税税率

讨论 4-6

某进出口公司进口某批不用征收进口消费税的货物，经海关审核其成交价格总值为 CIF 境内某口岸 827. 00 美元。已知该批货物的关税税率为 35%，增值税税率为 17%，其适用中国银行的外汇折算价为 1 美元=人民币 6. 839 6 元。请计算应征增值税税额。

计算方法：

首先计算关税税额，然后再计算增值税税额。

计算关税税额：

应征关税税额=完税价格×关税税率
=827×6.839 6×35%
=5 656.35×35%
=1 979.72（元）

计算增值税税额：

应征增值税税额=（完税价格+关税税额）×增值税税率
=（5 656.35+1 979.72）×17%
=7 636.07×17%
=1 298.13（元）

4. 从价计征进口环节消费税的计算公式

应纳税额=［（完税价格+实征关税税额）/（1-消费税税率）］×消费税税率

讨论 4-7

某公司进口货物一批，经海关审核其成交价格为 1 239.50 美元，其适用中国银行的外汇折算价为 1 美元=人民币 6.839 6 元。已知该批货物的关税税率为 12%，消费税税率为 10%，增值税税率为 17%。现计算应征增值税税额。

第一步，计算关税税额：

将外币折算成为人民币：1 239.50×6.839 6=8 477.68（元）

计算关税税额：

应征消费税税额=完税价格×关税税率
=8 477.68×12%
=1 017.32（元）

第二步，计算消费税税额：

$$应征消费税税额=\frac{关税完税价格+关税税额}{1-消费税税率}×消费税税率$$

=［8 477.68+1 017.32）/（1-10%）］×10%
=10 550.00×10%
=1 055.00（元）

第三步，计算增值税税额：

应征增值税税额=（关税完税价格+关税税额+消费税税额）×增值税税率
=（8 477.68+1 017.32+1 055.00）×17%
=10 550.00×17%
=1 793.50（元）

5. 从量计征进口环节消费税的计算公式

应纳税额=货物数量×单位消费税税额

讨论 4-8

某进出口公司进口丹麦产啤酒 3 800 升，经海关审核其成交价格总量为 CIF 境内某口岸 1 672.00 美元。其适用中国银行的外汇折算价为 1 美元=人民币 6.490 0 元，现计算应征的税款。

进口完税价格<370 美元/吨，则消费税税率为 220 元/吨；进口完税价格>370 美元/吨，则消费税税率为 250 元/吨。

计算方法：

进口啤酒数量：

3 800 升÷988 升/吨=3.846（吨）

计算完税价格单价：

1 672 美元÷3.846 吨=434.74（美元/吨）

因为 434.74 美元/吨>370 美元/吨，则消费税税率为 250 元/吨。

按照计算公式计算进口环节消费税：

进口环节消费税税额=应征消费税消费品数量×单位税额

=3.846 吨×250 元/吨

=961.50（元）

（三）进出口关税的缴纳

1. 正常缴纳税款

进出口货物收发货人自收到海关税款缴款书之日起 15 日内向指定银行缴纳税款。海关税款缴款书一式六联（见样例 4-14）：第一联（收据）由银行收款签章后交缴款单位或者纳税义务人；第二联（付款凭证）由缴款单位开户银行作为付出凭证；第三联（收款凭证）由收款国库作为收入凭证；第四联（回执）由国库盖章后退回海关财务部门；第五联（报查）在国库收款后，关税专用缴款书退回海关，海关代征税专用缴款书送当地税务机关；第六联（存根）由填发单位存查。如果当事人不慎遗失，可提出补发申请。逾期缴纳税款的，由海关自缴款期限届满之日起至缴清税款之日止，按日加收滞纳税款 0.05%的滞纳金。缴款期限届满日遇星期六、星期日等休息日或者法定节假日的，应当顺延至工作日或者法定节假日之后的第一个工作日。关税、进口环节海关代征税、滞纳金等按人民币计征，采用四舍五入法计算至分。滞纳金的起征点为 50 元。进出口货物收发货人向银行缴纳税款后，及时将盖有证明银行已收讫税款的业务印章的税款缴款书送交填发海关验核，海关据此办理核注手续。如果缴纳税款后遗失税款缴款书，可自缴纳税款之日起 1 年内向签发海关提出确认，但不再补发税款缴款书。

从填发缴款书次日起，限 7 日内（星期日和法定节假日除外）缴纳，逾期按日征收税款总额千分之一的滞纳金。

2. 延期缴纳税款

进出口货物收发货人因不可抗力或者国家税收政策调整不能按期缴纳税款的，应当在货物进出口前向办理进出口申报纳税手续的海关所在的直属海关提出延期缴纳税款的书面申请并随附相关材料，同时还应当提供缴税计划。货物实际进出口时，纳税义务人要求海关先放行货物的，应当向海关提供税款担保。延期缴纳税款的期限，自货物放行之日起最长不超过 6 个月。

3. 滞纳金计算

计算公式如下：

关税滞纳金金额=滞纳的关税税额×0.05%×滞纳天数

进口环节税滞纳金金额=滞纳的进口环节税税额×0.05%×滞纳天数

样例 4-14

上海海关进口关税专用缴款书

收入系统：

海关系统　　　　　　填发日期：2023 年 11 月 30 日　　　　　　号码：269874123

<table>
<tr><td rowspan="3">收款单位</td><td>收入机关</td><td colspan="3">中央金库</td><td rowspan="3">缴款单位（人）</td><td>名称</td><td colspan="2">方正进出口公司</td></tr>
<tr><td>科目</td><td>进口关税</td><td>预算级次</td><td>中央</td><td>账号</td><td colspan="2">SZR80066686</td></tr>
<tr><td>收款国库</td><td colspan="3">中国银行上海分行</td><td>开户银行</td><td colspan="2">中国银行上海分行</td></tr>
<tr><td colspan="2">税号</td><td colspan="2">货物名称</td><td>数量</td><td>单位</td><td>完税价格（¥）</td><td>税率（%）</td><td>税款金额（¥）</td></tr>
<tr><td colspan="2">1. 6258698</td><td colspan="2">WRENCH</td><td>60</td><td>箱</td><td>7 676 000</td><td>1.0</td><td>76 760.00</td></tr>
<tr><td colspan="7">金额人民币（大写）柒佰陆拾柒万陆仟元整</td><td colspan="2"></td></tr>
<tr><td colspan="2">申请单位编号</td><td></td><td>报关单编号</td><td>444117252</td><td colspan="2">填制单位</td><td colspan="2">收款国库（银行）</td></tr>
<tr><td colspan="2">合同（批件）号</td><td>TX200523</td><td>运输工具（号）</td><td>COSCO V.861</td><td colspan="2" rowspan="2">FANGZHENG IMPOET & EIPOEF CORPORATION
方正进出口公司</td><td colspan="2" rowspan="2">BANK OF CHINA
SHANGHAI BEANCE</td></tr>
<tr><td colspan="2">缴款期限</td><td>2009.11.30</td><td>提/装货单号</td><td>XY05111</td></tr>
<tr><td colspan="5">备注　一般征税　照章征税　20060930 进
USD 95 000.00
成交：CIF</td><td colspan="2">制单人：350
复核人：</td><td colspan="2"></td></tr>
</table>

讨论 4-9

国内某公司从中国香港购进日本产皇冠轿车 10 辆。已知该批货物应征关税税额为人民币 352 793. 52 元，应征进口环节消费税为人民币 72 860. 70 元，进口环节增值税税额为人民币 247 726. 38 元。海关于 2023 年 2 月 5 日填发《海关专用缴款书》，该公司于 2023 年 3 月 3 日缴纳税款。现计算应征的滞纳金。

第一步，确定滞纳天数：

用原来的日期加 15 天算出税款缴纳的到期日为 2023 年 2 月 20 日（星期五），2 月 21 日至 3 月 3 日为滞纳期，共滞纳 11 天。

第二步，按公式计算应缴纳的关税、进口环节消费税和增值税的滞纳金：

关税滞纳金=滞纳关税税额×0. 05%×滞纳天数

=352 793. 52×0. 05%×11

=1 940. 36（元）

进口环节消费滞纳金=进口环节消费税税额×0. 05%×滞纳天数

=72 860. 70×0. 05%×11

=400. 73（元）

进口环节增值税滞纳金=进口环节增值税税额×0.05%×滞纳天数

=247 726.38×0.05%×11

=1 362.50（元）

职业技能训练

一、不定项选择题

1. （　　）属于附加税。

A. 海关代征增值税　　B. 海关代征消费税

C. 关税滞纳金　　D. 反倾销税

2. 下列商品中，按从量计征方法征收进口关税的是（　　）。

A. 图书　　B. 大米　　C. 摩托车　　D. 胶卷

3. 关税纳税义务人自缴纳税款期限届满之日起超过（　　）个月仍未缴纳税款的，海关可以按照《海关法》相关规定采取强制措施。

A. 2　　B. 3　　C. 4　　D. 6

4. 以下不按照税则税率征收进口货物关税的是（　　）。

A. 复合税　　B. 从量税　　C. 从价税　　D. 反倾销税

5. 进入我国关境内的（　　），属于关税征收对象。

A. 货物　　B. 物品

C. 载运货物的运输工具　　D. 人员

6. 下列属于消费税的征收范围的是（　　）。

A. 实木地板　　B. 汽车轮胎

C. 贵重首饰　　D. 音像制品

7. 国内某服装厂以 CIF 价格从美国购进一批缝纫机，发票列明：缝纫机 20 000 美元，进口后的安装费 1 000 美元，培训费 1 000 美元，卖方佣金 500 美元。该缝编机海关审定的成交价格应为（　　）。

A. 200 000 美元　　B. 20 500 美元

C. 22 500 美元　　D. 22 000 美元

8. 某批出口货物合同规定贸易术语为 CIF 纽约，价格为 10 000 美元，其中含运费 1 000 美元，保费 100 美元。该货物完税价格为（　　）。

A. 8 900 美元　　B. 9 000 美元　　C. 9 900 美元　　D. 10 000 美元

9. 某批进口货物合同成交方式为 FOBKOBE2 000 美金，保费 10 美元，海运费 220 美元，该批货物完税价格应该为（　　）。

A. 2 000 美元　　B. 2 010 美元　　C. 2 220 美元　　D. 2 230 美元

10. 如进口货物的保险费无法确定，海关应按（　　）计算保险费。

A. 货价×0.3‰　　B. 完税价格×0.3‰

C. （货价+运费）×3‰　　D. （货价+运费+保险费）×0.3‰

二、进出口税费核算

1. 某公司进口电视机 50 台，其中 30 台成交价格为 4 500 美元/ 台，20 台成交价格 CIF 深圳 5 500 美元/ 台，1 美元= 6. 8 元人民币，已知成交价格不高于 5 000 美元/ 台的关税率采用单一从价税 35%，成交价格高于 5 000 美元/ 台的关税率采用复合税方法计征，税率 3%，加 12 000 元/ 台从量税税率。试计算应征进口关税税额。

2. 厦门某汽车贸易有限公司从日本进口汽车一辆，成交价格为 CIF 上海 5 000 000 日元/辆，且经上海海关审定。查该汽车适用的最惠国关税税率为 50%，普通关税税率为 125%，增值税率为 17%，消费税率为 10%。假设外汇牌价为 100 日元=8. 00 元人民币。试计算进口关税、进口消费税和进口增值税。

3. 国内某公司从美国购进瓶装葡萄酒一批，货物于 2023 年 8 月 15 号（星期二）进境，于 2023 年 9 月 4 日向海关发送数据申报，同日，海关接受申报。已知该批货物的成交价格为 CIF 境内某口岸 852 636. 00 欧元，其适用的汇率为 1 欧元=8. 340 3 元人民币。该批货物滞报金额为多少？

4. 已知国内某公司货物应征关税为 132 058. 32 元人民币，进口环节增值税为 2 266 元人民币。海关于 2019 年 1 月 4 日（周五）开具税款缴纳书，该公司于 1 月日缴纳税款，该批税款的滞纳金为多少？

三、请分析下面的工作任务

国内某公司从法国购进瓶装葡萄酒一批。装载货物的运输工具于 2023 年 8 月 6 日进境，该公司于 8 月 8 日向海关传输申报电子数据。8 月 9 日，因申报数据不规范报关单电子数据在人工审核环节被退回修改。该公司由于未在规定时限完成修改，该电子数据报关单被海关撤销，后重新申报。8 月 20 日海关接受申报并填发了税款缴款书。相关单据显示，该公司支付运输及相关费用合计 2 000 欧元。其中，法国酒庄至出口地港口境外运输费用 1 100 欧元，海运费 600 欧元，我国境内港口发生拖箱等费用 100 欧元，我国境内港口运至该公司费用 200 欧元。

1. 2 000 欧元运输及相关费用中，应进入货物完税价格的有（　　）。

A. 1 100 欧元境外运输费用

B. 600 欧元海运费

C. 100 欧元我国境内港口发生拖箱等费用

D. 200 欧元我国境内港口运至该公司费用

2. 对该批葡萄酒应适用税率的对应时间是（　　）。

A. 8 月 6 日　　B. 8 月 8 日　　C. 8 月 9 日　　D. 8 月 20 日

3. 对该批葡萄酒征收从价消费税，其计税价格组成公式为：（　　）

A. （关税完税价格+关税税额）/（1-消费税比例税率）

B. （关税完税价格-关税税额）/（1-消费税比例税率）

C. （关税完税价格+关税税额）/（1+消费税比例税率）

D. （关税完税价格-关税税额）/（1+消费税比例税率）

任务五　一般进出口货物放行

任务导入

一般进口货物经海关查验放行后，进口货物收货人即可凭盖有放行章的提货单进行提货。一般出口货物经海关查验放行后，船公司凭盖有放行章的装货单进行装货。

一、收货人提货

海关查验放行后，在提货单（见样例4-15）上盖放行章。进口商凭提货通知提货，并向用户拨交。

样例4-15

中外运空运发展股份有限公司上海分公司

空运进口提货单

进口部地址：上海市东方路989号8楼808室　　电话：6248××××　传真：6248××××

进口监管仓库地址：上海浦东机场航空货运站提货处　　电话：6248××××　传真：6248××××

收货人单位名称：方正进出口公司　　仓库区号：TSC2014

主运单号：CN-0511　　分运单号：CN-05112　　海关编号：444117252

件数：120箱　　实际重量：3 000KG　　计费重量：3 000KG

该货于：2019年11月14日运抵我司监管仓库。

1.请凭此盖上贵司公章的提货单和全套单据办理报关手续。2.已办妥清关手续的，本提货单盖有机场海关放行章和检验检疫章后，可直接到仓库提货。3.有关业务咨询，或委托我司代理报关，国内中转，监管运输及送货上门业务。

查询　请和我部＿王名＿联系　电话：6248××××

报关　请和我部＿张立＿联系　电话：6248××××

提货时间：8：30～18：00

注意事项：

一、进口货物的收货人应自货物进境之日起十四天内向海关申报，逾期海关将按CIF价格的万分之五每天征收滞报金，逾期三个月未报关的货物，上缴海关处理。

二、国际货物航空到付运费＿＿＿＿＿＿＿＿请付讫后提货。

三、自货物进入我司仓库免费保管3天。

以下为收货单位填写

兹派 方正 前来你处提货，请予交付。

FANGZHENG IMPOET & EIPOEF CORPORATION
方正进出口公司

收货单位（公章）：　　2019 年 11 月 20 日

上述货物完好无损，已提取，此据。

收货人签字 方正　　联系电话 5608××××

二、发货人出运货物

出口货物经海关查验放行后，出口商由船公司安排装船，国际货运代理公司负责监装。出口商在货物装船后，对船公司签发的海运提单予以确认，经确认无误后，用传真向进口商发出装运通知，及时告知有关货物的运输情况。

职业技能训练

一、不定项选择题

1. 在以下进出口货物中，不属于一般进出口货物的是（　　）。

A. 不批准保税的寄售代销贸易货物

B. 救灾捐赠物资

C. 外国驻华商业机构进出口陈列用样品

D. 随展览品进境的小卖品

2. 货物进出境阶段，进出口货物收发货人或代理人应按照步骤完成报关工作的是（　　）。

A. 进出口的申报—缴纳税费—配合查验—提取或装运货物

B. 提取或装运货物—进出口的申报—缴纳税费—配合查验

C. 进出口的申报—配合查验—提取或装运货物—缴纳税费

D. 提取或装运货物—配合查验—进出口的申报—缴纳税费

3. 进口货物的收货人自运输工具申报进境之日起，超过（　　）时间未向海关申报的，其进口货物由海关提取依法变卖处理。

A. 1 个月　　B. 3 个月　　C. 6 个月　　D. 1 年

4. 出口货物的发货人或其代理人除海关特准的外，根据规定应当在货物运抵监管区后，（　　）海关申报。

A. 装货前 24 小时

B. 装货的 24 小时以前

C. 货物运抵口岸 24 小时内

D. 承载的运输工具起运（或起航）的 24 小时前

5. 下列有关进出口货物的报关时限说法正确的有（　　）。

A. 进口货物自货物进境之日起 14 日内

B. 进口货物自运输工具申报进境之日 14 日内

C. 出口货物运抵口岸 24 小时内

D. 出口货物运抵口岸 48 小时内

6. 申报日期是指（　　）。

A. 向海关提交电子数据报关单的日期　　B. 向海关提交纸质报关单的日期

C. 申报数据被海关接受的日期　　D. 海关放行日期

7. 滞报金计征起始日为运输工具申报进境之日起第（　　）日为起始日，海关接受申报之日为截止日。

A. 7　　B. 10　　C. 14　　D. 15

8. 下列关于海关征收滞报金的表述，正确的是（　　）。

A. 计征起始日为运输工具申报进境之日起第 15 日，截止日为海关接受申报之日（即申报日期），起始日计入滞报期间，但截止日不计入滞报期间

B. 滞报金的日征收金额为进口货物完税价格的 5‰

C. 滞报金计算至人民币“分”

D. 滞报金的起征点为人民币 50 元

9. 进出口货物收发货人或其代理人应当自接到海关“现场交单”或“放行交单”通知之日起（　　）天内，持打印的纸质报关单及随附单证并签名盖章，到所在地海关提交书面单证并办理手续。

A. 5　　B. 6　　C. 7　　D. 10

10. 海关在决定放行进出口货物后，需在报关单上加盖（　　），进出口货物收发货人凭此办理提取进口货物或装运出口货物手续。

A. 海关验讫章　　B. 海关监管章

C. 海关放行章　　D. 海关结算章

11. 对需要在国家税务机构办理出口退税的货物，报关员应向海关申请签发（　　）。

A. 出口货物证明书　　B. 出口收汇证明联

C. 出口退税证明联　　D. 出口收汇核销单

12. 装载进口货物的运输工具于 7 月 1 日（周四）申报进境，进口货物收货人于 7 月 20 日向海关申报，海关当天即受理了申报并发出了现场交单通知，则滞报的天数为（　　）。

A. 0 天　　B. 3 天　　C. 4 天　　D. 5 天

13. 关于审核单证的必要性，下列表述正确的是（　　）。

A. 合理审查报关单证是有法律依据的

B. 合理审查报关单证是对客户负责

C. 合理审查报关单证是为了降低报关差错

D. 合理审查报关单证是为了提高通关效率

14. 报关随附单证一致性审核包括（　　）。

A. 货物金额、币制是否一致　　B. 货物数量是否一致

C. 货物名称是否一致　　D. 单证的抬头是否一致

15. 一般进出口货物在向海关申报时，应提交单据的是（　　）。

A. 贸易合同　　B. 商业发票

C. 装箱单　　D. 加工贸易手册

16. 在报关程序中，后期阶段适应的范围是（　　）。

A. 进出境展览品　　B. 一般进出口货物

C. 保税加工进出口货物　　D. 特定减免税货物

17. 下列（　　）情形海关可以复验。

A. 经初次查验未能查明货物真实属性，需对已查验货物的某些性状作进一步确认的

B. 货物涉嫌走私违规，需要重新查验的

C. 进出口收发货人对海关查验结论有异议，提出复验要求并经海关同意的

D. 其他海关认为必要的情形

18. 进出口货物收发货人或其代理人在办理完毕提取进口货物或装运出口货物的手续后，如有需要，可以向海关申请签发有关货物的进口、出口证明。海关签发的常见证明主要有（　　）。

A. 进口货物报关单（付汇证明联）和出口货物报关单（付汇证明联）

B. 出口货物报关单（出口退税证明联）

C. 进口货物报关单（进口货物证明联）

D. 进口货物证明书

二、请完成下面的工作项目

2022 年 2 月 25 日，福建郑达进出口有限公司（3502913306）有一批货物委托福建联宏国际货运代理有限公司（3502964253）办理货物进口手续。信息资料如下：

进口口岸为厦门海关，消费使用单位为与收货人相同，一般贸易方式，提单号为 MSK3107315，船名航次为 Maersk Samia V. 808，集装箱号为 MSKU8423399，40 尺高柜。客户提供的品名为冷冻鸡全翅，申报要素为冷冻，鸡翅，无品牌，入境通关单编号为 320300104195865。随附单据包括商业发票、装箱单、合同、报关委托书。

若您作为联宏国际货运代理有限公司的报关员，将如何完成此单报关业务？

单证一：商业发票

COMMERCIAL INVOICE

Buyer: Fujian Zhengda I/E Co., Ltd. Address: No. 90 Tianyi St. Fuzhou, China		Date	Feb. 15, 2015	
		Invoice No.	BRK150215	
From	Paranagua, Philippines	To	Xiamen, China	
SHIPPING MARK	DESCRIPTIONS OF GOODS	QUANTITY	UNIT PRICE	AMOUNET
N/M	Frozen Chicken Whole Wings	28 000KGS	CIFXIAMEN USD2. 60/KG	USD72 800. 00
TOTAL		28 000KGS		USD72 800. 00

单证二：装箱单

PACKING LIST

Buyer: Fujian Zhengda I/ECo., Ltd. Address: No. 90 Tianyi St. Fuzhou, China		Date		Feb. 15, 2015		
		Invoice No.		BRK150215		
From	Paranagua, Philippines	To		Xiamen, China		
MARKS AND NUMBERS	NUNBER AND KIND OF PACKAGES DESCRIPTIONS OF GOODS	QUANTITY	PACKAGE	G. W.	N. W.	MEAS
N/M	Frozen Chicken Whole Wings	28 000KGS	2 000CTNS	28 100KGS	28 000KGS	$64M^3$
TOTAL		28 000KGS	2 000CTNS	28 100KGS	28 000KGS	$64M^3$

单证三：代理报关委托书

代理报关委托书

编号：□□□□□□□□□□□□□□

福建联宏国际货运代理有限公司：

我单位现 A （A逐票、B长期）委托贵公司代理 ABD 等通关事宜（A．报关查验 B．垫缴税款 C．办理海关证明 D．审批手册 E．核销手册 F．申办减免税金手续 G．其他），详见《委托报关协议》。

我单位保证遵守《海关法》和国家有关法规，保证所提供的情况真实、完整、单货相符。否则，愿承担相关法律责任。

本委托书有效期自签字之日起至 2015 年 12 月 31 日止。

委托方（盖章）：福建郑达进出口有限公司

法定代表人或其授权签署《代理报关委托书》的人（签字）郑达 2015 年 2 月 25 日

委托报关协议

为明确委托报关具体事项和各自责任，双方经平等协商签定协议如下：

委托方	福建郑达进出口有限公司
主要货物名称	冷冻鸡全翅
HS编码	0 2 0 7 1 4 2 1 0 0
进出口日期	2015 年 2 月 25 日
提单号	MSK3107315
贸易方式	一般贸易
原产地/货源地	巴西
传真电话	0086-591-73746054
其他要求： 进口口岸已确认　进口原产地已确认	
委托方业务签章： 经办人签章： 联系电话：　　2015 年 2 月 25 日	

被委托方	福建联宏国际货运代理有限公司	
报关单编码	No.215624736	
收到单证日期	2015 年 02 月 25 日	
收到单证情况	合同☑	发票☑
	装箱清单☑	提（运）单☐
	加工贸易手册☐	许可证件☐
	其他	
报关收费	人民币：　×××　元	
承诺说明：		
被委托方业务签章： 经办报关员签章： 联系电话：　　2015 年 2 月 25 日		

单证四：合同

CONTRACT

Contract No.：ZQ150012　　　　Date：Feb.9，2015

The Buyer：Fujian Zhengda I/E Co.，Ltd.

Address：No. 90 Tianyi St. Fuzhou，China

The Seller：BRK Global GmbH

Address：No. 1099 Prince St.，Paranagua，Brazil

This Contract is made by and between the Buyer and Seller，whereby the Buyer agrees to buy and the Seller agrees to sell the under-mentioned commodity according to the terms and conditions stipulated below:

1.Description of Goods：Frozen Chicken Whole Wings，120-150g/pc，Grade A

2.Quantity：28 000 KGS

3.Unit Price：USD 2.60/kg CIF Xiamen，as per INCOTERMS® 2010

4.Total Value：USD 72 800

5.Packing：14KGS/CTN

6.Shipment：Shipment will be effected by refrigerated container within one month after receipt of the buyer's deposit，the temperature maintained at 22 degrees below zero. From Paranagua，Brazil to Xiamen，China. Transshipment and partial shipment is allowed.

7.Insurance：To be covered by the seller for 110% of contranct value against ICC（A）.

8.Payment：The buyer should pay contract value by T/T within 15 days after receiving the above performance guarantee.

9.Quality/Quantity Discrepancy：After discharge of the goods at the port of destination，the buyer have the right to apply for inspection. If any discrepancies are found regarding the quality/quantity，the buyer shall claim within 90 days after the arrival of the goods at the port of destination.

THE BUYER：Fujian Zhengda I/E Co.，Ltd.　　　　THE SELLER：BRK Global GmbH

郑达　　　　GREEN LI

三、请分析下面的工作任务

某机械设备有限公司（以下简称“A 公司”）委托某报关公司（以下简称“B 公司”）以一般贸易方式向海关申报进口汽车零部件。经海关查验发现，该公司实际进口数量多于申报数量，涉嫌漏缴税款人民币 25 万元，且部分零部件涉嫌侵犯在海关总署备案的知识产权；经海关进一步调查，该进口货物收发货人并无以伪报、瞒报方式 逃避海关监管、偷逃应缴税款的主观故意，进口汽车零部件申报不实是由于 A 公司业务员提供申报材料错误所致。

根据上述案例回答以下问题：

1. 由于申报不实导致漏缴税款 25 万元，A 公司（　　）。

A. 构成走私罪

B. 由于不存在逃避海关监管、偷逃应缴税款的主观故意，构成走私行为

C. 由于不存在逃避海关监管、偷逃应缴税款的主观故意，承担申报不实的违规法律责任

D. 系 B 公司代理报关，不承担任何海关法律责任

2. 由于申报不实导致漏缴税款 25 万元，B 公司（　　）。

A. B 公司不承担任何法律责任

B. 应承担对 A 公司所提供情况的真实性未进行合理审查或者因工作疏忽而导致申报不实的违规法律责任

C. 承办本次业务的报关员应承担对 A 公司所提供情况的真实性未进行合理审查，或者因工作疏忽而导致申报不实的所有违规法律责任

D. 负责办理报关事宜，应承担申报不实而导致的所有法律责任

3. 如果对海关行政处罚决定不服，A 公司和 B 公司可以（　　）。

A. 向海关提请行政裁定 B. 向上级海关申请行政复议

C. 向人民法院提起行政诉讼

D. 先向上级海关申请行政复议，对复议决定不服的，方可向人民法院提起行政诉讼

4. 对于部分涉嫌侵权的部分零部件，（　　）。

A. 海关应书面通知知识产权权利人

B. 因其涉嫌侵权海关可以直接扣留该货物

C. 因其涉嫌侵权海关可以直接没收该货物

D. 海关直接对该货物是否侵权进行调查认定

5. 在下列（　　）情况下，海关应当放行被扣留涉嫌侵权货物。

A. 海关对扣留的侵权嫌疑货物进行调查，不能认定货物是否侵犯有关知识产权的

B. 海关自扣留侵权嫌疑货物之日起 50 个工作日内未收到人民法院协助执行通知的

C. 涉嫌侵犯专利权货物的收货人在向海关提供货物等值的担保金后，请求海关放行

D. 海关认为收货人有充分证据证明其货物未侵犯知识产权权利人的知识产权的

项目五 保税货物进出口报关

学习目标

- 了解保税货物的类型及分类管理
- 熟悉保税货物合同备案的形式、程序及要求
- 掌握纸质手册管理下保税货物贸易合同备案、货物报关及报核
- 掌握电子账册、电子化手册管理的特点，货物报关及报核

任务一 保税加工货物进出口报关

任务导入

来料加工是指外商免费提供全部或部分原料、辅料、零配件、元器件、配套件和包装物料，委托我方加工单位按外商的要求进行加工装配，加工后的成品交由对方处置，我方按合同规定收取工缴费的一种贸易方式。

进料加工是指我国有关经营单位用外汇进口部分原材料、零部件、元器件、包装物料、辅助材料（简称料件），加工成制成品或半成品后销往国外的一种贸易方式。

一、来料加工

（一）来料加工的形式

来料加工可分为下列两种形式：

1. 全部来料加工

全部来料加工是指由外商提供全部料件，委托加工方加工，加工方收取工缴费。

2. 部分来料加工

部分来料加工是指外商提供部分料件，其余部分料件由加工方在国内市场采购，加工方收取工缴费和国内采购的料件费。

（二）来料加工的管理

1. 税收规定

（1）来料加工项下外商提供的用于加工装配返销出口产品的料件可以全额保税；

（2）来料加工项下进口直接用于加工生产出口产品而在生产过程中消耗掉的燃料、磨料、触媒剂、催化剂、洗涤剂可以全额保税；

（3）来料加工项下加工成品出口，免于缴纳出口关税；

（4）来料加工保税料件纳入银行保证金台账制度。

2. 监管规定

来料加工合同必须按权限经过外经贸主管部门的审批，取得加工贸易业务批准证。来料加工由海关进行监管：国家明令禁止进口的商品不得搞来料加工；产品为国家明令禁止出口的不得搞来料加工；有些商品的来料加工必须经有关主管部门专题审批；有些商品需要领进出口许可证，海关凭许可证接受合同备案与放行。

二、进料加工

（一）进料加工的形式

进料加工可分为下列两种形式：

1. 进料加工对口合同

进料加工对口合同是指拥有进出口经营权的企业对外签订进口料件合同和相应的出口成品合同（包括不同客户的对口联号合同），进口料件生产的成品、数量及销售流向都在进出口合同中予以确定。

2. 进料加工非对口合同

进料加工非对口合同（也称备料加工合同）是指拥有进出口经营权的企业对外签订进口料件合同，在向海关备案时尚未签订出口成品合同，进口料件生产的成品、数量及销售流向均未确定。

（二）进料加工的管理

1. 税收规定

（1）进料加工对口合同项下的进口料件全额保税；

（2）进料加工非对口合同定额保税，即进口国家规定的几种商品先征 5%，保税 95%，进口其他料件先征 15%，保税 85%，出口后多出口的可以退税，少出口的要补税；

（3）进料加工项下进口直接用于加工出口产品在生产过程中消耗掉的磨料、燃料、触媒剂、催化剂、洗涤剂可以按料件的保税额度保税；

（4）进料加工出口产品免征出口税；

（5）进料加工保税料件纳入银行保证金台账制度。

2. 监管规定

（1）进料加工合同必须按权限经过外经贸主管部门的审批，取得加工贸易业务批准证。进料加工由海关进行监管。

（2）国家明令禁止进口的商品不得搞进料加工，产品为国家明令禁止出口的不得搞进料加工。有些商品的进料加工必须经有关主管部门专题审批，有些商品需要领进出口许可证，海关凭许可证接受合同备案与放行。

（3）进料加工进口其他料件除国家另有规定者外免领进口许可证件，进料加工出口产品同一般贸易出口一样，该要出口许可证件的必须申领出口许可证件。

知识链接

进料加工与来料加工的区别

1. 贸易性质不同

承接来料加工的企业与外商是委托与被委托的关系，对外承接的来料加工业务就是为提供料、件的国外客商加工装配产品，纯属加工贸易性质；而进料加工则是企业独立从事原料进口和成品出口两笔不同的交易，如同一般国际贸易的性质。

2. 原材料、零部件和产品的所有权不同

来料加工是由外商提供原材料、零部件、元器件，并要按外商的要求进行加工装配，生产出来的产品归外商所有，由外商支配；在进料加工中，企业是用自己的外汇进口原材料、零部件，并将生产加工出来的产品出口，其对原辅料以及加工出来的成品拥有所有权，完全根据自己的意图对外销售。

3. 承担的责任与风险不同

来料加工贸易业务不用考虑原料的来源和成品的销路，不承担风险，只收取工缴费；在进料加工业务中，企业同销售料件的外商和购买成品的外商均是买卖关系，其自筹资金、自负盈亏、自主经营。

三、企业管理类别与银行保证金

（一）不实行银行保证金台账制度的企业类别

经海关评定适用A类管理的加工贸易企业，且符合一定条件的企业，海关可以不对其实行银行保证金台账。《企业分类计算器管理程序》对这些企业设定的系统代码为AA，所以这些企业也被称为AA类企业。

（二）实行银行保证金台账“实转”的企业类别

（1）B类企业加工限制类商品，需缴纳相当于货物进口税款50%的保证金或中国银行出具的《税款保付保函》。

（2）C类企业，不论加工商品的品种，不论合同金额的大小，需缴纳相当于货物进口税款100%的保证金或中国银行出具的《税款保付保函》。

（三）实行银行保证金台账“空转”的企业类别

银行保证金台账的“空转”是指企业在中国银行开设保证金台账，但并不向银行交付保证金的方式。A、B类企业加工允许类商品，在合同备案时，只办理银行保证金台账，不向银行实际存入保证金款项。

海关对D类企业不予办理新的加工贸易合同备案。经营单位不得委托D类企业加工。加工贸易经营单位与承接委托加工的生产企业管理类别不一致时，以A、B、C、D为顺序，海关按较后的管理类别采取相应的监管措施。

四、加工贸易业务流程

（一）来料加工贸易业务流程

（1）出口商与进口商签订加工贸易合同后，向当地的商务主管部门申请加工企业经营状况及生产能力证明，经商务主管部门核准后，予以签发。

（2）出口商向当地商务主管部门办理加工贸易合同的审批手续，经其核准后获取加工贸易业务批准证，并向当地的国家税务局办理加工贸易合同备案和来料加工贸易免税证明。

（3）出口商还要向当地的海关主管部门办理加工贸易合同备案，并向其获取加工贸易手册。

（4）出口商向当地的中国银行某分行设立保证金台账。

（5）出口商根据加工贸易合同的规定，向海关办理料件的进口手续和加工贸易手册的登记，并向加工生产企业安排生产。

（6）出口商在完成加工贸易产品后，办理出口报关手续，并办理加工贸易手册的核销。产品如需内销，还需向当地商务主管部门办理审批和海关核准手续，经同意后缴纳有关税费。

（7）出口商当加工贸易产品出关后，持有关单据和文件向当地的国家外汇管理局办理出口收汇核销手续。然后向当地的国家税务局办理出口退税手续，并向中国银行核销保证金台账。

（二）进料加工贸易业务流程

（1）加工贸易企业与原料供应商签订进料购货确认书，加工成制成品后与进口商签订销售确认书。

（2）签订销售确认书后，加工贸易企业向当地的商务主管部门申请加工企业经营状况及生产能力证明，经商务主管部门核准后，予以签发。

（3）加工贸易企业向当地商务主管部门办理加工贸易合同的审批手续，经其核准后获取加工贸易业务批准证，并向当地的国家税务局办理进料加工贸易合同（成品销售确认书）的备案和进料加工免税证明。

（4）加工贸易企业向当地的海关主管部门办理加工贸易合同（成品销售确认书）的备案，并获取加工贸易手册。

（5）加工贸易企业向当地的中国银行某分行设立保证金台账。

（6）加工贸易企业根据加工贸易合同的规定，向海关办理料件的进口手续和加工贸易手册的登记，并向加工生产企业安排生产。

（7）加工贸易企业在完成加工贸易产品后，办理出口报关手续，并办理加工贸易手册的核销。产品如需内销，还需向当地商务主管部门办理审批和海关核准手续，经同意后缴纳有关税费。

（8）加工贸易企业在加工贸易产品出关后，持有关单据和文件向当地的国家外汇管理局办理出口收汇核销手续。然后向当地的国家税务局办理出口退税手续，并向中国银行核销保证金台账。

五、保税加工货物进出口报关

（一）加工贸易合同备案

1. 来料加工贸易合同备案

来料加工贸易合同的备案是企业在签订来料加工合同后、货到之前，向海关申请合同备案，并领取《加工贸易手册》。

2. 进料加工贸易合同备案

进料加工贸易合同的备案是经营单位或企业应在签订进料加工合同后、货到之前，向海关申请合同备案，并领取《加工贸易手册》。

（二）加工贸易合同备案的程序

企业在签订来料加工合同或进料加工合同后，应在货到之前向海关申请合同备案。具体程序如下：

1. 提交申请备案的文件

提交申请备案的文件主要包括：加工贸易业务批准证；加工贸易加工企业生产能力证明；国税部门备案证明；加工贸易合同；委托加工合同；加工贸易登记手册；加工合同备案申请表；加工出口成品备案表；单耗备案申请表等。

2. 海关受理审核

海关受理申请人递交的材料，出具《受理通知书》后进行初审，审核企业的加工贸易合同和各项资料是否符合国家和海关的有关规定。

3. 设立台账

对经海关审核通过的合同签发《银行保证金台账开设联系单》，需前往指定的中国银行办理保证金台账手续（AA类企业的所有合同，A、B类企业1万美元以下的合同除外）。

4. 核发手册

企业向海关提交中国银行签发的《银行保证金台账登记通知单》，经海关核准有关单证后核发《加工贸易手册》。按规定不需设立台账的合同，由主管海关核发加工贸易登记手册，企业凭其办理加工贸易货物的进出口手续。

（三）加工贸易合同的变更

已备案加工贸易合同的品名、规格、金额、数量、单损耗、商品编码及交货期等发生变化的，须向主管海关办理合同备案变更手续，开设银行保证金台账的合同须变更银行保证金台账。需要报原审批机关批准的，还应当报原审批机关批准。

1. 加工贸易合同变更的条件

（1）经营企业和加工企业已取得海关核发的加工贸易登记手册；

（2）经营企业已签订加工贸易变更合同；

（3）申请变更的加工贸易合同已由商务部门审核批准；

（4）合同的变更应在原合同的有效期内。

2. 加工贸易合同变更的程序

（1）申请加工贸易合同变更须提交的文件。申请加工贸易合同变更须提交的文件主要包括：商务主管部门签发的有效的《〈加工贸易业务批准证〉变更证明》；经营企业签订的加工贸易变更合同；海关核发的加工贸易登记手册；合同延期、变更申请表（样例5-1）；加工合同备案申请表、进口料件备案申请表、加工出口成品备案表、单耗备案申请表（填写变更部分）；经预录入的“企业加工合同备案呈报表”（变更部分）；为确定变更后的单耗和损耗率所需的资料；海关认为需要提交的其他证明文件和材料。

样例5-1

合同延期、变更申请表

申请内容：变更（　　）、延期（　　）（请打√）　　　　编号：

<table>
<tr><td>经营单位</td><td colspan="2"></td><td>手册编号</td><td colspan="2"></td></tr>
<tr><td>进口主科名称</td><td></td><td>数量</td><td></td><td>价值</td><td></td></tr>
<tr><td>已出口成品名称</td><td></td><td></td><td></td><td>价值</td><td></td></tr>
<tr><td>库存料件名称</td><td></td><td>数量</td><td></td><td>价值</td><td></td></tr>
<tr><td>库存成品名称</td><td></td><td>数量</td><td></td><td>价值</td><td></td></tr>
<tr><td>库存料件、成品
存放地点</td><td colspan="2"></td><td>有无内销</td><td colspan="2"></td></tr>
<tr><td>原合同审批时间</td><td colspan="2"></td><td>原合同
有效期限</td><td colspan="2"></td></tr>
<tr><td>申请变更内容
（延期请注明时限、
第几次延期）</td><td colspan="5"></td></tr>
<tr><td>申请变更原因</td><td colspan="5"></td></tr>
<tr><td>保证事项</td><td colspan="2"></td><td colspan="3">如不能按期履行上述义务，我司（厂）
愿接受海关处罚。

法定代表人（签章）：
年　月　日</td></tr>
</table>

（2）受理审核。申请人向海关递交材料，由海关出具《受理通知书》，受理后进行初审，并在自受理之日起20个工作日内完成办理。海关根据规定审核企业的加工贸易变更合同和各项资料是否符合国家、海关的有关规定，并可根据需要下厂核查。

（3）变更台账。经海关审核符合有关规定的，予以办理合同变更手续，并需到中国银行变更银行保证金台账（AA 类企业的所有合同，A、B 类企业变更后不超过 1 万美元的合同除外）。具体内容如下：

第一，企业管理类别变更。对因企业管理类别变更，备案合同进口料件从保证金“空转”转为“实转”的，应对原备案合同按规定收取台账保证金。经主管海关关长批准，可只对原合同未履行出口部分按规定收取台账保证金。对 D 类企业已备案的合同，经主管海关关长批准，允许收取全额台账保证金后继续执行完毕，但不得变更和延期。备案合同项下的进出口货物在通关环节由计算机控制转为人工审单处理。

第二，商品类别变更。对允许类商品转为限制类商品的，对已备案的合同不再征收台账保证金。对原限制类或允许类商品转为禁止类的，对已备案的合同按有关部门的规定办理。因企业类别调整、限制类商品转为允许类商品或变更后台账保证金减少的，对备案合同已收取的台账保证金暂不退还，待合同核销结案后才退还。

第三，进口料件或金额变更。对增加进口料件或金额、涉及保证金台账实转的，海关按台账实转的规定，对增加部分征收台账保证金或重新核发《加工贸易手册》。对合同项下其他变更，不再收取台账保证金。保证金台账合同执行过程中发生变更，如涉及增加台账保证金的，应按规定补交增加部分台账保证金。

第四，合同金额变更后超过 1 万美元。B 类企业 1 万美元（含 1 万美元）的合同发生变更后，进口料件总值超过 1 万美元的，需开设台账。如果增加的进口料件涉及限制类商品的，海关按台账实转规定对增加部分征收台账保证金或重新核发《加工贸易手册》。

（4）核发手册。按规定已变更银行保证金台账或不需变更台账的合同，由主管海关核发变更后的加工贸易登记手册，企业凭其办理加工贸易货物的进出口手续。

为简化合同变更手续，对贸易性质不变、商品品种不变，合同变更的金额小于 1 万美元（含 1 万美元）和合同延长不超过 3 个月的合同，企业可直接到海关和中国银行办理变更手续，不需再经外经贸部门重新审批。

（四）加工贸易合同备案相关事宜

1. 异地加工贸易合同备案

异地加工贸易是指一直属海关关区内加工贸易经营企业，将进口料件委托另一直属海关关区内加工生产企业加工成制成品并回收后，再组织出口的加工贸易。加工贸易经营企业向加工企业所在地主管海关办理合同备案的程序如下：

（1）经营企业提交申请文件。经营企业提交申请文件主要包括：所在地商务部门核发的“加工贸易业务批准证”；加工企业所在地县级以上商务主管部门出具的“加工贸易加工企业经营状况和生产能力的证明”；填制好的“异地加工申请表”。

（2）经营企业领取关封。经营企业向所在地主管海关提出异地加工申请，经海关核准后领取关封。

（3）办理合同备案。经营企业持关封和合同备案有关单证到加工企业所在地海关办理合同备案手续。需要开设银行台账的，应在加工企业所在地指定银行开设台账。

海关对开展异地加工贸易的经营企业和加工企业实行分类管理，如果两个企业的管理类别不一样，则按照其中较低的类别管理。经营企业与加工企业必须签订委托加工合同，不得将保税进口料件转卖给加工企业。

2. 加工贸易外发加工申请

加工贸易外发加工是指经营企业因受自身生产特点和条件限制，经海关批准并办理有关手续，委托承揽企业对加工贸易货物进行加工，在规定期限内将加工后的产品运回本企业并最终复出口的行为。外发加工的成品、剩余料件及生产过程中产生的边角料、残次品、副产品等加工贸易货物，经经营企业所在地主管海关批准，可以不运回本企业。申请开展外发加工业务的程序如下：

（1）经营企业提交申请文件。经营企业提交申请文件主要文件包括：填写并签章的“加工贸易货物外发加工申请表”、“加工贸易外发加工货物外发清单”；经营企业和承揽企业签订的加工合同或协议；承揽企业的营业执照；经营企业签章的承揽企业生产能力证明；海关需要收取的其他单证。

（2）海关受理核准。经海关审核批准后，方可进行外发加工。

3. 加工贸易串料申请

经营企业因加工企业生产的需要，申请本企业内部进行料件串换的，需向海关提交书面申请，并符合两项条件：一是保税料件之间、保税料件和征税进口料件之间的串换须符合同品种、同规格、同数量的条件；二是保税料件和国产料件之间的串换须符合同品种、同规格、同数量、关税税率为零的条件，且商品不涉及许可证管理。

经海关批准，经营企业因保税料件和非保税料件之间发生串换，串换下来同等数量的保税料件，由企业自行处置。

4. 加工贸易单耗管理

单耗是指加工贸易企业在正常加工条件下加工单位成品所耗用的料件量，单耗包括净耗和工艺损耗。净耗是指在加工后，料件通过物理变化或者化学反应存在或者转化到单位成品中的量。工艺损耗是指因加工工艺原因，料件在正常加工过程中除净耗外所必须耗用但不能存在或者转化到成品中的量，包括有形损耗和无形损耗。工艺损耗率是指工艺损耗占所耗用料件的百分比。

（1）单耗标准。单耗标准是指供通用或者重复使用的加工贸易单位成品耗料量的准则。单耗标准设定最高上限值，其中出口应税成品单耗标准增设最低下限值。

单耗标准由海关根据有关规定会同相关部门制定。单耗标准以海关公告形式对外发布。单耗标准适用于海关特殊监管区域、保税监管场所外的加工贸易企业，海关特殊监管区域、保税监管场所内的加工贸易企业不适用单耗标准。

海关特殊监管区域、保税监管场所外的加工贸易企业在单耗标准内向海关进行单耗备案或者单耗申报。海关特殊监管区域、保税监管场所外的加工贸易企业申报的单耗在单耗标准内的，海关按照申报的单耗对保税料件进行核销。申报的单耗超出单耗标准的，海关按照单耗标准的最高上限值或者最低下限值对保税料件进行核销。

尚未公布单耗标准的，加工贸易企业应当如实向海关申报单耗，海关按照加工贸易企业的实际单耗对保税料件进行核销。

（2）单耗申报。申报单耗是指加工贸易企业填写《中华人民共和国海关加工贸易单耗申报单》（见样例5-2）、向海关报告单耗的行为。其申报的规定如下：①企业产品如为保税加工成品，在出口前、深加工结转或内销前向海关申报单耗。②生产工艺流程简单、产品净耗比较稳定、产品单耗关系不太复杂的企业，可以在合同备案环节一并向海关申报单耗，以便海关在合同备案和核销时给予便利。③企业确实无法在成品出口前、深加工结转或内销前申报单耗，拟按照我国《海关加工贸易单耗管理办法》第十四条在合同报核前申报的，属于特殊情况，须事先报经主管海关批准。④加工贸易企业确有正当理由无法按期申报单耗的，应当留存成品样品以及相关单证，并在成品出口、深加工结转或内销前提出书面申请，经主管海关批准的，加工贸易企业可以在报核前申报单耗。

样例5-2

中华人民共和国海关加工贸易单耗申报单

共＿＿＿＿页第＿＿＿＿页

<table>
<tr><td colspan="2">企业名称</td><td></td><td>企业编码</td><td></td><td colspan="3">手册（电子底账）编码</td><td></td></tr>
<tr><td colspan="2">申报环节</td><td colspan="7">□备案　□成品出口前　□深加工结转前　□内销前　□报核前</td></tr>
<tr><td colspan="2" rowspan="2">成品</td><td>项号</td><td></td><td>版本号</td><td></td><td colspan="2">商品编码</td><td></td></tr>
<tr><td>商品名称</td><td></td><td>计量单位</td><td></td><td colspan="2">规格型号</td><td></td></tr>
<tr><td></td><td>项号</td><td>商品编码</td><td>商品名称</td><td>计量单位</td><td>规格型号</td><td>单位/净耗</td><td>损耗率</td><td>非保税料件比例</td></tr>
<tr><td></td><td></td><td></td><td></td><td></td><td></td><td></td><td></td><td></td></tr>
<tr><td></td><td></td><td></td><td></td><td></td><td></td><td></td><td></td><td></td></tr>
<tr><td></td><td></td><td></td><td></td><td></td><td></td><td></td><td></td><td></td></tr>
<tr><td></td><td></td><td></td><td></td><td></td><td></td><td></td><td></td><td></td></tr>
<tr><td></td><td></td><td></td><td></td><td></td><td></td><td></td><td></td><td></td></tr>
<tr><td colspan="9">注：若“单耗/净耗”栏申报内容为净耗，则需申报相应损耗率数据；若“单耗/净耗”栏申报内容为单耗，则不必重复申报损耗率数据，损耗率栏应为空。</td></tr>
</table>

经办人（签字）：　　申报日期：　　联系电话：　　企业印章：

（3）单耗审核。单耗审核是指海关审查、核实加工贸易企业申报的单耗是否符合有关规定、是否与加工实际相符的行为。海关对加工贸易企业申报的单耗进行审核，符合规定的，接受加工贸易企业的申报。海关对加工贸易企业申报单耗的真实性、准确性有疑问的，应当制发《中华人民共和国海关加工贸易单耗质疑通知书》（见样例5-3），将质疑理由书面告知加工贸易企业的法定代表人或者其代理人。加工贸易企业的法定代表人或者其代理人应当自收到《海关加工贸易单耗质疑通知书》之日起10个工作日内，以书面形式向海关提供有关资料。加工贸易企业未能在海关规定期限内提供有关资料、提供的资料不充分或者提供的资料无法确定单耗的，海关应当对单耗进行核定。

样例 5-3

中华人民共和国海关加工贸易单耗质疑通知书

中华人民共和国________海关加工贸易单耗质疑通知书
关单耗质疑（200）________号

__________：

你公司/单位于________年________月________日向我关申报的________（手册/账册号　　），因以下原因我关现提出质疑：

【　】加工企业申报的单耗与海关设定的单耗风险参数存在较大差异；

【　】加工企业申报的单耗与相同或者类似加工企业产品的单耗存在较大差异；

【　】加工企业申报的单耗与相同或者类似产品的单耗平均水平存在较大差异；

【　】______________________________。

根据《中华人民共和国海关加工贸易单耗管理办法》第二十二、二十三、二十四条的规定，请自收到本通知之日起10个工作日内提供下列单证资料。若明确不能提供，或者逾期不提供资料，或者所提供的资料不足以证明申报单耗的真实性或者准确性的，海关将不接受申报单耗，依法另行核定单耗。

【　】料件、成品的样品、影像、图片、图样、品质、成分、规格型号等相关数据和资料；

【　】工艺流程图、排料图、工料单、配料表、质量检测标准等能反映成品技术要求、加工工艺过程及相应耗料的有关资料；

【　】加工合同、订单、加工计划、加工报表、成本核算等有关账册和资料计算方法、计算公式及说明。

海关（签章）　　　　受送达人（签字或者盖章）：

__________年________月________日

单耗核定前，加工贸易企业缴纳保证金或者提供银行担保，并经海关同意的，可以先行办理加工贸易料件和成品的进出口、深加工结转或者内销等海关手续。加工贸易企业实行银行保证金台账实转，且台账实转金额不低于应缴税款金额的，可以免于提供担保。

（五）保税加工货物进出境报关

加工贸易经营单位或其代理人在保税货物进出境时，持加工贸易登记手册或其他准予合同备案凭证进行申报，并配合海关查验。

1. 保税加工货物进出境报关程序

进出境报关程序分为四个环节：申报、配合查验、保税（即暂缓纳税）、提取或装运货物。

2. 关于进口许可证管理

进口料件免交许可证件，易制毒化学品、监控化学品、消耗臭氧层物质、原油、成品油不除外。出口成品属于国家规定应交验许可证件的，出口报关时必须交验许可证件。

3. 关于进出口税收征管

准予保税的加工贸易进口料件，进口时暂缓纳税；生产成品出口时，全部使用进口料件生产，不征收关税；贸易项下应税商品，如果是部分使用进口料件、部分使用国产料件加工的产品，则按海关核定的比例征收关税；加工贸易出口未锻铝按一般贸易出口货物从价计征出口关税。

（六）保税货物深加工结转报关

保税货物深加工结转报关是指加工贸易企业将保税进口料件加工的产品转至另一海关关区内的加工贸易企业，进一步加工后复出口的经营活动。其报关程序如下：

1. 计划备案

计划备案的程序是：首先，转出企业在申请表中填写本企业的转出计划并签章，向转出地海关备案；其次，转出地海关备案后，留存申请表第一联，将其他三联退转出企业，由转出企业交转入企业；再次，转入企业自转出地海关备案之日起20日内，持其他三联填制本企业的内容，向转入地海关办理报备手续；最后，转入地海关审核后，将第二联留存，将第三、四联交转入、转出企业，转入、转出企业凭其办理结转收发货登记及报关手续。

2. 收发货登记

收发货登记的步骤是：第一步，转出、转入企业办理结转计划申报后，按照双方海关核准后的申请表进行实际收发货；第二步，转出、转入企业每批次收发货记录应当在保税货物实际结转登记表上进行如实登记，并加盖企业结转专用名章；第三步，结转货物退货的，转出、转入企业按实际退货情况在登记表中登记，同时注明“退货”字样，并各自加盖企业结转专用名章。

3. 结转报关

转出、转入企业实际收发货后，应当按照规定办理结转报关手续。应注意的具体事项是：转出、转入企业分别在转出地、转入地海关办理结转报关手续，可分批或集中报关，在实际收发货后的90天内办理报关；转入企业凭申请表、登记表等单证向转入地海关办理结转进口报关手续，在结转报关后第二个工作日内通知转出企业；转出企业自接到通知之日起10日内，凭申请表、登记表等单证向转出地海关办理结转出口报关手续；结转进口、出口报关的申报价格为结转货物的实际成交价格；一份结转进口报关单对应一份结转出口报关单，两份报关单的申报序号、商品编号、数量、价格和手册号应当一致；结转货物分批报关的，企业同时提供申请表和登记表的原件和复印件。

（七）其他保税加工货物报关

1. 其他保税货物的范围

加工贸易其他保税货物是指履行加工贸易合同过程中产生的剩余料件、边角料、残次品、副产品、受灾保税货物和其他经批准不再出口的加工贸易产品、半产品和料件等。

（1）剩余料件。剩余料件是指加工贸易企业在从事加工复出口业务中剩余的可以继续用于加工制成品的加工贸易进口料件。

（2）边角料。边角料是指加工贸易企业从事加工复出口业务中产生的，并在海关核定的单耗标准内，无法再用于加工该合同项下出口制成品的数量合理的废、碎料及下脚料。

（3）残次品。残次品是指加工贸易企业从事加工复出口业务中产生的、有严重缺陷或者达不到出口合同标准的、无法复出口的制成品（包括完成品和未完成品）。

（4）副产品。副产品是指加工贸易企业从事加工复出口业务，在加工生产出口合同规定的制成品过程中同时产生的，且出口合同未规定应当复出口的一个或一个以上的其他产品。

（5）受灾保税货物。受灾保税货物是指加工贸易企业从事加工复出口业务，因不可抗力原因或其他经海关审核认可的正当理由造成损毁、灭失、短少等导致无法复出口的保税进口料件和加工制成品。

2. 其他保税货物的处理

在履行加工贸易合同过程中产生的剩余料件、边角料、残次品、副产品、受灾保税货物，必须在手册有效期限内处理完毕。其主要处理方式如下：

（1）内销报关。保税加工货物转内销应经商务主管部门审批，加工贸易企业凭“加工贸易保税进口料件内销批准证”办理内销料件正式进口报关手续，缴纳进口税和缓税利息。

经批准允许转内销的加工贸易保税货物属进口许可证件管理的，企业还应按规定向海关补交进口许可证件；申请内销的剩余料件，如果金额占该加工贸易合同项下实际进口料件总额3%及以下且总值在人民币1万元（含1万元）以下的，免审批，免交许可证件。有关注意事项如下：

第一，关于征税的数量。剩余料件和边角料内销，直接按申报数量计征进口税；制成品和残次品根据单耗关系折算耗用掉的保税进口料件数量计征进口税；副产品内销，按报验状态的数量计征进口税。

第二，关于征税的完税价格。进料加工料件或者其制成品（包括残次品）内销时，以料件的原进口成交价格为基础确定完税价格。料件的原进口成交价格不能确定的，以接受内销申报的同时或者大约同时的与料件相同或者类似的货物的进口成交价格为基础确定完税价格。来料加工进口料件或者其制成品（包括残次品）内销时，以接受内销申报的同时或者大约同时进口的与料件相同或者类似的货物的进口成交价格为基础确定完税价格。加工企业在内销加工过程中产生的副产品或者边角料，以内销价格作为完税价格。

第三，关于征税的税率。经批准正常的转内销征税，使用海关接受申报办理纳税手续之日实施的税率。内销商品属关税配额管理而在办理纳税手续时又没有配额证的，应当按该商品配额外使用的税率缴纳进口税。

第四，关于征税的缓税利息。剩余料件、制成品、残次品、副产品内销，均应缴付缓税利息，边角料内销，免缴付缓税利息。缓税利息根据海关填发税款缴款书的上年度12月31日中国人民银行公布的活期存款储蓄利息按日征收。计息期限从“加工贸易登记手册”记录首次进口料件之日起至征税之日。

（2）结转报关。加工贸易企业可以向海关申请将剩余料件结转到另一个加工贸易合同生产出口，但必须在同一经营单位、同一加工厂、同样的进口料件和同一加工贸易方式的情况下结转。

（3）退运。加工贸易企业因故申请将剩余料件、边角料、残次品、副产品等保税加工货物退运出境的，应持登记手册等有关单证向口岸海关报关，办理出口手续、留存有关报关单证，准备报核。

(4) 放弃。企业放弃剩余料件、边角料、残次品、副产品等，交由海关处理，需申请。不准放弃的情形包括：申请放弃的货物属于国家禁止或限制进口的；申请放弃的货物属于对环境造成污染的；法律、行政法规、规章规定不予放弃的其他情形。

(5) 销毁。对于不能办理结转或不能放弃的货物，货物所属企业可以申请销毁，海关经核实同意销毁，由企业按规定销毁，必要时海关可以派员监督销毁。企业收取海关出具的销毁证明材料，准备报核。

(6) 受灾保税加工货物的报关。加工贸易企业在受灾后 7 日内向主管海关书面报告，并提供有关材料，海关可派员核查取证。由于不可抗力造成的受灾保税加工货物灭失或失去使用价值，可由海关审定，免税；需销毁的受灾货物，同其他保税货物销毁处理相同；可再利用的，按照海关审定的保税货物价格，按照对应的税率缴纳进口税和缓税利息；对非不可抗力因素造成的受灾保税加工货物，海关按照原进口货物成交价格审定完税价格，照章征税；因不可抗力造成的受灾保税货物处理时，属于许可证管理的，免交许可证，反之，应当交验进口许可证。

六、加工贸易合同核销

(一) 报核时间

经营企业应当在规定的期限内将进口料件加工成制成品后复出口，并自加工贸易手册项下最后一批成品出口或者加工贸易手册到期之日起 30 日内向海关报核。经营企业对外签订的合同因故提前终止的，应当自合同终止之日起 30 日内向海关报核。

(二) 报核条件

报核条件主要条件包括：

(1) 具有法人资格的加工贸易经营企业；

(2) 加工贸易合同项下的进口料件已加工成制成品后复出口；

(3) 合同履行后的余料、边角料、成品、残次品、副产品已核算清楚，能向海关如实申报；

(4) 合同履行后的余料、边角料、成品、残次品、副产品等已办理了内销征税、退运、放弃或余料结转等手续。

(三) 报核单证

主要单证包括：合同核销申请表；加工贸易登记手册；进出口报关单；核销核算表；若为合同履行后的余料、边角料、成品、残次品、副产品等已办理过内销征税、放弃、销毁等手续的，应提供税单复印件等资料和证明文件；若在备案后因故中止执行、未发生进出口而申请撤销的合同，应提供商务主管部门的批件；如果遗失进出口报关单的合同，须提交报关单留存联、补发联，或加盖原报关地海关印章的报关单复印件；如果遗失《登记手册》的合同，应向海关提供遗失情况的书面说明，必要时提供手册遗失证明；其他海关需要的资料，如排料图、线路图、配方表等。

（四）报核程序

1. 企业报核

经营企业报核时应当向海关如实申报进口料件、出口成品、边角料、剩余料件、残次品、副产品以及单耗等情况，并向海关提交加工贸易手册、加工贸易进出口货物专用报关单以及海关要求提交的其他单证。具体要求是：进口料件属于国家对进口有限制性规定的，经营企业还应当向海关提交进口许可证件；经营企业因故将加工贸易进口料件退运出境的，海关凭有关退运单证核销；经海关批准，经营企业放弃加工贸易货物的，按照海关对放弃进口货物的管理规定办理，海关凭接受放弃的有关单证核销；经营企业在生产过程中产生的边角料、剩余料件、残次品、副产品和受灾保税货物，按照海关对加工贸易边角料、剩余料件、残次品、副产品和受灾保税货物的管理规定办理，海关凭有关单证核销；经营企业如遗失加工贸易手册，应及时向海关报告，由海关按照有关规定处理后进行核销。

2. 海关受理

海关应当自受理报核之日起30日内，可采取纸质单证核销和电子数据核销的方式，如果有特殊情况需要延长，经直属海关关长或者其授权的隶属海关关长批准可延长30日。海关经审核单证齐全有效的，予以受理报核。不予受理的，应当书面告知企业原因，企业应当按照规定重新报核。

3. 海关核销

加工贸易保税进口料件或者成品因故转为内销的，海关凭主管部门准予内销的有效批准文件，对保税进口料件依法征收税款并加征缓税利息。对经核销准予结案的加工贸易合同，海关向经营企业签发《核销结案通知书》。经营企业已经办理担保的，海关在核销结案后按照规定解除担保。加工贸易货物备案和核销单证自加工贸易合同核销结案之日起留存3年。

七、加工贸易手册核销

加工贸易手册核销的程序如下：

（一）经营企业预录入

经营企业填写核销申请表，交预录入公司录入，如果加工的实际单耗与合同备案单耗不一致，必须在手册报核前，到备案环节进行单耗变更。

（二）经营企业核销申请

经营企业向主管海关提出核销申请，并提交下列规定的资料。

（1）核销预录入申请单。

（2）填妥“核销申请表”，以及加盖企业公章的加工贸易手册（包括分册、续册）。

（3）与手册进、出口登记栏相一致的有效的进出口报关单。

（4）海关需要收取的其他单证。例如，足以说明出口商品原材料单耗定额的资料；合同核算后需退还保证金的，必须提交申请退还保证金的报告；合同有余料申请放弃的，必须提交放弃报告；如果合同有余料需征税的，必须提供进口发票，涉及许可证及配额管理商品的，还必须提供有效的许可证及配额证明；如果合同有余料要结转，必须提供申请结转报告。

（三）海关受理审核

主管海关对经营企业的核销申请资料予以受理、进行审核，并可根据需要前往企业实地检查。经审核可以核销结案的，主管海关签发《银行保证金台账核销联系单》，由企业前往指定银行办理台账核销手续。

（四）银行签发银行保证金台账核销通知单

银行对经营企业的核销申请予以核准，并签发《银行保证金台账核销通知单》，企业凭其到海关办理合同核销结案手续。

（五）海关办理合同核销结案

海关根据《银行保证金台账核销通知单》办理加工贸易合同核销结案，并由海关签发《加工贸易合同核销结案通知单》。

八、电子化手册管理——保税加工货物报关

（一）电子化手册管理的特点

电子化手册管理的特点主要表现为：以合同为单元进行管理；企业通过网络向商务主管部门和海关申请办理合同审批和合同备案、变更等手续；纳入加工贸易银行保证金台账制度管理；纳入电子化手册的加工贸易货物进口时全额保税；无须调度手册，凭身份认证卡实现全国口岸的报关。

（二）电子化手册建立

电子化手册建立分为联网监管申请和审批、加工贸易业务的申请和审批、建立商品归并关系和电子化手册三个步骤，基本程序与电子账册建立相同。

（三）报关程序

1. 备案

备案分为以下两种形式：

（1）按合同常规备案。按合同常规备案与纸质手册管理内容基本相同。

（2）分段式备案。分段式备案分为合同备案环节和通关备案环节。合同备案环节的备案内容是表头数据、料件表和成品表三部分；通关备案环节的备案内容则为表头数据、料件表、成品表、单损耗表。

（3）备案的变更。

第一，合同备案变更。企业办理合同备案变更手续，应当通过电子口岸向主管海关发送合同备案变更数据并提供企业的变更申请与商务部门出具的“加工贸易业务批准证变更证明”。

第二，通关备案变更。在分段式备案模式上，如果通关备案已通过，则合同备案变更通过后，系统将对通关备案的数据自动进行变更。

2. 货物报关

货物报关分进出境报关、深加工结转报关、其他保税加工货物的报关三种情形。

(1) 进出境报关。①报关清单的生成。企业在加工贸易货物进出口报关前，从企业管理系统导出料号级数据生成归并前的报关清单，或通过电子口岸电子化手册系统录入当次进出口的料号级清单数据，并向电子口岸数据中心报送。②报关单的生成。数据中心按归并关系和其他合并条件将企业报送的报关清单生成报关单。

(2) 深加工结转报关。与纸质手册管理下深加工结转报关内容相同。

(3) 其他保税加工货物的报关。与纸质手册管理下其他保税加工货物报关内容相同。

3. 报核和核销

海关对电子手册核销的基本要求是掌握企业在某个电子手册下所进口的各项加工贸易保税料件的使用、流转、损耗的情况，确认是否符合以下的平衡关系：

进口保税料件（含深加工结转进口）= 出口成品折料（含深加工结转出口）+内销料件+内销成品折料+剩余料件+损耗-退运成品折料

海关核销除了对书面数据进行必要的核算外，还会根据实际情况采取盘库的方式进行核对。

电子手册采用的是以企业合同（或订单）为单元的管理模式，一个企业可以有多本电子手册，海关根据加工贸易合同的有效期限确定核销日期，对实行电子手册管理的联网企业进行定期核销管理，即对电子手册按照对应的合同（或订单）项下加工贸易进出口情况进行平衡核算。报核和核销的大体程序如下：

(1) 报核。企业通过电子口岸数据中心向主管海关传送报核表头、报关单、进口料件、出口成品、单损耗五个方面的报核数据。

(2) 核销。海关对报核的电子手册进行数据核算，核对企业报核的料件、成品进出口数据与海关底账数据是否相同，核实企业申报的成品单损耗与实际耗用量是否相符，企业内销征税情况与实际内销情况是否一致。

(3) 结案。海关对通过核销核算的电子手册进行结案处理，并打印结案通知书交付企业。

任务二 保税物流货物进出口报关

学习目标

- 了解保税物流监管制度的主要内容
- 熟悉保税仓库存放货物的范围、报关程序及要求
- 掌握出口监管仓库存放货物的范围、报关程序及要求
- 掌握保税物流中心存放货物的范围、报关程序及要求

保税物流货物是指经海关批准未办理纳税手续进境，在境内储存后复运出境的货物，也称作保税仓储货物。已办结海关出口手续尚未离境，经海关批准存放在海关专用监管场所或特殊监管区域的货物，带有保税物流货物的性质。

一、保税物流货物的监管

（一）设立审批

保税物流货物必须存放在经过法定程序审批设立的保税监管场所或者特殊监管区域，如保税仓库、出口监管仓库、保税物流中心，其必须凭海关核发的批准证书设立及存放保税物流货物；保税物流园区、保税区、保税港区要凭国务院同意设立的批复设立，并经海关等部门验收合格后才能进行保税物流货物的运作。

（二）准入保税

保税物流货物通过准予进入监管场所或监管区域来实现批准保税。海关对于保税物流货物的监管通过对保税监管场所或者特殊监管区域的监管来实现，按批准存放范围准予货物进入保税监管场所或者区域，不符合规定存放范围的货物不准进入。

（三）纳税暂缓

凡是进入保税物流监管场所或特殊监管区域的保税物流货物在进境时都可以暂不办理进口纳税手续，等到运离海关保税监管场所或特殊监管区域时才办理纳税手续，或者征税，或者免税。

（四）监管延伸

1. 监管地点延伸

对进境货物的监管地点从进境地海关监管现场，对已办结海关出口手续尚未离境的货物的监管地点，从出口申报地海关现场延伸到保税监管场所或者特殊监管区域。

2. 监管时间延伸

（1）保税仓库存放保税物流货物的时间是1年，可申请延长，以1年为限。

（2）出口监管仓库存放保税物流货物的时间是6个月，可申请延长，以6个月为限。

（3）保税物流中心A型存放保税物流货物的时间是1年，可申请延长，以1年为限；B型存放保税物流货物的时间是2年，可申请延长，以2年为限。

（4）保税物流园区、保税区和保税港区存放保税物流货物的时间没有限制。

（五）运离结关

除外发加工和暂准运离（维修、测试、展览等）需要继续监管以外，每一批货物运离保税监管场所或者特殊监管区域，都必须根据货物的实际流向办结海关手续。

二、保税仓库货物报关

（一）保税仓库存放货物的范围

1. 保税仓库的设立

保税仓库应当设立在设有海关机构、便于海关监管的区域。经营保税仓库的企业，应当具备“经工商行政管理部门注册登记，具有企业法人资格”等六项条件。企业申请设立保税仓库的，应向仓库所在地主管海关提交书面申请，提供能够证明具备要求条件的有关文件。

2. 存放货物的范围

经海关批准可以存入保税仓库的货物如下：

（1）加工贸易进口货物；

（2）转口货物；

（3）供应国际航行船舶和航空器的油料、物料和维修用零部件；

（4）供维修外国产品所进口寄售的零配件；

（5）外商进境暂存货物；

（6）未办结海关手续的一般贸易进口货物；

（7）经海关批准的其他未办结海关手续的进境货物。

知识链接

保税仓库的类型

1. 公用型保税仓库

“公用型”保税仓库由主营仓储业务的中国境内独立企业法人经营，专门向社会提供保税仓储服务。

2. 自用型保税仓库

“自用型”保税仓库由特定的中国境内独立企业法人经营，仅存储本企业自用的保税货物。

3. 专用型保税仓库

专门用来存储具有特定用途或特殊种类商品的保税仓库，称为“专用型”保税仓库。专用型保税仓库包括液体危险品保税仓库、备案保税仓库、寄售维修保税仓库和其他专用保税仓库。

（二）保税仓库存放货物的报关程序

1. 进仓报关

货物在保税仓库所在地进境时，除国家另有规定的外，免领进口许可证件，由收货人或其代理人办理进口报关手续，海关在进境现场放行后存入保税仓库。

货物在保税仓库所在地以外其他口岸入境时，经海关批准，收货人或其代理人可以按照转关运输的报关程序办理手续，也可以直接在口岸海关办理异地传输报关手续。

2. 出仓报关

保税仓库货物出仓有进口报关和出口报关两种情况。

（1）进口报关。进口报关有三种情形：①保税仓库货物出仓用于加工贸易的，由加工贸易企业或其代理人按加工贸易货物的报关程序办理进口报关手续；②保税仓库货物出仓用于可以享受特定减免税的特定地区、特定企业及特定用途的，由享受特定减免税的企业或其代理人按特定减免税货物的报关程序办理进口报关手续；③保税仓库货物出仓进入国内市场或使用于境内其他方面，由收货人或其代理人按一般进口货物的报关程序办理进口报关手续。

（2）出口报关。保税仓库货物为转口或退运到境外而出仓的，保税仓库经营企业或其代理人按一般出口货物的报关程序办理出口报关手续，但可免缴纳出口关税，免交验出口许可证件。

保税仓库货物出仓，可逐一报关，也可以集中报关。保税货物出库批量少、批次频繁的，经海关批准可以办理定期集中报关手续。

（1）保税仓库所存货物的储存期限为1年，若因特殊情况需要延长储存期限，应向主管海关申请延期，经海关批准可以延长，延长的期限最长不超过1年。

（2）保税仓库所存货物，是海关监管货物，未经海关批准并按规定办理有关手续，任何人不得出售、转让、抵押、质押、留置、移作他用或者进行其他处置。

（3）货物在仓库储存期间发生损毁或者灭失，除不可抗力原因外，保税仓库应当依法向海关缴纳损毁、灭失货物的税款，并承担相应的法律责任。

（4）对保税仓库货物可以进行包装、分级分类、加刷唛码、分拆、拼装等简单加工，不得进行实质性加工。

（5）保税仓库经营企业应于每月5日之前以电子数据和书面形式向主管海关申报上一个月仓库收、付、存情况，并随附有关的单证，由主管海关核销。

三、出口监管仓库货物报关

（一）出口监管仓库存放货物的范围

1. 出口监管仓库的设立

出口监管仓库的设立，首先应符合海关规定的具有企业法人资格、注册资本、仓库面积等五项条件，经海关受理审批、做出行政许可以及验收，经直属海关核发我国“出口监管仓库注册登记证书”后方可投入运营。“注册登记证书”有效期为3年。

2. 出口监管仓库存放货物的范围

经海关批准可存入出口监管仓库的货物如下：

（1）一般贸易出口货物；

（2）加工贸易出口货物；

（3）从其他海关特殊监管区域、场所转入的出口货物；

（4）其他已办结海关出口手续的货物。

出口配送型仓库还可存放为拼装出口货物而进口的货物。

3. 出口监管仓库禁止存放的货物

出口监管仓库不得存放下列货物：

（1）国家禁止进出境货物；

（2）未经批准的国家限制进出境货物；

（3）海关规定不得存放的货物。

(二) 出口监管仓库货物报关程序

出口监管仓库货物报关可分为以下几种形式：

1. 进仓报关

出口货物存入出口监管仓库时，发货人或其代理人应当向主管海关办理出口报关手续，填制出口货物报关单。按照国家规定应当提交出口许可证件和缴纳出口关税的，必须提交许可证件和缴纳出口关税，提交报关必需单证和仓库经营企业填制的“出口监管仓库货物入仓清单”。

对经批准享受入仓即退税政策的出口监管仓库，海关在货物入仓办结出口报关手续后予以签发“出口货物报关单”退税证明联；对不享受入仓即退税政策的出口监管仓库，海关在货物实际离境后签发“出口货物报关单”退税证明联。

2. 出仓报关

出口监管仓库货物出仓报关有下列两种情况：

(1) 出口报关。出口监管仓库货物出口时，仓库经营企业或其代理人应当向主管海关申报。提交报关所需的单证，并提交仓库经营企业填制的“出口监管仓库货物出仓清单”。入仓时没有签发“出口货物报关单”退税证明联的，出仓离境海关按规定签发“出口货物报关单”退税证明联。

(2) 进口报关。出口监管仓库货物转进口的，应当经海关批准，按照进口货物的有关规定办理相关手续。其主要规定如下：

第一，用于加工贸易的，由加工贸易企业或其代理人按加工贸易货物的报关程序办理进口报关手续；

第二，用于可以享受特定减免税的特定地区、特定企业和特定用途的，由享受特定减免税的企业或其代理人按特定减免税货物的报关程序办理进口报关手续；

第三，进入国内市场或使用于境内其他方面，由收货人或其代理人按一般进口货物的报关程序办理进口报关手续。

3. 结转报关

经转入、转出方所在地主管海关批准，并按照转关运输的规定办理相关手续后，出口监管仓库之间、出口监管仓库与保税区、出口加工区、保税物流园区、保税物流中心、保税仓库等特殊监管区域、专用监管场所之间可以进行货物流转。

4. 更换报关

对已存入出口监管仓库、因质量等原因要求更换的货物，经仓库所在地主管海关批准，可以更换货物。被更换货物出仓前，更换货物应当先行入仓，并应当与原货物的商品编码、品名、规格型号、数量和价值相同。

5. 出口监管仓库货物报关相关事宜

(1) 出口监管仓库必须专库专用，不得转租、转借给他人经营，不得下设分库。

(2) 出口监管仓库经营企业应如实填写有关单证、仓库账册，真实记录并全面反映其业务活动和财务状况，编制仓库月度进、出、转、存情况表和年度财务会计报告，并定期报送主管海关。

(3) 出口监管仓库所存货物的储存期限为6个月，可申请延期，以6个月为限。

（4）出口监管仓库所存货物是海关监管货物，未经海关批准并按规定办理有关手续，任何人不得出售、转让、抵押、质押、留置、移作他用或者进行其他处置。

（5）货物在仓库储存期间发生损毁或者灭失，除不可抗力原因外，保税仓库应依法向海关缴纳损毁、灭失货物的税款，并承担相应的法律责任。

（6）经主管海关同意，可在出口监管仓库内进行品质检验、分级分类、分拣分装、印刷运输标志、改换包装等流通性增值服务。

四、保税物流中心货物报关

（一）保税物流中心存放货物的范围

1. 保税物流中心的设立

（1）保税物流中心设立的条件。保税物流中心应设在国际物流需求量较大、交通便利且便于海关监管的地方。经营企业的资格条件包括“经工商行政管理部门注册登记，具有独立的企业法人资格”等七项。申请设立的条件包括“符合海关对物流中心的监管规划建设要求”等六项。

（2）保税物流中心设立的程序。①申请设立。保税物流中心的经营企业应当向所在地直属海关提交书面申请，提供能够证明规定条件已经具备的有关文件。②受理审批。保税物流中心的申请由直属海关受理，报海关总署审批，并由海关总署出具批准申请企业筹建物流中心的文件。③签发证书。物流中心验收合格后，由海关总署向企业核发“保税物流中心（A 型）验收合格证书”和“保税物流中心注册登记证书”，并颁发“保税物流中心标牌”。“保税物流中心注册登记证书”有效期为 2 年，有效期满 30 日前向直属海关办理延期审查申请手续，海关对经审查合格的企业准予延期 2 年。

保税物流中心需变更经营单位名称、地址、仓储面积等事项的，由企业申请并由直属海关报海关总署审批。其他变更事项报直属海关备案。

2. 保税物流中心存放货物的范围

（1）国内出口货物；

（2）转口货物和国际中转货物；

（3）外商暂存货物；

（4）加工贸易进出口货物；

（5）供应国际航行船舶和航空器的物料、维修用零部件；

（6）供维修外国产品所进口寄售的零配件；

（7）未办结海关手续的一般贸易进口货物；

（8）经海关批准的其他未办结海关手续的货物。

3. 保税物流中心开展业务的范围

保税物流中心经营企业可开展以下业务：

（1）保税存储进出口货物及其他未办结海关手续的货物；

（2）对所存货物开展流通性简单加工和增值服务；

（3）全球采购和国际分拨、配送；

（4）转口贸易和国际中转业务；

（5）经海关批准的其他国际物流业务。

4. 保税物流中心禁止的业务

（1）商业零售；

（2）生产和加工制造；

（3）维修、翻新和拆解；

（4）存储国家禁止进出口货物，以及危害公共安全、公共卫生或者健康、公共道德或者秩序的国家限制进出口货物；

（5）存储法律、行政法规明确规定不能享受保税政策的货物；

（6）其他与物流中心无关的业务。

（二）保税物流中心货物报关程序

1. 保税物流中心与境外之间的进出货物报关

（1）物流中心与境外之间进出的货物，应当在物流中心主管海关办理相关手续。物流中心与口岸不在同一主管海关的，经主管海关批准，可以在口岸海关办理相关手续。

（2）物流中心与境外之间进出的货物，除实行出口被动配额管理和中华人民共和国参加或者缔结的国际条约及国家另有明确规定的以外，不实行进出口配额、许可证件管理。

（3）从境外进入物流中心内的货物，凡属于规定存放范围内的货物，予以保税；属于物流中心企业进口自用的办公用品、交通运输工具、生活消费品等，以及物流中心开展综合物流服务所需进口的机器、装卸设备、管理设备等，按照进口货物的有关规定和税收政策办理相关手续。

2. 保税物流中心与境内之间的进出货物报关

（1）物流中心内的货物运往所在关区外，或者跨越关区提取物流中心内的货物，可以在物流中心主管海关办理进出中心的报关手续，也可以按照境内监管货物转关运输的方式办理相关手续。

（2）企业根据需要经主管海关批准，可以分批进出货物，月度集中报关，但集中报关不得跨年度办理。

（3）物流中心与境内之间的进出货物报关情形如下：

物流中心的货物出中心进入关境内的其他地区，视同进口，按照货物进入境内的实际流向和实际状态办理进口报关手续；属于许可证件管理的商品，企业还应当向海关出具有效的许可证件。

货物从境内进入物流中心，视同出口，办理出口报关手续。需缴纳出口关税的，应当按照规定纳税；属于许可证件管理的商品，还应当向海关出具有效的出口许可证件。

3. 物流中心货物报关相关事宜

（1）物流中心内的货物保税存储期限为 1 年。确有正当理由的，经主管海关同意可以予以延期，除特殊情况外，延期不得超过 1 年。

（2）从境内运入物流中心的原进口货物，境内发货人应当向海关办理出口报关手续，经主管海关验放；已经缴纳的关税和进口环节海关代征税，不予退还。

（3）对从境内运入物流中心已办结报关手续或者从境内运入物流中心供中心内企业自用的国产机器设备、装卸设备、管理设备、检测检验设备等以及转关出口货物（起运地海关在收到物流中心主管海关确认转关货物进入物流中心的转关回执后)，签发出口退税报关单证明联。

(4) 海关不签发出口退税报关单证明联的货物包括：供中心企业自用的生活消费品、交通运输工具；供中心企业自用的进口的机器设备、装卸设备、管理设备、检测检验设备等；物流中心之间，物流中心与出口加工区、保税物流园区，物流中心和已实行国内货物入仓环节出口退税政策的出口监管仓库等海关特殊监管区域或者海关保税监管场所往来的货物。

(5) 从物流中心进入境内用于在保修期限内免费维修有关外国产品并符合无代价抵偿货物有关规定的零部件或者用于国际航行船舶和航空器的物料或者属于国家规定可以免税的货物，免征关税和进口环节海关代征税。

(6) 实行集中申报的进出口货物，应当适用每次货物进出口时海关接受申报之日实施的税率、汇率。

(7) 保税仓储货物在存储期间发生损毁或者灭失的，除不可抗力外，物流中心经营企业应当依法向海关缴纳损毁、灭失货物的税款，并承担相应的法律责任。

职业技能训练

一、不定项选择题

1. 某公司办理加工贸易手册，付汇进口涤纶布，加工成连衣裙后外销出口的经营活动被称为（　）。

A. 来料加工　　B. 进料加工　　C. 外发加工　　D. 深加工结转

2. 加工贸易保税监管准予保税的“料件”除原辅材料、零部件、元器件外，还包括（　）。

A. 半成品　　B. 加工工具　　C. 包装材料　　D. 副产品

3. 保税加工企业包括海关注册的经营企业和（　）。

A. 加工企业　　B. 物流企业　　C. 报关企业　　D. 代理企业

4. 某公司属物理围网模式管理的加工贸易企业，海关对其的管理形式是（　）。

A. 办理电子化手册　　B. 通过和企业联网方式监管

C. 实行银行保证金台账　　D. 以加工贸易合同为监管单元

5. （　），海关不予办理加工贸易电子化手册设立手续。

A. 加工产品属于国家禁止在我国境内加工生产的

B. 进口料件属于国家禁止进口的

C. 出口成品属于许可证管理的

D. 手册到期未报核，重新申报设立手册的

6. 经营企业提交齐全、有效的单证材料，申请设立手册的，海关应当自接受企业手册设立申报之日起（　）个工作日内完成加工贸易手册设立手续。

A. 3　　B. 5　　C. 7　　D. 10

7. 苏州 A 企业欲将该企业进料加工手册项下一批五金件运送至深圳 B 企业进行注塑复合加工，加工完毕后复运回 A 企业继续加工，该企业应办理（　　）手续。

A. 出料加工　　B. 外发加工　　C. 深加工结转　　D. 异地加工

8. 某企业已办理加工贸易手册，料件进口后发现申报内容与事实不符，海关将责令企业将货物作（　　）处理。

A. 退运出境　　B. 内销　　C. 余料结转　　D. 销毁

9. 加工贸易手册剩余料件结转至下移手册继续使用成为（　　）。

A. 退运出境　　B. 内销　　C. 余料结转　　D. 销毁

10. 加工货物按海关规定内销免征缓税利息的是（　　）。

A. 副产品　　B. 残次品　　C. 边角料　　D. 受灾保税货物

11. 对某企业从境外进口导光板 10 000 个，深加工结转转入 5 000 个，成品耗用 9 000 个，退运出境 3 000 个，内销 1 000 个，剩余料件数量为（　　）。

A. 2 000 个　　B. 3 000 个　　C. 4 000 个　　D. 5 000 个

12. 某企业进口塑料粒子 1 000 吨。其中，手册备案 500 吨，保税仓库存入 400 吨，内销 100 吨，加工成品耗用 100 吨，剩余料件数量为（　　）。

A. 0 吨　　B. 100 吨　　C. 400 吨　　D. 500 吨

二、请完成下面的工作项目

2019 年 6 月 10 日，厦门太德进出口有限公司（3502160069）从英国进口加工贸易项下（手册号：B52000455456）棉坯布一批（法定计量单位：米/ 千克），该商品位于加工贸易手册上第 3 项，委托厦门太福布业有限公司（3502930256）加工后复出口。货物从厦门海关进境，厦门太德进出口有限公司进行申报。棉坯布的海关 HS 编码为 52091100. 20，全棉，未漂白，平纹，每平方米 240 克重。保险费率为 3‰。厦门太德进出口有限公司社会信用代码为 3201112354848UHG45，厦门太福布业有限公司社会信用代码为 45210025212168SG14。

假如你是厦门太德进出口有限公司报关员王吉，请根据报关委托信息和单据，完成以下进口货物报关单填制。

1. 商业发票

INVOICE

Buyer：XIAMEN TIDE IMP&EXP CO.，LTD INVOICE No. ：FME-166180

Shipped per：OOCL AMBITION V. 224W Sailing on or about：20190605

Loaded：From Southampton U. K To XIAMEN CHINAINVOICE DATE：20190601

Marks and Nos	Descriptions	Quantity	Unit Price	Amount
D_ U_ XIAMEN C/ NO. 1-122 MADE IN U. K	COTTON GREY CLOTH	1 5212. 87M 16 637. 00YDS	CFR XIAMEN USD0. 62/YD	USD10 314. 94
				TOTAL：USD10 314. 94

2. 装箱单

PACKING LIST

Buyer：XIAMEN TIDE IMP&EXP CO. , LTD　　CONTRACT No. : TID2019/0601

Loaded：From Southampton U. K To XIAMEN CHINA DATE：20190601

Marks and Nos	Descriptions	PACKAGES	Gross Weigh	Net Weigh
D_ U_ XIAMEN C/NO. 1-122 MADE IN U. K	COTTON GREY CLOTH	122ROLLS	2 200KG	2 097KG
		TOTAL：122 ROLL	2 200KG	2097KG

3. 提单

BILL OF LOADING

Shipper OCM COTTON CLOTH（U. K）CO. , LTD		**B/L No.** OOLU3018584
Consignee TO ORDER		EVERGREEN LINE BILL OF LADING
Notify Party XIAMEN TIDE IMP&EXPCO. , LTD XXXXXXXX XIAMEN, FUJIAN, CHINA		**Also Notify Party-Routing &Instruction**
Port of Loading Southampton	**Port of Transshipment**	**Remarks**
Port of Discharge XIAMEN	**Place of Delivery** XIAMEN	

Marks & Nos.	**No. of Containers or Packages**	**Description of Goods**	**Gross Weight Kgs**	**Measurement CBM**
D_ U_ XIAMEN C/NO. 1122 MADE IN U. K	PACKAGES 122ROLLS	COTTON GREY CLOTH 棉胚布 "OCEAN FREIGHT PREPAID" CONTAINER NO： OOLU1058318/20Q	2 200	5. 750

Total Number of containers and/or packages（inwords）　ONE CONTAINER ONLY

4. 报关单

中华人民共和国海关进口货物报关单

预录入编号：　　　　　　　　　　海关编号：　　　　　　　　　　页码/页数：

境内收货人	进境关别		进口日期		申报日期	备案号	
境外发货人	运输方式		运输工具名称及航次号		提运单号	货物存放地点	
消费使用单位	监管方式		征免性质		许可证号	启运港	
合同协议号	贸易国（地区）		启运国（地区）		经停港	入境口岸	
包装种类	件数	毛重（千克）	净重（千克）	成交方式	运费	保费	杂费
随附单证							
标记唛码及备注							
项号 商品编号 商品名称及规格型号 数量及单位 单价/总价/币制 原产国（地区） 最终目的国（地区） 境内目的地 征免							
1							
2							
3							
4							
5							
特殊关系确认：		价格影响确认：		支付特许权使用费确认：		自报自缴：	
报关人员　报关人员证号　电话　兹申明以上内容承担如实申报、依法纳税之法律责任。 申报单位　　　　　　　　　　　　申报单位（签章）						海关批注及签章	

三、请分析下面的工作任务

义乌A公司与韩国B公司签订了10 000个背包的出口合同，与韩国C公司签订了80 000平方米的涤纶布的料件进口合同，与绍兴D公司签订了10 000个背包的委托加工合同。义乌A公司拟向海关申请加工贸易电子化手册。生产完毕后，A公司还有保税货物涤纶布2 000平方米。

请根据上述资料，回答以下问题：

1. 义乌A公司应向哪个主管海关办理电子化手册设立手续？该电子化手册“经营单位”栏应填报什么单位？

2. 办理该电子化手册设立手续时应向海关提供的资料有哪些？

3. 已出口的背包在手册核销前，由于质量不符合退运进口而不再出口，退运进口时的货物应申报的何种监管方式？

4. 对剩余的涤纶布2 000平方米的处理方式有哪些？

项目六 减免税货物进出口报关

学习目标

- 了解特定减免税货物备案的主要内容
- 熟悉减免税审批程序及要求
- 掌握特定减免税货物报关程序及要求

任务一 减免税货物的特征与范围

任务导入

特定减免税货物是海关根据国家的政策规定准予减税、免税进口使用于特定地区、特定企业、特定用途的货物。特定地区是由我国行政法规规定关境内某一特别限定区域享受减免税优惠的限定区域。特定企业是由国务院制定的行政法规规定享受进口货物减免税优惠的指定企业。特定用途是国家规定可以享受减免税优惠的进口货物只能用于行政法规专门规定的用途。

一、特定减免税货物的特征

特定减免税货物有以下三大特征：

（一）特定条件下减免进口关税

特定减免税是国家无偿向符合条件的进口货物使用企业赋予关税优惠待遇，目的是优先发展特定地区经济，鼓励外商在我国的直接投资，促进国有大中型企业和科学、教育、文化、卫生事业的发展。因而，这种关税优惠具有鲜明的指向性，只能在国家行政法规规定的特定条件下使用。

（二）按规定提交进口许可证件

享有特定减免税的进口货物应按照国家有关进出境管理法律法规的规定，凡属于进口时需要交验许可证件的货物，收货人或其代理人都应当在进口申报时向海关提交进口许可证件。

特定减免税货物一般不豁免进口许可证件，但是对外资企业和香港、澳门、台湾同胞及华侨的投资企业进口本企业自用的机器设备，可以免于交验进口许可证件；外商投资企业在投资总额内进口涉及机电产品自动进口许可管理的，也可免于交验有关许可证件。特定减免税进口设备可以在两个享受特定减免税优惠的企业之间结转。结转手续应当分别向企业主管海关办理。出口加工区企业进口免税的机器设备等，应当填制“出口加工区进境备案清单”，保税区企业进口免税的机器设备等，应当填制进口货物报关单。

（三）进口后的减免税货物接受海关监管

减免税货物在进口后在规定的期限内接受海关监管，限于规定的地区、企业和用途。特定减免税进口货物的海关监管期限是：船舶或飞机为 8 年，机动车辆为 6 年，其他货物为 5 年，从进境之日起算。

二、特定减免税货物的范围

特定减免税货物的范围主要有三大类：特定地区减免税货物；特定企业减免税货物；特定用途减免税货物。

任务二　特定减免税货物报关

任务导入

特定减免税货物报关程序分为三个阶段：货物进口之前进行减免税申请；货物进出境时办理进出口货物报关手续；货物结关后申请解除减免税货物监管。

一、减免税申请

（一）特定地区减免税申请

1. 申请人办理减免税备案手续

特定地区减免税主要是指保税区减免税货物和出口加工区减免税货物。

（1）保税区减免税备案。减免税申请人向主管海关办理减免税备案登记，提交企业批准证书、营业执照、企业合同和章程等申请材料。

（2）出口加工区减免税备案。减免税申请人向主管海关办理减免税备案登记，提交出口加工区管理委员会的批准文件、营业执照等申请材料。

2. 海关审核登记

（1）保税区海关对申请人的申请材料进行审核，对准予备案的，签发企业征免税登记手册。在特定减免税货物进口前，向保税区海关提交企业征免税登记手册、发票、装箱单等，将有关信息录入海关计算机系统。主管海关核准后签发“进出口货物征免税证明”。

（2）出口加工区海关对申请人的申请材料进行审核，对准予备案的，建立企业设备电子账册。在特定减免税货物进口前，向出口加工区海关提交发票、装箱单等，海关在电子账册中进行登记，不核发“进出口货物征免税证明”。

（二）特定企业减免税申请

1. 申请人办理减免税备案手续

特定企业主要是指外商投资企业。申请人向主管海关办理减免税备案登记时．应提交商务主管部门的批准文件、营业执照、企业合同、章程等申请材料。

2. 海关审核登记

主管海关审核后准予备案的，签发“外商投资企业征免税登记手册”。在特定减免税货物进口前，向主管海关提交外商投资企业征免税登记手册、发票、装箱单等，将有关信息录入海关计算机系统。主管海关核准后签发“进出口货物征免税证明”。

（三）特定用途减免税申请

1. 国内投资项目减免税申请

经批准后的国内投资项目，凭国家鼓励发展的内外资项目确认书、发票、装箱单等向主管海关提出减免税申请。海关审核后，签发“进出口货物征免税证明”。

2. 利用外资项目减免税申请

经批准后的利用外资项目，凭国家鼓励发展的内外资项目确认书、发票、装箱单等向主管海关提出减免税申请。海关审核后，签发“进出口货物征免税证明”。

3. 科教用品减免税进口申请

办理科学研究和教学用品免税进口申请时，应当持有关主管部门的批准文件，向主管海关办理资格认定手续。海关审核后，签发“科教用品免税登记手册”。在特定减免税科教用品进口前，向主管海关提交科教用品免税登记手册、合同等单证。经海关核准后，签发“进出口货物征免税证明”。

4. 残疾人专用品减免税申请

申请人向主管海关提交民政部门的批准文件，海关审核后，签发“进出口货物征免税证明”。民政部门或中国残疾人联合会所属单位批量进口残疾人专用品，出具民政部门或残联出具的证明函，海关凭其审核并签发“进出口货物征免税证明”。

进出口货物征免税证明的有效期为 6 个月，因特殊情况可申请延长 6 个月，实行“一证一批”“一证一关”的管理方法。如需多批、多口岸进口，则事前分别申领征免税证明。

二、特定减免税货物进口报关

特定减免税货物进口报关与一般进口货物报关程序基本相同。不同之处是：申报单证必须含进出口货物征免税证明；进口货物报关单“备案号”一栏填写进出口货物征免税证明 12 位编号。

三、申请解除减免税货物监管

（一）自动解除监管

特定减免税货物在监管年限届满后自动解除海关监管，无须领取减免税进口货物解除监管证明。

（二）申请解除监管

企业需要解除监管证明的，可以自监管年限届满之日起1年内，持减免税货物解除监管申请表（见样例6-1）、进口货物报关单复印件、进口货物征免税证明复印件、发票复印件、海关注册登记证明书复印件等有关单证向海关申领减免税进口货物解除监管证明（见样例6-2）。

样例6-1

持减免税货物解除监管申请表

企业代码		企业名称			联系人、联系电话				
申请解除监管货物清单									
项目统一编号	原征免税证明编号	原征免税证明项号	货物名称	规格型号	数量	单位	原货物总价	币制	原进口放行日期
申请解除监管理由									
备注									
									公司（签章） 年 月 日

样例6-2

中华人民共和国海关进口减免税货物解除监管证明

__________公司（单位）： 编号：

根据海关规定，对你公司（单位）进口的下列减免税货物准予解除海关监管。特此证明。

序号	项目统一编号	原征免税证明编号	原征免税证明项号	货物名称	规格型号	数量	单位	原货物总价	币制	原进口日期

海关（印章）

年 月 日

监管期内申请解除海关监管的情形包括：①在监管期内欲销售或转让的，企业应向海关缴纳进口税费后申请领取减免税进口货物解除监管证明，再实施销售或转让。②将货物转让给同样享受进口减免税优惠的企业，接受货物的企业应当先向主管海关申领“进出口货物征免税证明”，凭其办理货物的结转手续。③退运出境的，向出境地海关办理货物出口退运申报手续。出境地海关监管货物出境后，签发出口报关单，企业持该报关单及其他有关单证向主管海关申领解除监管证明。④要求放弃特定减免税货物的，向主管海关提交放弃货物的书面申请。海关核准后进行货物拍卖，并将所得款项上缴国库后签发收据，企业凭收据申领解除监管证明。⑤企业进入到破产清算程序时，对于还处在海关监管期内的特定减免税货物需向主管海关申请。经主管海关同意，缴纳应纳税款后申领解除监管证明。

知识链接

特定减免税货物与保税货物的异同

1. 性质不同

特定减免税货物具有三个特定给予的税收优惠措施；对于保税货物，针对进境又复运出境的特点简化了海关税、证手续。

2. 前期准备不同

对于特定减免税货物，需申领减免税证明；对于保税货物，应向海关备案，由海关核发加工贸易登记手册。

3. 监管不同

对于特定减免税货物在监管期满后解除监管；对于保税货物根据去向不同分别办理相应的手续。

职业技能训练

一、不定项选择题

1. 我国《海关法》《进出口关税条例》将减免税分为（　　）：

A. 法定减免　　　　B. 特定减免

C. 零关税　　　　D. 临时减免

2. 关于法定减免税的正确描述是（　　）。

A. 适用法定减免税需要办理海关审批手续

B. 法定减免税的范围由《海关法》《进出口关税条例》明确

C. 法定减免税货物均应按“一般贸易”监管方式报关

D. 海关对法定减免税货物和物品实行后续管理

3. 目前我国对关税税额在人民币（　　）元以下的一票货物法定免税。

A. 10　　B. 23　　C. 50　　D. 100

4. 特定减免税是指海关根据国家规定，对（　　）给予的减免关税和进口环节代征税的优惠。

A. 特定地区　　B. 特定用途

C. 特定商品　　D. 特定企业

5. 进出口减免税货物备案手续应当提交的材料包括（　　）。

A.《进出口货物减免税备案申请表》

B.《进出口货物征免税证明》

C. 企业营业执照或事业单位法人证书

D. 享受进出口税收优惠政策资格的证明材料

6. 进出口减免税货物审批手续应当提交的材料包括（　　）。

A.《进出口货物减免税审批申请表》

B.《进出口货物征免税证明》

C. 企业营业执照或事业单位法人证书

D. 进出口合同、发票及相关货物的产品情况资料

7.《进口货物征免税证明》可以办理一次延期手续，延长期限不得超过（　　）

A. 1 个月　　B. 3 个月　　C. 6 个月　　D. 1 年

8. 未经海关许可，减免税申请人不得擅自将减免税货物（　　）。

A. 转让　　B. 抵押　　C. 质押　　D. 移作他用

9. 进口减免税设备的监管年限为（　　）。

A. 3 年　　B. 5 年　　C. 6 年　　D. 8 年

10. 减免税申请人可以自办结补缴税款和解除监管等相关手续之日或者自海关监管年限届满之日起（　　）内，向主管海关申请领取解除监管证明。

A. 6 个月　　B. 1 年　　C. 2 年　　D. 3 年

二、请完成下面的工作项目

华阳电业有限公司（3506941234）在投资总额内委托福建电力进出口公司（06915678）进口一批投资设备（属法定检验检疫货物），装载该货物的运输工具于 2019 年 8 月 29 日申报进境，该公司于 2019 年 8 月 31 委托大通报关有限公司（506985566）持免税表及其他随附单据向厦门海关（代码 3701）申报。入境通关单编号：31030505546218；投资设备征免税表编号：Z37018A03980；海关签注为"鼓励项目"。法定计量单位为千克。

大通报关公司报关员张娜应根据报关委托信息和单据，完成以下工作任务应根据报关委托信息和单据，完成以下进口货物报关单填制。

1. 商业发票

INVOICE

Buyer: HUAYANG ELECTRIC POWERCO. , LTD INVOICE No. : J88508

Shipped per: STELLA FAIRY V. 229 Sailing on or about: 20190828

Loaded: From GAOXIONG To XIAMENINVOICE DATE: 20190825

Marks and Nos	Descriptions	Quantity	Unit Price	Amount
HYEC 8ET74 MADE IN TAIWAN PRC	Flat Bar SS-400 4. 5mm×25mm HS CODE: 72111900. 00	20 270KGS	CIF XIAMEN USD0. 52/KG	USD10 540. 40
TOTAL: USD10 540. 40				

2. 装箱单

PACKING LIST

Buyer: HUAYANG ELECTRIC POWER CO. , LTD CONTRACT No. : 8ET74

Loaded: From GAO XIONG To XIAMEN NDATE: 20190825

Marks and Nos	Descriptions	PACKAGES	Net Weight	Gross Weight
HYEC 8ET74 MADE IN TAIWAN PRC	Flat Bar SS-400 4. 5mm×25mm	14PACKAGES	20 270KG	20 298KG
		TOTAL: 14 PACKAGES	20 270KG	20 298KG

3. 提单

BILL OF LOADING

Shipper ABC CO. , LTD (TAI WAN, PRC) 201, TUNG HWAN. , RD TAIPEI, TAIWAN, PRC		**B/L No.** GUK-6 BILL OF LADING
Consignee TO ORDER		
Notify Party HUAYANG ELECTRIC POWER CO. , LTD 2F 201, HUBIN NORTH, XIAMEN TEL: 059285113433		**Also Notify Party-Routing & Instruction**
Pre-carriage by	**Place of Receipt**	**Ocean Vessel Voy. NO.** STELLA FAIRY V. 229
Port of Loading	**Port of Transshipment**	**Remarks**
Port of Discharge XIAMEN	**Place of Delivery** XIAMEN	

Marks & Nos.	No. of Containers or Packages	Description of Goods	Gross Weight Kgs	Measurement CBM
HYEC 8ET74 MADE IN TAIWAN PRC	PACKAGES 1 4 PACKAGES	Flat Bar SS-400 "OCEAN FREIGHT PREPAID" CONTAINER NO: YML U4055635/ 40Q	20 298KGS	$68M^3$

Total Number of containers and/or packages (inwords) ONE CONTAINER ONLY

4. 报关单

中华人民共和国海关进口货物报关单

预录入编号： 海关编号： 页码/页数：

境内收货人	进境关别		进口日期		申报日期	备案号	
境外发货人	运输方式		运输工具名称及航次号		提运单号	货物存放地点	
消费使用单位	监管方式		征免性质		许可证号	启运港	
合同协议号	贸易国（地区）		启运国（地区）		经停港	入境口岸	
包装种类	件数	毛重（千克）	净重（千克）	成交方式	运费	保费	杂费
随附单证							
标记唛码及备注							
项号 商品编号 商品名称及规格型号 数量及单位 单价/总价/币制 原产国（地区） 最终目的国（地区） 境内目的地 征免							
1							
2							
3							
4							
5							
特殊关系确认：		价格影响确认：		支付特许权使用费确认：		自报自缴：	
报关人员 报关人员证号 电话 兹申明以上内容承担如实申报、依法纳税之法律责任。 申报单位 申报单位（签章）						海关批注及签章	

三、请分析下面的工作任务

上海 A 报关企业受浙江 B 企业委托，向上海洋山海关申报进口一批机械设备。该批设备向海关申报时，报关单“经营单位”栏填报企业的名称及社会信用代码，“贸易方式”栏填报“2225”，“征免性质”栏填报为“789”。经海关审核接受申报后，该批设备向海关缴纳保证金后获得海关放行。B 企业在规定的时间办结了担保销案手续。进口机械设备在使用 2 年后，经主管部门批准，缴纳相关进口税费后转售给国内另一企业。

请根据上述案例，选择回答下列问题：

1. 从题中已知条件判断，B 企业为（ ）。

A. 中外合资企业　　B. 中外合作企业

C. 外商独资企业　　D. 有进出口经营权的国有企业

2. 该批设备进口时，凭“保证金”获得海关放行是因为 B 企业（ ）。

A. 未能向海关提供报关注册登记材料

B. 未能向海关提供企业的减免税备案登记资料

C. 未能向海关提供企业的进出口货物征免税证明

D. 需要办理货物转关手续

3. 该批货物经海关放行后（　　）。

A. 已办结海关手续，放行后无须再受海关监管

B. 在担保承诺的义务得到履行后，其海关手续即已办结，无须接受海关后续监管

C. 在担保承诺的义务得到履行后，仍在海关规定的监管年限内，继续接受海关后续监管

D. 在货物试用期结束并办理复出境及核销手续前，应继续接受海关监管

4. 该批进口设备的海关监管年限为（　　）。

A. 5 年　　B. 6 年　　C. 8 年　　D. 10 年

5. 对于经主管部门批准转售的设备，应按规定办理海关手续的是（　　）。

A. 由海关按使用时间折旧估价征税，并以此获取解除海关监管证明

B. 由海关按使用时间折旧估价征税，其完税价格应以海关审定的该设备进口时的价格扣除折旧部分价值来确定

C. 由海关按使用时间折旧估价征税，使用海关接受申报办理纳税手续之日实施的税率

D. 由海关按使用时间折旧估价征税，由于设备原监管期限未满，海关继续实施监管

项目七　暂准进出境货物进出口报关

学习目标

- 了解暂准进出境货物的特征
- 熟悉暂准进出境货物的范围
- 掌握暂准进出境货物的报关及要求

任务一　暂准进出境货物的特征

任务导入

暂准进出境货物包括暂准进境货物与暂准出境货物。暂准进境货物是为了特定的目的，经海关批准暂时进境，按规定的期限以原状复运出境的货物；暂准出境货物是为了特定的目的，经海关批准暂时出境，按规定的期限以原状复运进境的货物。

一、暂准进出境货物的特征

暂准进出境货物的特征有四个方面：有条件暂时免于缴纳税费；免于提交进出口许可证件；在规定期限内按原状复运进出境；按货物实际使用情况办结海关手续。

二、暂准进出境货物的范围

（一）第一类

第一类货物是指经海关批准暂时进境或者出境、缴纳保证金、在规定的期限内、复运出境或者复运进境的货物。具体范围如下：

（1）在展览会、交易会、会议及类似活动中展示或者使用的货物；

（2）文化、体育交流活动中使用的表演、比赛用品；

（3）进行新闻报道或者摄制电影、电视节目使用的仪器、设备及用品；

（4）开展科研、教学、医疗活动使用的仪器、设备及用品；

（5）上述四项所列活动中使用的交通工具及特种车辆；

（6）货样；

（7）慈善活动使用的仪器、设备及用品；
（8）供安装、调试、检测、修理设备时使用的仪器及工具；
（9）盛装货物的容器；
（10）旅游用自驾交通工具及其用品；
（11）工程中使用的仪器、设备及用品；
（12）海关批准的其他暂准进出境货物。

（二）第二类

第二类货物是指按货物的完税价格和其在境内滞留时间与折旧时间的比例计算，按月或者在规定期限内货物复运出境或者复运进境时征收进出口税的暂准进出境货物。

任务二　暂准进出境货物报关

任务导入

按照我国海关的监管方式，对暂准进出境货物可以归纳为以下四种监管方式的报关程序：使用 ATA 单证册报关的暂准进出境货物；不使用 ATA 单证册报关的展览品；集装箱箱体；其他暂准进出境货物。

一、使用ATA单证册暂准进出境货物的报关

ATA 是由法文“Admission Temporaire”和英文“Temporary Admission”的首字母缩合而成，字面含义为“暂准免税进口”。ATA 单证册（见图 7-1）是暂准进口单证册的简称，是用于替代各缔约方海关暂准进出口货物报关单和税费担保的国际性通关文件。一份 ATA 单证册一般由 8 页 ATA 单证组成：一页绿色封面单证、一页黄色出口单证、一页白色进口单证、一页白色复出口单证、两页蓝色过境单证、一页黄色复进口单证、一页绿色封底。ATA 单证册制度是暂准免税进口单证册制度，已在近 70 个国家和地区实施。我国从 1998 年开始实施 ATA 单证册制度，中国国际贸易促进委员会/中国国际商会是 ATA 单证册制度的出证和担保商会，具体事务由中国国际贸易促进委员会法律事务部 ATA 处负责办理。

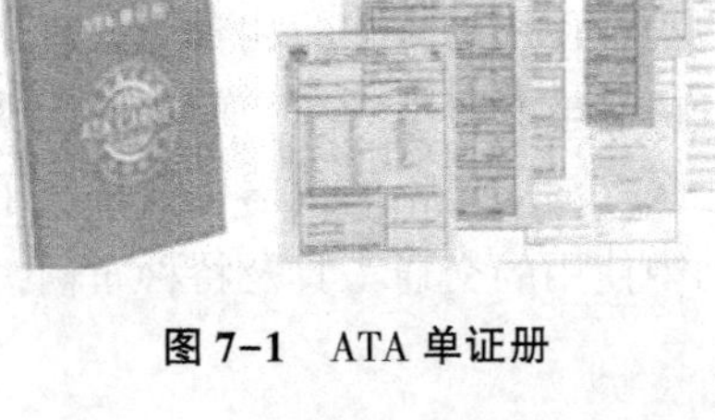

图 7-1　ATA 单证册

ATA 单证册在线申请流程如图 7-2 所示：

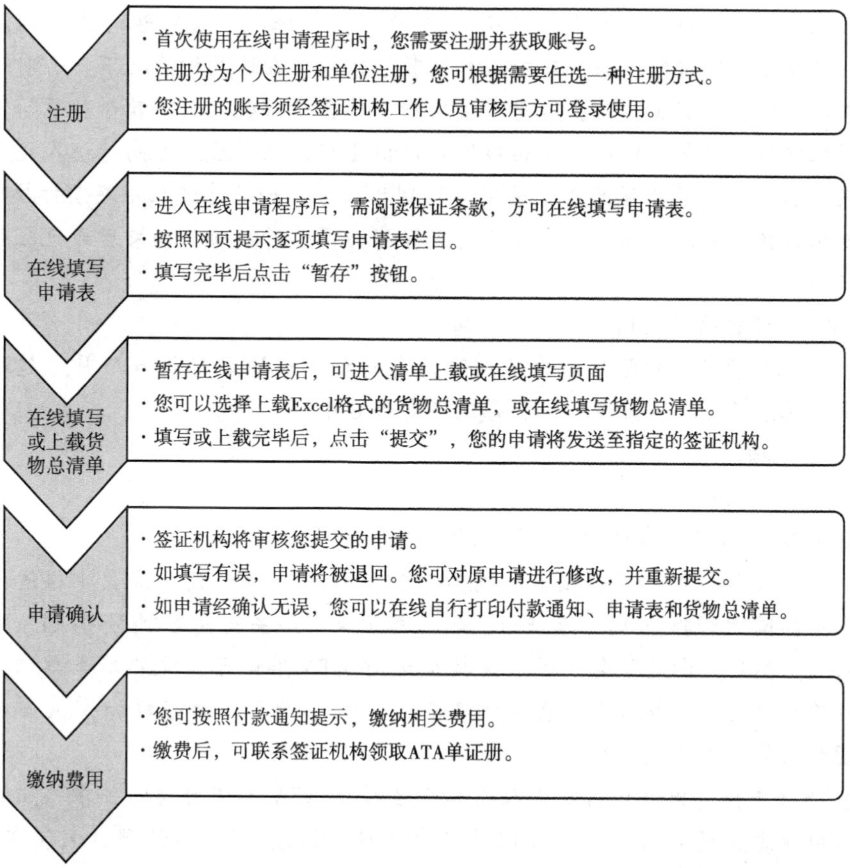

图 7-2　ATA 单证册在线申请流程

知识链接

ATA 单证册简介

1. ATA 单证册的适用范围

我国使用《ATA 单证册》的范围仅限于展览会、交易会、会议及类似活动项下的货物。

2. ATA 单证册的使用

（1）正常使用。使用 ATA 单证册要向出证协会提出申请，缴纳一定的手续费，提供担保，出证协会审核后签发 ATA 单证册。持证人凭 ATA 单证册将货物在出境国暂时出境，又暂时进入进境国，进境国海关经查验签章放行。货物完成暂时进境的特定使用后，从进境国复运出境，又复运进入原出境国。持证人将使用过的、经各海关签注的 ATA 单证册交还给原出证协会。ATA 单证册的担保协会和出证协会一般是国际商会国际局和各国国际商会。

(2) 未正常使用。一般有两种情况：一是货物未按规定期限复运出境，产生了暂时进境国海关对货物征税的问题；二是 ATA 单证册持证人未遵守暂时进境国海关的有关规定，产生了暂时进境国海关对持证人罚款的问题。在这两种情况下，暂时进境国海关可向本国担保协会提出索赔；暂时进境国担保协会垫付税款、罚款等款项后，可向暂时出境国担保协会进行追偿；暂时出境国担保协会垫付款项后，可向持证人追偿，持证人偿付款项后，ATA 单证册的整个使用过程到此结束。如果持证人拒绝偿付款项，则担保协会或出证协会要求持证人的担保银行或保险公司偿付款项。如果后者也拒付，则采取法律行动。

3. ATA 单证册的有效期

ATA 单证册项下货物暂时进出境期限为自货物进出境之日起 6 个月。超过 6 个月的，需向直属海关延期，最多三次，每次不超过 6 个月。

4. 管理机构

海关总署在北京海关设立 ATA 核销中心。

使用 ATA 单证册暂准进出境货物的报关程序如下：

(1) 进境申报。进境货物收货人或其代理人持 ATA 单证册向海关申报进境展览品时，先在中国国际商会将 ATA 单证册上的内容预录入海关与商会联网的 ATA 单证册电子核销系统。然后，向展览会主管海关提交纸质 ATA 单证册、提货单等单证。海关在白色进口单证上签注，并留存白色进口单证（正联），退还其存根联和 ATA 单证册其他各联给货物收货人或其代理人。

(2) 出境申报。出境货物发货人或其代理人持 ATA 单证册向海关申报出境展览品时，向出境地海关提交国家主管部门的批准文件、纸质 ATA 单证册、装货单等单证。海关在绿色封面单证和黄色出口单证上签注，并留存黄色出口单证（正联），将其存根联和 ATA 单证册其他各联退还给出境货物发货人或其代理人。

(3) 过境申报。过境货物承运人或其代理人持 ATA 单证册向海关申报将货物通过我国转运至第三国参加展览会的，不必填制过境货物报关单。海关在两份蓝色过境单证上分别签注后，留存蓝色过境单证（正联），退还其存根联和 ATA 单证册其他各联给运输工具承运人或其代理人。

我国海关接受中文或英文填写的 ATA 单证册的申报。用英文填写的 ATA 单证册，海关可要求提供中文译本。

知识链接

ATA 单证册的作用

1. 免除填制报关单手续

单证册可替代货物暂时出口、复进口、暂时进口、复出口以及过境时的报关单，只需向海关出示 ATA 单证册即可顺利通关。

2. 免除办理进口税款担保手续

各国海关通常对暂准进口货物要求预交税款或者提供担保，使用 ATA 单证册可直接作为进口税款的担保文件的，报关时就不必再预交税款和提供税款担保。

3. 免领进出口许可证

根据我国海关规定，ATA 单证册项下进出口货物一般可免领进出口许可证。

4. 免报关资格

根据我国海关规定，ATA 单证册的持证人可以自行办理通关手续，对报关资格没有限制。

5. 出入境地点没有限制

除非暂准进口国海关另有规定，持证人可以在该国境内任何一个口岸海关进行报关，货物的出境地也可与复入境地不一致。

6. 暂准进出境货物结关

持证人在规定期限内将进境展览品、出境展览品复运出境、复运进境，海关在白色复出口单证和黄色复进口单证上分别签注，留存单证（正联），退还其存根联和 ATA 单证册其他各联给持证人，正式核销“结关”。

持证人不能按规定期限将展览品复运进出境的，我国海关向担保协会即中国国际商会提出追索。

二、不使用 ATA 单证册报关的展览品

（一）进出境展览品的范围

1. 进境展览品

进境展览品包含在展览会中展示或作示范用的货物、物品，为示范展出的机器或器具所需用的物品，设置临时展台的建筑材料及装饰材料，供展览品作示范宣传用的电影片、幻灯片、录像带、录音带、说明书、广告等。

2. 出境展览品

出境展览品包含国内单位赴境外举办展览会或参加境外博览会、展览会而运出的展览品，以及与展览活动有关的宣传品、布置品、招待品及其他公用物品。与展览活动有关的小卖品、展卖品，可以按“展览品”报关出境，不按规定期限复运进境的，办理一般出口手续，交验出口许可证件，缴纳出口关税。

（二）展览品的暂准进出境期限

进口展览品的暂准进境期限是 6 个月，即自展览品进境之日起 6 个月内复运出境。如果需要延长复运出境的期限，应当向主管海关提出申请。经批准可以延长，延长期限最长不超过 6 个月。

出口展览品的暂准出境期限为自展览品出境之日起 6 个月。如果需要延长复运进境的期限，应当向主管海关提出申请。

（三）展览品的进出境申报

1. 进境申报

展览品进境之前，展览会主办单位应当将举办展览会的批准文件连同展览品清单一起送展出地海关，办理登记备案手续；展览品进境申报手续可以在展出地海关办理。从非展出地海关进口的，可以申请在进境地海关办理转关运输手续，将展览品在海关监管下从进境口岸转运至展览会举办地主管海关办理申报手续；展览会主办单位或其代理人应当向海关提交报关单、展览品清单、提货单、发票、装箱单等。展览品中涉及检验检疫等管制的，还应当向海关提交有关许可证件；展览会主办单位或其代理人应当向海关提供担保，海关一般在展览会举办地对展览品开箱查验。

2. 出境申报

展览品出境申报手续应当在出境地海关办理；在境外举办展览会或参加国外展览会的企业应当向海关提交国家主管部门的批准文件、报关单、展览品清单一式两份等单证；展览品属于应当缴纳出口关税的，向海关缴纳相当于税款的保证金，属于核用品、“核两用品”及相关技术的出口管制商品的，应当提交出口许可证；海关对展览品开箱查验，核对展览品清单；查验完毕，海关留存一份清单，另一份封入“关封”，交还给出口货物发货人或其代理人，凭其办理展览品复运进境申报手续。

（四）进出境展览品的核销结关

1. 复运进出境

进境展览品按规定期限复运出境，出境展览品按规定期限复运进境后，海关分别签发报关单证明联，展览品所有人或其代理人凭其向主管海关办理核销“结关”手续；展览品未能按规定期限复运进出境的，展览会主办单位或出国举办展览会的单位应当向主管海关申请延期，在延长期内办理复运进出境手续。

2. 转为正式进出口

进境展览品在展览期间被人购买的，由展览会主办单位或其代理人向海关办理进口申报、纳税手续，其中属于许可证件管理的，还应当提交进口许可证件。出口展览品在境外参加展览会后被销售的，由海关核对展览品清单后要求企业补办有关正式出口手续。

3. 展览品放弃或赠送

展览会结束后，进口展览品的所有人决定将展览品放弃并交由海关处理的，由海关变卖后将款项上缴国库。有单位接受放弃的展览品的，应当向海关办理进口申报、纳税手续。

展览品的所有人决定将展览品赠送的，受赠人应当向海关办理进口手续，海关根据进口礼品或经贸往来赠送品的规定办理。

4. 展览品毁坏、丢失、被窃

展览品因毁坏、丢失、被窃等原因，而不能复运出境的，展览会主办单位或其代理人应当向海关报告。对于毁坏的展览品，海关根据毁坏程度估价征税；对于丢失或被窃的展览品，海关按照进口同类货物征收进口税。展览品因不可抗力遭受损毁或灭失的，海关根据受损情况，减征或免征进口税。

（五）通关应注意的事项

1. 通关前的准备

检查单证册绿色封面的右下角是否有签证机构的签字和盖章；持证人在单证册绿色封面右下角“持证人签字”处签字。如果持证人非自然人、需要加盖单位公章；检查ATA单证册内各项报关单据的数量和种类与货物预计通关的次数和顺序是否吻合；核对货物总清单中的内容与实际货物情况是否一致。

2. 通关时要项

货物从中国出口时，ATA单证册绿色封面的左下角“海关验证”栏必须有中国海关的签字盖章，否则单证册无效；单证册内黄色出口/复进口存根以及黄色出口报关凭证和复进口报关凭证均由中国海关签注填写，白色进口/复出口存根以及白色进口报关凭证和复出口报关凭证由国外海关签注填写，蓝色过境存根和过境报关凭证由过境国或地区海关或国内转关地海关签注填写，所有凭证在由海关签注完毕后将被海关撕下留存，所有存根在经海关签注后仍需保留在单证册内；如果单证册上海关的签注不完整，或将因此引起索赔而无法及时核销和办理退保手续，中国海关一般给予出口单证册项下货物6个月的复进口有效期，如果单证册有效期内无法复运回国，可申请续签单证册；中国海关允许出口单证册项下货物异地、分批复进口；单证册项下货物在国外旅行时需遵守当地法律法规，并按照临时进口国或地区海关规定的复出口期限将货物以原状复出口，否则将会引起索赔；办理海关签注手续后核对与实际申报是否一致；如果单证册项下货物在国外发生留购、赠送、放弃或被盗等情况，应及时向当地海关申报，办理相应海关手续．并要求海关在复出口存根联上签注对货物的处理意见；如果单证册丢失，应及时联系签证机构申请补签单证册。

三、集装箱箱体

集装箱箱体是一种运输设备，装载进出口货物。其报关事项如下：

境内生产的集装箱及我国营运人购买进口的集装箱在投入国际运输前，营运人应当向其所在地海关办理登记手续。海关准予登记并符合规定的集装箱箱体，无论是否装载货物，海关准予暂时进境和异地出境，营运人或其代理人无须对箱体单独向海关办理报关手续，进出境时也不受规定的期限限制。

境外集装箱箱体暂准进境，无论是否装载货物，承运人或其代理人应当对箱体单独向海关申报，并应当于入境之日起6个月内复运出境。因特殊情况不能按期复运出境的，营运人应当向“暂准进境地”海关提出延期申请，经海关核准后可延期，但不得超过3个月，逾期应向海关办理进口报关纳税手续。

四、其他暂准进出境货物

（一）暂时进出境货物的范围

可以暂不缴纳税款的12项暂准进出境货物，除使用ATA单证册报关的货物、不使用ATA单证册报关的展览品、集装箱箱体按各自的监管方式由海关进行监管外，其余的均按暂准进出口货物进行监管，故其为暂时进出境货物的范围。

(二) 暂时进出口货物的期限

暂时进出口货物应当自进境或出境之日起 6 个月内复运出境或者复运进境。如果因特殊情况不能在规定期限内复运出境或者复运进境，可申请延期。延长期最长不超过 6 个月，最多为三次。

(三) 进出境申报

暂准进出口货物进出境要经过海关的核准。暂准进出口货物进出境核准属于海关行政许可范围，应当按照海关行政许可的程序办理。

1. 暂准进口货物进境申报

暂准进口货物进境时，收货人或其代理人应当向海关提交主管部门允许货物为特定目的而暂准进境的批准文件、进口货物报关单、商业及货运单据等，向海关办理暂准进境申报手续。对暂准进口货物不必提交进口货物许可证件，但对国家规定需要实施检验检疫的，或者为公共安全、公共卫生等实施管制措施的，仍应当提交有关的许可证件。暂准进口货物在进境时，进口货物的收货人或其代理人免于缴纳进口税，但必须向海关提供担保。

2. 暂准出口货物出境申报

暂准出口货物出境，发货人或其代理人应当向海关提交主管部门允许货物为特定目的而暂时出境的批准文件、出口货物报关单、货运和商业单据等，向海关办理暂时出境申报手续。暂准出口货物除易制毒化学品、监控化学品、消耗臭氧层物质、有关核出口、“核两用品”及相关技术的出口管制条例管制的商品以及其他国际公约管制的商品按正常出口提交有关许可证件外，不需交验许可证件。

(四) 核销结关

1. 复运进出境

暂准进口货物复运出境，暂准出口货物复运进境，进出口货物收、发货人或其代理人必须留存由海关签章的复运进出境的报关单，准备报核。

2. 转为正式进口

暂准进口货物因特殊情况，改变特定的暂准进口目的转为正式进口，进口货物收货人或其代理人应当向海关提出申请，提交有关许可证件，办理货物正式进口的报关纳税手续。

3. 放弃

暂准进口货物在境内完成暂时进口的特定目的后，货物所有人不准备将货物复运出境的，可以向海关声明将货物放弃，海关按放弃货物的有关规定处理。

4. 核销结关

暂准进口货物复运出境，或者转为正式进口，或者放弃后，暂准出口货物复运进境，或者转为正式出口后，收发货人向海关提交经海关签注的进出口货物报关单，或者处理放弃货物的有关单据以及其他有关单证，申请报核。海关经审核，情况正常的，退还保证金或办理其他担保销案手续，予以结关。

职业技能训练

一、不定项选择题

1. 下列可使用暂时进出境监管制度办理海关手续的货物是（　　）。

A. 随展览品进境的小卖品　　B. 旅游用自驾交通工具及其用品

C. 盛装货物的容器　　D. 货样

2. 下列有关暂时进出境监管制度的正确描述是（　　）。

A. 货物进（出）境前向海关办理登记备案手续

B. 货物进（出）境时向海关提供担保

C. 货物进（出）境后用于特定目的，海关给予特定目的，海关给予特定减免税优惠

D. 在规定的期限内复运出（进）境，办理销案手续后结关

3. 暂准进出境货物的特征所述正确的是（　　）。

A. 进出境不必缴纳进出口税费，但须提供担保

B. 进出境需提交进出口许可证件

C. 进出境货物应在规定期限内原状复运进出境

D. 进出境免予提交进出口许可证件

4. 下列货物或物品不适用暂准进出口通关制度的是（　　）。

A. 展览会期间出售的小卖品

B. 在展览会中展示或示范用的进口货物、物品

C. 承装一般进口货物进境的外国集装箱

D. 进行新闻报道使用的设备、仪器

5. 我国 ATA 单证册的签发机构是（　　）。

A. 海关总署　　B. 中国国际商会

C. 国务院　　D. 外经贸部

6. 我国规定暂准进出境货物应当自进境或者出境之日起（　　）内，复运出境或复运进境。

A. 6 个月　　B. 1 年内

C. 3 个月　　D. 1 个月

7. 在我国 ATA 单证册项下货物暂时进出境期限为货物进出境之日起（　　），如果有特殊情况超过需要延期的，延期最多不超过（　　），每次延长的期限不超过（　　）。

A. 6 个月；3 次；6 个月　　B. 1 年；1 次；1 年

C. 1 年；1 次；6 个月　　D. 1 年；3 次；1 年

8. 参展期在 24 个月以上展览会的展览品，在 18 个月延长期届满后仍需要延期的，由（　　）审批。

A. 隶属海关　　B. 直属海关

C. 海关总署　　　　　　　　　　D. 直属海关关长

9. 已进境的展览品核销结关的处理方式包括（　　）。

A. 展览品复运出境的　　　　　　B. 展览品放弃交由海关处理的

C. 展览品被窃的　　　　　　　　D. 展览品

10. 因不可抗力原因灭失的其他暂时进出境货物进境申报所需提交的单证包括：

A. 货物暂时进境申请批准决定书　B. 进口货物报关单

C. 商业发票　　　　　　　　　　D. 货运单据

二、请完成下面的工作项目

杭州 HMM 有限公司（3301932315）与德国 SMV 公司签订技术转让协议；根据协议，德国 SMV 公司对杭州 HMM 公司生产的相关产品性能进行测试，以保证其性能合格。2018 年 9 月，杭州 HMM 公司出口测试产品一批（发电机零件）。现在德国 MV 公司已对产品测试完毕，将部分产品原样返还。法定计量单位为千克。

假如你是杭州 HMMY 有限公司李明，请根据报关委托信息和单据完成以下进口货物报关单填制。

1. 商业发票

SMVCO. , LTD.　　　　　　　　GERMANY

INVOICE No：F3678721

Buyer：HANGZHOU HMMCO. , LTD

INVOICE No.：K23676058 INVOICE DATE：20180917

Marks and Nos.	Descriptions	Quantity	Unit Price	Amount
N/ M	Slip Rings HS CODE：85030090. 90	2pcs	FCA FRANKFURT USD500. 00/ PC	USD1 000. 00
				TOTAL：USD1 000. 00

2. 装箱单

SMVCO. , LTD. GERMANY

PACKING LIST

Buyer：HANGZHOU HMMCO. , LTD CONTRACT NO：SMV0915　　DATE：20180917

Marks and Nos.	Descriptions	PACKAGES	Gross Weight	Net Weight
N/ M	Slip Rings	2 CASES	260KG	235KG
	TOTAL：	2CASES	260KG	235KG

3. 空运单

GAF	FRA	41092575	GAF-	41092575

Shipper's Name and Address	Shipper's Account Number	Air Waybill
SMV CO., LTD		
ADDRESS: 118#, SKS ROAD, HAMBURG, GERMANY TEL: +49 680 6920584 FAX: +49 680 6920585		Copies1, 2and 3 of this Air Waybill are originals and have the same validity.
		Consignee's Account Number
Consignee's Name and Address		It is agreed that the goods described herein are accepted for carriage in apparent good order and condition (except as noted) and SUBJECT TO THE CONDITIONS OF CONTRACT ON THE REVERSE HEREOF.ALL GOODS MAY BE CARRIED BY AND OTHER MEANS INCLUDING ROAD OR ANY OTHER CARRIER UNLESS SPECIFIC CONTRARY INSTRUCTIONS ARE GIVEN HEREON BY THE SHIPPER.THE SHIPPER' S ATTENTION IS DRA WN TO THE NOTICE CONCERNING CARRIER' S LIMITATION OF LIABILITY. Shipper may increase such limitation of liability by declaring a higher value for carriage and paying a supplemental charge if required.
HANGZHOU HMM CO., LTD		
ADDRESS: 36#, YANAN ROAD, HANGZHOU, CHINA TEL: +86 571 85412447 FAX: +86 571 85412448		Accounting Information
Issuing Carrier's Agent Name and City		
MAWB: 057-3976 5542		Account No.
Agent's IATA Code		
Airport of Departure (Addr.of First Carrier) and Requested Routing		By First Carrier Routing and Destination
FRA FRANKFURT		

To	By First Carrier Routing and Destination GAF	To	By	To	By	Currency	CHGS Code	WT/VAL PPD	WT/VAL COLL	Other PPD	Other COLL	Declared Value for Carriage (24)	Declared Value for Customs (25)
TSN	Flight/Date For carrier Use Only Flight/Date					EUR	C		C			NVD	NCV

Airport of Destination	AF 118/08	Amount of Insurance	INSURANCE OF CARRIER
TSN TIANJIN	AF 118/08	NIL	
Handing Information			

No of Pieces RCP	Gross Weight	Kg Lb	Rate Class	Commodity Item No.	Chargeable Weight	Rate Charge	Total	Nature and Quantity of Goods (incl.Dimensions or Volume) (36)
	260							
1		Kg	Q		260	3.49	907.4	SLIP RINGS BODY (SAMPLES OF NTC BACK RETOUR) 1X80X80X65
	Other Charges							

Prepaid	Weight Charge	
907.4		MYC 79.5 SCC 37.1
Valuation Charge		Total collect
Total prepaid		
1024		Executed on (date) at (place) Signature of Issuing Carrier or its Agent.

4. 报关单

中华人民共和国海关进口货物报关单

预录入编号：　　　　　　　　海关编号：　　　　　　　　页码/页数：

境内收货人	进境关别	进口日期	申报日期	备案号
境外发货人	运输方式	运输工具名称及航次号	提运单号	货物存放地点
消费使用单位	监管方式	征免性质	许可证号	启运港
合同协议号	贸易国（地区）	启运国（地区）	经停港	入境口岸

包装种类	件数	毛重（千克）	净重（千克）	成交方式	运费	保费	杂费

随附单证
标记唛码及备注
项号 商品编号 商品名称及规格型号 数量及单位 单价/总价/币制 原产国（地区） 最终目的国（地区） 境内目的地 征免
1
2
3
4
5
特殊关系确认：　价格影响确认：　支付特许权使用费确认：　自报自缴：

报关人员　报关人员证号　电话　兹申明以上内容承担如实申报、依法纳税之法律责任。 申报单位　　　　　　　　　　申报单位（签章）	海关批注及签章

三、请分析下面的工作任务

2019年上海举办第二届中国国际进口博览会，德国宝马公司参展商品有最新款汽车、概念车模型等，另准备了供展览宣传用的光盘、广告和免费分送给观众的纪念品等，展览品及其他相关用品从天津新港海关进境后转关运至上海。

请根据上述资料，选择回答下列问题：

1. 参展商品及相关用品进境前，需要办理的相关手续是（　　）。

A. 若系ATA单证册下，则应向上海海关提出暂时进境申请，取得海关在ATA单证册的签注

B. 若非ATA单证册下，则应向上海海关提出暂时进境申请，取得《中华人民共和国海关货物暂时进/出境申请批准决定书》

C. 若系ATA单证册下，则应向天津海关提出暂时进境申请，取得海关在ATA单证册的签注

D. 若非ATA单证册下，则应向天津海关提出暂时进境申请，取得《中华人民共和

国海关货物暂时进/出境申请批准决定书》

2. 关于 ATA 单证册下参展产品进境手续的表述，正确的是（　　）。

A. 向主管海关提供进口货物报关单

B. 向主管海关提交保证金

C. 向主管海关提交纸质 ATA 单证册、提货单等单证

D. 向主管海关提交自动进口许可证

项目八　其他货物进出口报关

学习目标

- 了解其他进出境货物的特征
- 熟悉其他进出境货物的范围
- 掌握其他进出境货物的报关及要求

任务一　过境货物报关

任务导入

过境货物是指由境外起运，通过中国境内陆路继续运往境外的货物，其属海关监管货物，任何单位和个人不得开拆、提取、交付、发运、调换、改装、抵押、转让，或者更换标记。装载过境货物的运输工具，应当具有海关认可的加封条件和装置，任何人不得擅自开启或损毁。

一、过境货物的范围

（一）准予过境货物

第一，与中国签有过境货物协定国家的过境货物，或属于同中国签有铁路联运协定国家收、发货的过境货物，按有关协定准予过境；

第二，对与中国未签有上述协定国家的过境货物，应当经国家经贸、运输主管部门批准，并向人境地海关备案后准予过境。

（二）禁止过境货物

禁止过境的货物包括：来自或运往我国停止或禁止贸易的国家和地区的货物；各种武器、弹药、爆炸物品及军需品（通过军事途径运输的除外）；各种烈性毒药，麻醉品和鸦片、吗啡、海洛因、可卡因等毒品；我国法律、法规禁止过境的其他货物、物品。

二、过境货物的报关

（一）进境

1. 申报时限

经营人应在过境货物进境之日起3个月内，向进境地海关申报。未向海关申报的，海关视其为进口货物。

2. 申报单据

经营人递交的申报单据主要包括：过境货物报关单，过境货物运输单据（运单、装载清单、载货清单等），发票，装箱清单等。

3. 查验放行

海关认为必要时，可查验过境货物。海关在查验过境货物时，经营人或承运人应当到场，按照海关的要求负责搬移货物，开拆和重封货物的包装，并在海关查验记录上签字。过境货物经进境地海关审核无讹后，海关在运单上加盖“海关监管货物”戳记，并将两份过境货物报关单和过境货物清单制作关封后加盖“海关监管货物”专用章，连同上述运单一并交经营人；经营人或承运人负责将进境地海关签发的关封完整及时地交给出境地海关。

（二）出境

1. 申报时限

过境货物应自进境之日起6个月内运输出境，因特殊情况可申请延期，一般不超过3个月。

2. 申报单据

经营人向出境地海关申报出境时，应交验进境地海关签发的关封和海关需要的其他单证。若货物有变动情况，还应当提交书面证明。

3. 查验放行

过境货物经出境地海关审核有关单证、关封或货物无讹后，由海关在运单上加盖放行章，在海关监管下出境。

任务二　转运与通运货物报关

任务导入

转运货物是指以某一种运输工具从一国境外起运，在该国境内设立海关的地点换装另一运输工具后，不经过该国境内陆路继续运往其他国家的货物。货物由进境地海关到出境地海关之间的运输必须由在海关备案登记的转关运输车辆承运。通运货物是从境外起运，不通过我国境内陆路运输，进境后由原运输工具载运出境的货物。

一、转运货物的条件

转运货物的条件是：持有转运或联运提货单的；进口载货清单上注明是转运货物的；持有普通提货单，但在起卸前向海关声明转运的；误卸的进口货物，经运输工具经理人提供确实证件的；因特殊原因申请转运，经海关批准的。进境运输工具载运的货物必须具备上述条件之一，方可办理转运手续。

二、转运货物的报关

（一）申报时限

转运货物必须在运输工具申报进境之日起3个月内办理海关手续并转运出境。逾期未办的，海关按照海关法规定提取、变卖。

（二）申报单据

运输工具负责人或其代理人在向海关申报转运货物时，必须提供通运或联运提单，并在运输工具载货清单或运单上已注明为转运货物。

（三）核准换装

申报经海关同意后，在海关指定的地点换装运输工具。对于所申报的转运货物如属于国家严禁进口或重点敏感商品或散杂货，必须由进境地海关负责押运到出境地海关。

运输工具负责人或其代理人先办理出口报关并在报关单注明为转运货物，出口申报后再办理进口报关手续，在进口报关单中注明集装箱号、封志号、出口报关号，最终将进口报关单号填写在出口报关单中。

三、通运货物的报关程序

基本程序为：运输工具进境时，运输工具的负责人应凭注明通运货物名称和数量的“船舶进口报告书”或国际民航机使用的“进口载货舱单”向进境地海关申报；进境地海关在接受申报后，在运输工具抵、离境时对申报的货物予以核查，并监管货物实际离境。

运输工具因装卸货物需搬运或倒装货物时，应向海关申请并在海关的监管下进行。

任务三　进出境快件报关

任务导入

进出境快件是指进出境快件运营人以向客户承诺的快速商业运作方式承揽、承运的进出境货物、物品。进出境快件运营人是指在中华人民共和国境内依法注册、在海关备案登记的从事进出境快件运营业务的国际货物运输代理企业。

一、进出境快件的分类

（一）文件类

文件类进出境快件是指法律、法规规定予以免税且无商业价值的文件、单证、票据及资料。

（二）个人物品类

个人物品类进出境快件是指海关法规规定自用、合理数量范围内的进出境的旅客随行携带的行李物品、亲友间相互馈赠物品和其他个人物品。

（三）货物类

货物类进出境快件是指文件类进出境快件和个人物品类进出境快件以外的快件。

二、进出境快件的报关

（一）申报时间

进境快件应当自运输工具申报进境之日起 14 日内，出境快件在运输工具离境 3 小时之前，其均为海关正常办公时间。

（二）申报方式

可采用纸质文件方式和电子数据交换方式向海关办理进出境快件的报关手续。

（三）报关程序

运营人按照进出境快件的分类分别向海关提交有关报关单证并办理相应的报关、纳税手续。

1. 文件类进出境快件的报关程序

（1）快件运营人向海关快件通关科提交进出境快件 KJl 报关单（见样例 8-1）、总运单（副本）、分运单、进出境文件类快件清单和海关需要的其他单证。

样例 8-1

中华人民共和国海关进出境快件 KJl 报关单

报关单编号：

<table>
<tr><td colspan="7">运营人名称：　　进/出口岸：　　运输工具航次：　　进/出境日期：　　总运单号码：</td></tr>
<tr><td>序号</td><td>分运单号码</td><td>名称</td><td>件数</td><td>重量（KG）</td><td>收/发件人名称</td><td>验放代码</td></tr>
<tr><td></td><td></td><td></td><td></td><td></td><td></td><td></td></tr>
<tr><td colspan="7">本运营人保证：　年　月　日向　　海关申报的上述物品为《中华人民共和国海关对进出境快件监管办法》中的文件类范围内的物品，并就申报的真实性和合法性向你关负法律责任。

（运营人报关专用章）　　报关员：　　申报日期：</td></tr>
<tr><td colspan="7">以　下　由　海　关　填　写</td></tr>
<tr><td colspan="7">海关签章：　　经办关员：　　日期：　　查验关员：　　日期：</td></tr>
</table>

(2) 快件通关科审单关员审核报关单，并根据情况分别作出布控查验、退单以及电子放行等处理。

(3) 快件运营人凭打印的有海关审单回执的报关单到快件监管科办理查验或实货放行手续。快件监管科审核后在纸制报关单上签字并加盖放行章，予以实货放行。

2. 个人物品类进出境快件的报关程序

(1) 快件运营人或收件人向快件通关科个人物品通关窗口递交进出境收件个人物品申报单（见样例 8-2）、分运单、进境快件收件人身份证影印件和海关需要的其他单证。

(2) 快件通关科审单关员审核进出境个人物品申报单及随附单证，开具查验联系单，随同报关单据一并转快件监管科实施查验。

(3) 快件监管科查验关员实施查验，由快件收件人或其代理人在查验结果单上签字确认。若为正常，则直接将报关单及随附单据转快件通关科。

(4) 快件通关科确定应税物品的完税价格、税率及应征税款，交由收件人或其代理人办理税款缴纳手续。

(5) 快件通关科凭银行收款凭证核销税单并在分运单上签字，快件运营人或收件人持该分运单到快件监管科办理实货放行手续。

样例 8-2

中华人民共和国海关进出境快件个人物品申报单

报关单编号：

运营人名称：		进/出口岸：		运输工具航次：			进/出境日期：		总运单号码：	
序号	分运单号码	物品名称	价值（RMB）	件数	税率	税额	收/发件人姓名	国别/地区	证件号码	验放代码
本运营人保证：　年　月　日向　海关申报的上述物品为《中华人民共和国海关对进出境快件监管办法》中的个人物品类范围内的物品，并就申报的真实性和合法性向你关负法律责任。 （运营人报关专用章）　报关员：　申报日期：										
以 下 由 海 关 填 写										
海关签章：　经办关员：　日期：　查验关员：　日期：										

3. 货物类进境快件的报关程序

(1) 运营人根据不同的情形分别向海关提交报关单证：对关税税额在《关税条例》规定的关税起征数额以下的货物和海关规定准予免税的货样、广告品，应提交我国海关进出境快件 KJ2 报关单（见样例 8-3）、每一进境快件的分运单、发票和海关需要的其他单证；对关税税额在人民币 50 元以下的一票货物、无商业价值的广告品和货样免征进口关税；进出口货样和广告品经海关审核数量合理，并且每次总值在人民币400元以下的，准予免征关税和产品税（或增值税）；对应予征税的货样、广告品应提交我国海关进出境快件KJ3报关单（见样例8-4）、每一进境快件的分运单、发票和海关需要的其他单证；进出口货样和广告品经海关审核数量合理，并且每次总值在人民币400元以上的，征收超出部分的关税和产品税（或增值税）。

样例8-3

中华人民共和国海关进出境快件KJ2报关单

<table>
<tr><td colspan="11">运营人名称： 进/出口岸： 运输工具航次： 进/出境日期： 总运单号码：</td></tr>
<tr><td>序号</td><td>分运单号码</td><td>经营单位编码</td><td>经营单位名称</td><td>货物名称</td><td>价值（RMB）</td><td>重量（KG）</td><td>件数</td><td>商品编码（HS）</td><td>收/发件人名称</td><td>验放代码</td></tr>
<tr><td></td><td></td><td></td><td></td><td></td><td></td><td></td><td></td><td></td><td></td><td></td></tr>
<tr><td colspan="11">本运营人保证： 年 月 日向 海关申报的上述物品为《中华人民共和国海关对进出境快件监管办法》中的关税税额在关税起证数额以下的进境货物和海关规定准予免税的进境货样、广告品或出境货样、广告品，并就申报的真实性和合法性向你关负法律责任。
（运营人报关专用章） 报关员： 申报日期：</td></tr>
<tr><td colspan="11">以 下 由 海 关 填 写</td></tr>
<tr><td colspan="11">海关签章： 经办关员： 日期： 查验关员： 日期：</td></tr>
</table>

样例8-4

中华人民共和国海关进出境快件KJ3报关单

报关单编号：

<table>
<tr><td colspan="17">运营人名称： 进/出口岸： 运输工具航次： 进/出境日期： 总运单号码：</td></tr>
<tr><td>序号</td><td>分运单号码</td><td>经营单位编码</td><td>经营单位名称</td><td>货物名称</td><td>价值（RMB）</td><td>重量（KG）</td><td>件数</td><td>商品编码（HS）</td><td>关税税率</td><td>关税税额</td><td>增值税税率</td><td>增值税税额</td><td>消费税率</td><td>消费税额</td><td>收/发件人名称</td><td>验放代码</td></tr>
<tr><td></td><td></td><td></td><td></td><td></td><td></td><td></td><td></td><td></td><td></td><td></td><td></td><td></td><td></td><td></td><td></td><td></td></tr>
<tr><td colspan="17">本运营人保证 年 月 日向 海关中报的上述赁物为《中华人民共和国海关对进出境快件监管办法》中的应予征税的进境货样，广告品，并就中报的真实性和合法性向你关负法律责任。
（运营人报关专用章） 报关员： 申报日期：</td></tr>
<tr><td colspan="17">以 下 由 海 关 填 写</td></tr>
<tr><td colspan="17">海关签章： 经办关员： 日期： 查验关员： 日期：</td></tr>
</table>

（2）快件清关科审单关员审核报关单，并根据情况分别作出布控查验、退单、转普通货物类快件报关以及电子放行等处理。

（3）快件运营人凭打印的有海关审单回执的报关单到快件监管科办理查验或实货放行手续。对于查验单货相符且无走私违规事件的，海关在报关单上签字并加盖放行章，予以实货放行。

4. 货物类出境快件的报关程序

（1）运营人根据不同的情形分别向海关提交报关单证：对货样、广告品（法律、法规规定实行许可证件管理的，需出口收汇的、需出口退税的除外），应提交进出境快件 KJ2 报关单、每一出境快件的分运单、发票和海关需要的其他单证。

（2）快件清关科审单关员审核报关单，并根据情况分别作出布控查验。

（3）快件运营人对于查验单货相符且无走私违规事件的，在报关单上加盖放行章后予以放行。

知识链接

国际收件人付费

国际特快专递收件人付费业务简称“国际特快到付业务”。其特点是传递国际特快专递邮件所需的各种费用（如邮资、清关费等）由收件人支付，无须由寄件人承担，只是寄件人在交寄邮件时要填写一份“信誉保证单”，承诺在遇有收件人拒收邮件或拒付费用等情况时，寄件人承担全部邮寄费用及所产生的一切相关费用。

项目九　出入境检验检疫管理概述

学习目标

- 理解出入境检验检疫管理体制与组织机构；了解出入境检验检疫管理的地位和作用；掌握出入境检验检疫管理的工作内容
- 明确出入境检验检疫的基本要求和工作内容，为从事实际工作奠定理论基础
- 认识我国出入境检验检疫的变革历史，树立报检行业的守法意识

任务一　出入境检验检疫管理的地位和作用

一、国家出入境检验检疫管理体制变革和组织结构

出入境检验检疫管理是海关依照法律、行政行规、国际惯例或进口国法规的要求，对出入境货物、物品及其包装物、交通运输工具、人员及其他事项等进行检验检疫、鉴定并出具官方检验证明等监督管理工作。

（一）出入境检验检疫管理的体制变革

改革开放之前，出入境检验检疫工作涉及多家检查、查验机构，主要有边防、海关、港务监督、商品检验、食品检验、船舶检验、动植物检疫、卫生检疫等部门。这些单位既有中央建制的，又有地方建制的，没有形成独立、统一的管理体系。改革开放之后，中国出入境检验检疫事业得到迅速发展，其业务内容划分包括中国进出口商品检验、中国进出境动植物检疫以及中国国境卫生检疫。

报关报检
“合二为一”

1. 进出口商品检验

1980 年 2 月，国务院作出了关于改革商检管理体制的决定，将外贸部商品检验总局改为中华人民共和国进出口商品检验总局，各地改为进出口商品检验局。1982 年 2 月，将进出口商品检验总局更名为国家进出口商品检验局。1989 年 2 月，通过了《进出口商品检验法》。2005 年通过了《进出口商品检验法实施条例》，作为商检法的配套法规于 2005 年 12 月 1 日开始施行。

2. 进出境动植物检疫

1982 年 2 月，国务院正式批准成立国家动植物检疫总所，将进出口动植物检疫改为由中央和地方双重领导，以中央领导为主的垂直领导体制。1991 年，《动植物检疫法》颁布，这是中国颁布的第一部动植物检疫法律，是中国动植物检疫史上一个重要的里程碑，为口岸动植物检疫工作提供了法律依据和保证。1995 年，国家动植物检疫总所更名为国家动植物检疫局。

3. 国境卫生检疫

1986 年 12 月，六届全国人大常委会第十八次会议通过并公布了《中华人民共和国国境卫生检疫法》。1988 年 5 月，国务院正式批准卫生部组建中华人民共和国卫生检疫总所。1995 年，中华人民共和国卫生检疫总所更名为中华人民共和国卫生检疫局。1998 年 3 月，九届全国人大一次会议通过了国务院机构改革方案，国家进出口商品检验局、国家动植物检疫局和国家卫生检疫局合并组建国家出入境检验检疫局，这就是统称的“三检合一”。国家出入境检验检疫局设立在各地的直属局于 1999 年 8 月 10 日同时挂牌成立，这标志着中国的出入境检验检疫事业全面进入新时期。进入 21 世纪，为适应中国加入 WTO 有关协议精神，实行公平统一的贸易原则，2001 年 4 月 30 日，国务院决定将国家质量技术监督局、国家出入境检验检疫局合并，组建中华人民共和国国家质量监督检验检疫总局，原国家出入境检验检疫局设在各地的出入境检验检疫机构、管理体制及业务不变；组建国家质量监督检验检疫总局的同时，成立国家认证认可监督管理委员会和国家标准化管理委员会，分别统一管理全国质量认证、认可和标准化工作。

2018 年 3 月 17 日，第十三届全国人民代表大会第一次会议表决通过国务院机构改革方案，将国家质量监督检验检疫总局的出入境检验检疫管理职责和队伍划入海关总署。从 2018 年 4 月 20 日起，原出入境检验检疫系统统一以海关名义对外开展工作，各类监管场所、办公场所统一更换标识标牌、机构名称，口岸一线旅检、查验和窗口岗位实现统一上岗、统一着海关制服、统一佩戴关衔，统一开展工作后，在报关报检企业资质注册及对外“一个窗口”办理方面，企业在海关注册登记或备案后，同时取得报关报检资质。企业统一通过“单一窗口”实现报关报检，进出境货物原有的报检汉个环节优化整合为卫生检疫、申报、现场调研、查验、处置五个报关个环节；在运输工具登临检查方面，原有的送检三个监管环节，优化整合为检疫处置、登临检查两个环节；在快件监管方面，原有的送检九个监管环节，优化整合为申报、动植物检疫、查验、放行四个环节；同时，海关于检验检疫机构的原旅客通道进行合并，监管检查设备统一使用，行李物品只接受一次查验。对外统一使用海关标识，设置统一的政策宣传设施；在国门安全管控上，海关在原有的安全准入（出）、税收征管风险防控的基础上，增加卫生检疫、动植物检疫、商品检验、进出口食品安全监督等职责，推行全链条管理，强化智能监管、精准监管，更好地贯彻国家安全观。

出入境检验检疫系统划入海关

（二）出入境检验检疫管理的组织机构

关检融合的目标，是将检验检疫作业全面融入全国通关一体化整体框架和流程，实现“统一申报单证、统一作业系统、统一风险研判、统一指令下达、统一现场执法”。因此，需要进一步简政放权，促进通关贸易便利化。整合海关作业内容，进一步减少审批事项，减少事中作业环节和手续，推进“查检合一”，拓展“多查合一”，优化通关流程，压缩通关时间。

目前出入境检验检疫管理的组织机构，主要分为海关总署内设的检验检疫相关业务司局及出入境检验检疫地方机构。海关总署内设检验检疫相关业务司局如下：

1. 卫生检疫司

拟订出入境卫生检疫监管的工作制度及口岸突发公共卫生事件处置预案，承担出入境卫生检疫、传染病及境外疫情监测、卫生监督、卫生处理以及口岸突发公共卫生事件应对。

2. 工作动植物检疫司

拟订出入境动植物及其产品检验检疫的工作制度，承担出入境动植物及其产品的检验检疫、监督管理工作，按分工组织实施风险分析和紧急预防措施，承担出入境转基因生物及其产品、生物物种资源的检验检疫工作。

3. 进出口食品安全局

拟订进出口食品、化妆品安全和检验检疫的工作制度，依法承担进口食品企业备案注册和进口食品、化妆品的检验检疫、监督管理工作，按分工组织实施风险分析和紧急预防措施工作。依据多双边协议承担出口食品相关工作。

4. 商品检验司

拟订进出口商品法定检验和监督管理的工作制度，承担进口商品安全风险评估、风险预警和快速反应工作。承担国家实行许可制度的进口商品验证工作，监督管理法定检验商品的数量、重量鉴定。依据多双边协议承担出口商品检验相关工作。

5. 口岸监管司

拟订进出境运输工具、货物物品、动植物、食品、化妆品和人员的海关检查、检验、检疫工作制度并组织实施，拟订物流监控、监管作业场所及经营人管理的工作制度并组织实施，拟订进出境邮件快件、暂准进出境货物、进出境展览品等监管制度并组织实施。承担国家禁止或限制进出境货物、物品的监管工作，承担海关管理环节的反恐、维稳、防扩散、出口管制等工作，承担进口固体废物、进出口易制毒化学品等口岸管理工作。

与此同时，2019 年年初，随着各直属海关三定方案陆续出台，原国家质检总局在全国各省（自治区、直辖市）所设的直属出入境检验检疫局、海陆空口岸和货物集散地的分支局和办事处，分别并入海关及隶属海关，履行相应的检验检疫职能。

二、出入境检验检疫管理的地位和作用

（一）出入境检验检疫管理的地位

出入境检验检疫是一个主权国家所具有的重要的公共管理职能，世界各国的法律法规和国际管理、国际规则、国际协定等都赋予了检验检疫机构公认的国际法律地位，国际贸易合同条款一般也有具体的检验检疫条款要求，要求进出口商品提供检验检疫合格证明，检验检疫机构检验证书作为装船结汇和对外索赔的依据。

1. 全面完善的立法从根本上确定了出入境检验检疫管理的法律地位

全国人大常委会先后制定了《中华人民共和国商品检验法》《中华人民共和国进出境动植物检验法》《中华人民共和国国境卫生检疫法》《中华人民共和国食品安全法》等专门法律。国务院在上述法律的基础上，先后制定和颁布了相关实施条例或实施细则，从根本上确定了出入境检验检疫工作的法律地位。

2. 作为授权执行检验检疫法律工作的行政主管机构，确立了在法律上的执法主体地位

全国人大常委会通过的上述四部检验检疫法律中均明确规定，国务院成立进出口商品检验部门、进出境动植物检疫部门和出入境卫生检疫部门，作为授权执行有关法律和主管该方面的主管机关，确立了它们在法律上的行政执法主体地位。1998 年国家出入境检验检疫机构体制实行改革，将商检部门、动植物检疫部门和出入境检疫部门体制合一，合并成立统一的国家出入境检验检疫机构，成为统一的授权执法部门。2018 年 4 月，出入境检验检疫管理职责和队伍由国家质检总局划入海关总署。

3. 我国出入境检验检疫严密的法律法规监管体系，保证了法律的有效实施

我国出入境检验检疫管理通过多年的实施，形成了一套严密的法律法规监管体系，保证了法律的有效实施。具体特点如下：

（1）监管制度的闭环性。进出口货物都要用过海关作为最后一道监管。对于列入《法检目录》的出入境货物，未经检验检疫并取得有效检验检疫证书是无法通关国境的。

（2）监管制度的强制性。检验检疫部门实施强制性报检签证程序、强制性安全卫生监测技术标准，强制性抽样监测程序等监督机制，保证有关法律法规的有效实施。

（3）监管制度的自主性。进出口合同一般会主动规定凭检验检疫机构检验证书办理交货结算和对外索赔，没有相关证书无法装船结汇和对外索赔，起到了有关法律法规的监督与制约作用。

（二）出入境检验检疫管理的作用

随着我国改革开放的不断深化，国民经济和对外贸易的不断发展，出入境检验检疫对保证国民经济的顺利发展、保证生产安全和人民健康、维护对外贸易有关各方面的权益和政策的国际经济贸易秩序、促进对外贸易的发展都起到了积极的作用。具体作用主要体现在以下几个方面：

1. 它是国家主权的体现

海关作为涉外经济执法机构，根据法律授权，代表国家行使检验检疫职能，对出入境货物、运输工具、人员等法定检验检疫对象进行检验检疫、鉴定及监督管理；对涉及安全卫生及检疫产品的境外生产企业的安全卫生和检疫条件进行注册登记，对发现检疫对象或不符合安全卫生条件的商品、物品、包装和运输工具，有权禁止进口，或视情况在进行消毒、灭菌、杀虫或其他排除安全隐患的措施等无害化处理重建合格后，方准进口。对于应经海关注册登记的向中国输出有关产品的外国生产加工企业，必须取得注册登记证书，其产品方准进口。这些强制性制度是我国国家主权的具体体现。

2. 它是国家管理职能的体现

海关作为执法机构，根据法律授权，对列入应实施出口检验检疫对象和范围的人员、货物、危险品包装和装运易腐易变的食品、冷冻品的船舱、集装箱等，按照中国的、进口国的或与中国签有双边检疫议定书的外国的或国际性的法规、标准的规定，实施必要的检验检疫；对涉及安全、卫生、检疫和环保条件的出口产品的生产加工企业，实施生产加工安全或卫生保证体系的注册登记，或必要时帮助企业取得进口国有关主管机关的注册登记；经检验检疫发现检疫对象或产品质量与安全卫生条件不合格的商品，有权阻止出境；不符合安全条件的危险品包装容器，不准装运危险货物；不符合卫生条件或冷冻要求的船舱和集装箱不准装载易腐易变的粮油食品或冷冻品；对未取得安全、卫生、检疫注册登记的涉及安全卫生的产品的生产厂，危险品包装加工厂和肉类食品加工厂，不得生产加工上述产品。上述这些对出境货物、包装和运输工具的检验检疫和注册登记与监督管理，都具有相当的强制性，是国家监督管理职能的具体体现。

3. 它是维护国家经济安全的重要措施

世界各主权国家为保护人民健康，保障工农业生产、基本建设、交通运输和消费者的安全，相继制定有关食品、药品、化妆品和医疗器械的卫生法规，各种机电与电子设备、交通运输工具和涉及安全的消费品的安全法规，动植物及其产品检疫法规，检疫传染病的卫生检疫法规，规定该产品进口或人员入境，都必须持有出口国官方检验检疫机构证明符合相关安全、卫生与检疫法规标准的证书。甚至规定生产加工企业的质量与安全卫生保证体系，必须经过出口国或进口国官方注册批准，并使用法规要求的产品标签和合格标志，其产品才能取得市场准入资格。许多法规标准，已形成国际法规标准，例如出口危险品包装，必须符合联合国海协的危险货物运输规则中的规定。

综上所述，出入境检验检疫对保证国民经济的发展，消除国际贸易中的技术壁垒，保护消费者的利益和贯彻中国的对外交往，都有非常重要的作用。

任务二　出入境检验检疫管理的工作内容

一、口岸通关管理

检验检疫管理中的口岸通关管理，主要是指海关参加国家对外开放口岸的规划和验收等有关工作，依法制定《法检目录》，对涉及环境、卫生、动植物健康、人身安全的出入境货物、交通工具和人员实施检验检疫通关管理。随着我国改革开放的深入，在对外贸易迅速增长、口岸人流物流急剧增加的情况下，只有加强出入境检验检疫的口岸通关管理，严把“国门”，对出入境商品、货物、人员动植物、交通运输工具实施严格的检验检疫，才能有效地防止不合格产品、疫病疫情、有毒有害物质的传入传出。

二、法定检验检疫

法定检验检疫又称强制性检验检疫，是指海关根据《进出口商品检验法》及其实施条例、《进出境动植物检疫法》及其实施条例、《国境卫生检疫法》及其实施细则、《中华人民共和国食品安全法》以及其他有关法律法规的规定，对出入境人员、货物、运输工具、集装箱及其他法定检验检疫物实施检验、检疫和鉴定等业务。除国家法律、行政法规规定必须经海关实施检验检疫的货物以外，输入国规定必须凭检验检疫机构出具的证书方准入境的，和有关国际条约规定须经检验检疫机构检验检疫的进出境货物，货主或其代理人也应当向海关报检，也属于法定检验检疫的范围。法定检验检疫包括进出口商品检验、进出境动植物检疫和国境卫生检疫。法定检验检疫类别如表 9-1 所示。

表 9-1　法定检验检疫类别

基本结构	内容
商品编码	在原八位 HS 编码的基础上以末位补零的方式补足 10 位码
海关监管条件	A：实施进境检验检疫
	B：实施出境检验检疫
	D：海关与检验检疫联合监督
检验检疫类别	M：进口商品检验
	N：出口商品检验
	P：进境动植物、动植物产品检疫
	Q：出境动植物、动植物产品检疫
	R：进口食品卫生监督检验
	S：出口食品卫生监督检验
	V：进境卫生检疫
	W：出境卫生检疫
	L：民用商品入境验证
	★国家禁止进境商品，《商品综合分类表》删除检验检疫进境监管条件，但本目录保留检验检疫进境监管条件
	☆国家禁止出境商品，《商品综合分类表》删除检验检疫出境监管条件，但本目录保留检验检疫出境监管条件

（一）进出口商品检验

进出口商品检验应当根据保护人类健康和安全、保护动物或者植物的生命和健康、保护环境、防止欺诈行为、维护国家安全的原则，由国家商检部门制定、调整必须实施检验的进出口商品目录（以下简称“目录”）并公布实施。凡列入实施检验的进出口商品目录的进出口商品以及法律、行政法规规定必须经海关检验的商品外，法律法规还规定了一些出入境货物，如废旧物品、旧机电产品装运、出口危险货物运输包装等，无论是否在目录均须实施检验检疫。进口商品未经检验的，不准销售、使用；出口商品未经检验合格的，不准出口；其中符合国家规定的免予检验条件的，由收货人或者发货人申请，经国家商检部门审查批准，可以免予检验。

对本法规定必须经商检机构检验的进出口商品以外的进出口商品，根据国家规定实施抽查检验。国家商检部门可以公布抽查检验结果或者向有关部门通报抽查检验情况。

（二）进出境动植物检疫

进出境动植物检疫是根据《进出境动植物检疫法》及其实施条例的规定，对以下物品实施的检疫：进出境和旅客携带的进出境动植物、动植物产品和其他检疫物，装载动植物、动植物产品和其他检疫物的装载容器、包装物、铺垫材料；来自动植物疫区的运输工具；进境拆解的废旧船舶；其他应当实施进出境动植物检疫的货物、物品。我国实行动植物检疫的目的是防止动植物传染病、寄生虫病和植物危险性病、虫、杂草以及其他有害生物传入、传出国境，保护农、林、牧、渔业生产和人体健康，促进对外经济贸易的发展。

（三）国境卫生检疫

国境卫生检疫是根据《卫生检疫法》及其实施细则，以及其他的卫生法律、行政法规等的规定，对入境、出境的人员、交通工具、运输设备以及可能传播检疫传染病的行李、货物、邮包等物品，都应当实施卫生检疫查验、传染病监测、卫生监督和卫生处理，经国境卫生检疫机关许可，方准入境或者出境。我国实施国境卫生检疫制度的目的是为了防止传染病由国外传入或由国内传出，保护人体健康。

三、进出口食品化妆品安全管理

根据《食品安全法》和《进出口商品检验法》及相关规定，对进出口食品和化妆品安全卫生、质量进行检验监督管理，组织实施对进出口食品和化妆品及其生产单位的日常监督管理。

四、进出口鉴定

进出口鉴定包括出口危险货物包装鉴定、货物装载和残损鉴定等业务形式。生产危险货物出口包装容器的企业，必须向海关申请包装容器的性能鉴定。包装容器经海关鉴定合格后，方可用于包装危险货物。生产出口危险货物的企业，必须向海关申请危险货物包装容器的使用鉴定。危险货物包装容器经海关鉴定合格的，方可包装危险货物出口。对装运出口易腐烂变质的食品、冷冻品的船舱、集装箱等运载工具，承运人、集装箱单位或者其代理人必须在装运前向海关申请清洁、卫生、冷藏、密固等适载检验，经海关检验合格后方可装运。对外贸易关系人及仲裁、司法等机构对海运进口商品可向海关申请办理监视、残损鉴定、监视卸载等鉴定工作。

五、国际合作

检验检疫部门承担世界贸易组织《贸易技术壁垒协议》和《实施动植物卫生检疫措施协议》咨询业务；承担联合国、亚太经合组织等国际组织在标准一致化和检验检疫领域的联络工作；负责对外签订政府部门间的检验检疫合作协议、认证认可合作协议、检验检疫协议执行议定书等，并组织实施。

职业技能训练

一、不定项选择题

1. 国务院成立中华人民共和国出入境检验检疫局，统称为“三检合一”的时间是（　　）。

A. 1998 年　　B. 1989 年　　C. 1996 年　　D. 2001 年

2. “三检合一”是指（　　）合并组建国家出入境检验检疫局。

A. 国家进出口商品检验局　　B. 国家动植物检验检疫局

C. 国家卫生检验局　　D. 国家质量技术监督局

3. 2018 年 3 月 17 日，第十三届全国人民代表大会第一次会议表决通过国务院机构改革方案决定，将国家质量监督检验检疫总局的出入境检验检疫管理职责和队伍划入（　　）。

A. 公安部　　B. 商务部

C. 海关总署　　D. 国家质量技术监督局

4. 属于海关总署内设检验检疫相关业务司局的机构包括（　　）。

A. 关税征管司　　B. 商品检验司

C. 进出口食品安全局　　D. 风险管理司

5. 有关出入境检验检疫的作用的说法，正确的是（　　）。

A. 是国家主权的体现　　B. 是国家管理职能的体现

C. 是保护人民身体健康的体现　　D. 是突破国外贸易技术壁垒的重要手段

6. 某商品其海关监管条件为 A/B，表示该商品（　　）。

A. 只有在入境的时候须实施检验检疫　　B. 只有在出境的时候须实施检验检疫

C. 入境和出境时均须实施检验检疫　　D. 入境和出境时都不用实施检验检疫

7. 某商品其检验检疫类别条件为 M，表示该商品（　　）。

A. 只有在入境的时候须实施商品检验　　B. 只有在出境的时候须实施商品检验

C. 入境和出境时均须实施商品检验　　D. 入境和出境时都不用实施商品检验

8. 某种商品的检验检疫类别为 P. R/Q. S，出口时，检验检疫机构对其实施的检验检疫内容有（　　）。

A. 商品检验　　B. 动植物检疫

C. 食品卫生监督检验　　D. 民用商品入境验证

9. 我国检验检疫的法律体系包括（　　）。

A. 进出口商品检验法　　B. 进出境动植物检疫法

C. 国境卫生法　　D. 食品卫生法

10. 进出口鉴定包括（　　）等业务形式。

A. 危险货物包装鉴定　　B. 货物装载
C. 残损鉴定　　D. 品名鉴定

二、请完成下面的工作项目

广东检验检疫机构通过对入境货物报检实行双人审核制度，仔细审单、双人复核层层把关，连续堵住 2 起入境货物逃漏检事件。涉案货物均属法检货物，但报检单位均以非法检货物申报，其中一批是进口旧机电产品，另一批是货物价值 30 万美元的成套设备。广东检验检疫机构均已按法检货物对其办理了相关手续，接受检验监管，并对有关报检员在诚信管理系统中给予扣分处理，有效维护了检验检疫形象。

请结合本项目法定检验检疫及入境货物报检的相关规定对此案例进行分析。

三、请分析下面的工作任务

为贯彻落实《国务院关于完善进出口商品质量安全风险预警和快速反应监管体系切实保护消费者权益的意见》，海关总署组织全国海关开展了进出口商品抽检监测。

抽查检测的进口商品不合格较高的有：电子坐便器，主要不合格原因为电气安全不合格；文具用品，主要不合格原因为标识、机械安全、有毒有害物质不合格；吸湿速干服装，主要不合格原因为吸湿速干性能不符合标准要求；汽车用制动器衬片，主要不合格原因为标识、机械安全、品质不合格；电饭锅，主要不合格原因为标识、电气安全、环保不合格。

出口商品不合格率较高的有：儿童伞，主要不合格原因为标识、机械安全、品质不合格；儿童滑板车，主要不合格原因为标识、机械安全、品质、有毒有害物质不合格；电动童车，主要不合格原因为标识、机械安全、有毒有害物质不合格；LED 照明光源，主要不合格原因为标识、电气安全、机械安全、品质不合格；仿真饰品，主要不合格原因为有毒有害物质不合格。

项目十　出入境涉检货物报检

项目导入

2018年8月1日，国家国际贸易“单一窗口”关检融合统一申报新系统全面投入使用，进出口货物报关单不论从版式、申报内容、录入内容等都面临着重大调整。原通过榕基、九城、QP等完成的货物报检、报关申报，融合为统一报关申报(即关检融合统一申报)。申报企业只能通过国际贸易“单一窗口”或海关互联网+完成货物（包含关务、检务）申报。李明在申报涉检的关检融合整合报关单时，系统提示：“是否确定要申报涉检项目，如需继续申报请补充所有涉检必填项目；如不需要申报涉检项目，请将检验检疫名称等字段清空，否则将终止申报！”他应如何处理？如需申报涉检项目，哪些项目为必填项目？

任务一　出入境涉检货物申报范围及方式

一、申报范围

根据国家法律、行政法规的规定和目前我国对外贸易的实际情况，出入境检验检疫申报的范围主要包括几个方面：

（一）法律、行政法规规定必须由海关实施检验检疫的

（1）列入《出入境检验检疫机构实施检验检疫的进出境商品目录》内的货物；

（2）入境废物、进口旧机电产品；

（3）出口危险货物包装容器的性能检验和使用鉴定；

（4）进出境集装箱；

（5）进境、出境、过境的动植物、动植物产品及其他检疫物；

（6）装载动植物、动植物产品和其他检疫物的装载容器、包装物、铺垫材料；进境动植物性包装物、铺垫材料；

（7）来自动植物疫区的运输工具；装载进境、出境、过境的动植物、动植物产品及其他检疫物的运输工具；

（8）进境拆解的废旧船舶；

（9）出入境人员、交通工具、运输设备以及可能传播检疫传染病的行李、货物和邮包等物品；

（10）旅客携带物（包括微生物、人体组织、生物制品、血液及其制品、骸骨、骨灰、废旧物品和可能传播传染病的物品以及动植物、动植物产品和其他检疫物）和携带伴侣动物；

（11）国际邮寄物（包括动植物、动植物产品和其他检疫物、微生物、人体组织、生物制品、血液及其制品以及其他需要实施检疫的国际邮寄物）；

（12）其他法律、行政法规规定需经检验检疫机构实施检验检疫的应检对象。

（二）输入国家或地区规定必须凭海关出具的证书方准入境的

有的国家要求某些来自中国的入境货物需凭海关签发的证书方可入境。例如，规定来自中国的动植物、动植物产品，凭我国海关签发的动植物检疫证书及有关证书方可入境。

（三）有关国际条约规定须经检验检疫的

随着我国加入世界贸易组织和其他一些国际性和区域性经济组织，我国已成为一些国际条约、公约和协定的成员。此外，我国还与几十个国家缔结了有关商品检验和动植物检疫的双边协定、协议。认真履行国际条约、公约、协定或协议中的检验检疫条款是我国的义务。例如，根据双边协议规定，输往埃及、埃塞俄比亚、塞拉利昂等国家的商品都必须向海关申报，并取得装运前检验证书后才能出口。

（四）对外贸易合同约定须凭海关签发的证书进行交接、结算的

在国际贸易中，买卖双方通常在合同中约定由第三方对货物进行检验检疫或鉴定并出具相关检验检疫或鉴定证书，买卖双方凭证书进行交接、结算。

（五）申请签发原产地证明书及普惠制原产地证明书的

当相关人员需申请原产地证明的，应当依法检验检疫。

二、《出入境检验检疫机构实施检验检疫的进出境商品目录》

《出入境检验检疫机构实施检验检疫的进出境商品目录》以《商品分类和编码协调制度》为基础编制而成，包括了大部分法定检验检疫的货物，是检验检疫机构依法对出入境货物实施检验检疫的主要执行依据。其中海关监管条件、检验检疫类别代码含义如表 10-1 所示：

表 10-1　法定检验检疫类别

基本结构	内容
商品编码	在原八位 HS 编码的基础上以末位补零的方式补足 10 位码
海关监管条件	A：实施进境检验检疫
	B：实施出境检验检疫
	D：海关与检验检疫联合监督
检验检疫类别	M：进口商品检验
	N：出口商品检验

续表

基本结构	内容
检验检疫类别	P：进境动植物、动植物产品检疫
	Q：出境动植物、动植物产品检疫
	R：进口食品卫生监督检验
	S：出口食品卫生监督检验
	V：进境卫生检疫
	W：出境卫生检疫
	L：民用商品入境验证
	★国家禁止进境商品，《商品综合分类表》删除检验检疫进境监管条件，但本目录保留检验检疫进境监管条件
	☆国家禁止出境商品，《商品综合分类表》删除检验检疫出境监管条件，但本目录保留检验检疫出境监管条件

三、出入境涉检货物申报

（一）整合申报项目录入原则

2018年关检融合后，进口申报整合报检要素，报关报检合并为一张报关单及一套随附单证。出口申报有信息化系统自动核对出口检验检疫电子底账数据，进出口申报电子逻辑校验中增加检验检疫校验参数。对于出入境涉检货物具体的录入原则如下：

（1）法检货物。关检融合统一申报时要录入检验检疫名称（原CIQ编码）及其他检验检疫必填项16项。

（2）非法检货物但涉及检验检疫的（如疫区来货或带木质包装等）：关检融合统一申报时要录入检验检疫名称（原CIQ编码）及其他检验检疫必填项16项。操作上跟法检货物一样，整合申报一次即可，不需要再另外申报检验检疫。

（3）非法检货物不涉及检验检疫的：关检融合统一申报时只录入报关项目即可，不需要检验检疫名称（原CIQ编码）及其他检验检疫必填项16项。

（4）多项货物，既有涉及检验检疫的货物又有不涉及检验检疫的非法检货物的关检融合统一申报时每项货物（包括非法检货物）都要录入检验检疫名称（原CIQ编码）及其他检验检疫必填项16项。

（二）申报方式

2018年5月29日，为贯彻落实国务院机构改革的要求，进一步优化营商环境，促进贸易便利化，海关总署发布《关于全面取消〈入/出境货物通关单〉有关事项公告》（海关总署公告2018年第90号），并对报检申报的有关事项作了具体规定。具体内容如下：

（1）涉及法定检验检疫要求的进口商品申报时，在报关单随附单证栏中不再填写原通关单代码和编号。企业可以通过“单一窗口”（包括通过“互联网+海关”接入“单一窗口”）报关报检合一界面向海关一次申报。如需使用“单一窗口”单独报关、报检界面或者报关报检企业客户端申报的，企业应当在报关单随附单证栏中填写报检电子回执上的检验检疫编号，并填写代码“A”。

（2）涉及法定检验检疫要求的出口商品申报时，企业不需在报关单随附单证栏中填写原通关单代码和编号，应当填写报检电子回执上的企业报检电子底账数据号，并填写代码“B”。

（3）对于特殊情况下，仍需检验检疫纸质证明文件的，按以下方式处理：对入境动植物及其产品，在运输途中需提供运递证明的，出具纸质《入境货物调离通知单》；对出口集中申报等特殊货物，或者因计算机、系统等故障问题，根据需要出具纸质《出境货物检验检疫工作联系单》。

（4）海关统一发送一次放行指令，海关监管作业场所经营单位凭海关放行指令为企业办理货物提离手续。

（三）检验检疫证单电子化

2018 年 7 月 11 日，为进一步促进对外贸易便利，提升口岸通关效率，海关总署发布了《关于检验检疫单证电子化的公告》（海关总署公告 2018 年第 90 号），就检验检疫单证电子化事宜公告规定如下：

（1）自然人、法人或者其他组织（以下简称“申请人”）向海关办理检验检疫手续，可按照以下要求提供单证电子化信息，无须在申报时提交纸质单证：①国内外相关主管部门或机构出具的单证，实现联网核查或可互联网查询的，只需录入单证编号。尚未实现联网核查且不能互联网查询的，需上传单证扫描件。②海关出具的资质证明及其他单证，只需录入相关资质证明或单证编号。③法律、法规、规章规定应当向海关提交的其他证明、声明类材料，只需依法申明持有相关材料。

（2）申请人应保证电子化单证信息的真实性和有效性，上传单证扫描件格式应符合海关要求，并按规定保存相关纸质单证。

（3）海关监管过程中按照风险布控、签注作业等要求需要验核纸质单证的，申请人应当补充提交相关纸质单证。

四、出入境货物报检一般规定及报检流程

为加强出入境检验检疫报检管理，规范报检行为，根据《中华人民共和国进出口商品检验法》及其实施条例、《中华人民共和国进出境动植物检疫法》及其实施条例、《中华人民共和国国境卫生检疫法》及其实施细则、《中华人民共和国食品安全法》等法律法规的有关规定，制定了《出入境检验检疫报检规定》。

检验检疫人
一天的工作

（一）报检资格

（1）报检单位办理业务应当向海关备案，并由该企业在海关备案的报检人员办理报检手续。

（2）代理报检的，须向海关提供委托书，委托书由委托人按海关规定的格式填写。

（3）非贸易性质的报检行为，报检人凭有效证件可直接办理报检手续。

（二）入境货物报检一般规定

1. 入境货物报检的范围

海关监管条件和检验检疫类别为入境监管代码的货物；国际条约、公约和协定规定的货物；贸易合同约定凭检验检疫机构签发证书进行交接结算的货物；医疗器械；危险化学品、木质包装、货物属性为旧品的货物等法律、法规规定的实施检验检疫的货物。

2. 申报时限及地点要求

（1）申报时限。对入境货物，应在入境前或入境时向入境口岸、指定的或到达的海关办理报检手续；入境运输工具及人员应在入境前或入境时申报。对于特殊入境货物，报检时限规定如表 10-2 所示：

表 10-2 入境货物报检时限一般规定

序号	入境货物	报检时限
1	入境货物需对外索赔出证的	应在索赔有效期前不少于 20 天内向到货口岸或货物到达地的海关报检
2	输入微生物、人体组织、生物制品、血液及其制品或种畜、禽及其精液、胚胎、受精卵的	入境前 30 天
3	输入其他动物的	入境前 15 天
4	输入植物、种子、种苗及其他繁殖材料的	入境前 7 天

（2）申报地点。全国一体化申报方式，货主或其代理人可选择在入境口岸、企业属地、境内目的地通过单一窗口向海关申报。具体的规定见表 10-3。

表 10-3 入境货物报检地点一般规定

序号	入境货物	报检地点
1	审批、许可证等有关政府批文中规定检验检疫地点的	规定的地点
2	大宗散装商品、易腐烂变质商品、可用作原料的固体废物以及在卸货时已发生残损、重数量短缺的商品	卸货口岸检验检疫机构
3	需结合安装调试进行检验的成套设备、机电仪器产品以及在口岸开件后难以恢复包装的货物	收货人所在地检验检疫机构报检并检验
4	输入动植物、动植物产品和其他检疫物的	向入境口岸检验检疫机构报检，并由口岸检验检疫机构实施检疫

续表

序号	入境货物	报检地点
5	入境后需办理转关手续的检疫物，除活动物和来自动植物疫情流行国家或地区的检疫物须由进境口岸报检和实施检疫外	到指运地检验检疫机构报检，并实施检疫
6	其他入境货物	入境前或入境时向报关地检验检疫机构报检

3. 入境货物报检的工作流程

入境货物报检的工作流程主要包括准备单证、电子录入与申报、配合施检、签证领单等工作环节。

（1）准备单证。报检单证包括入境货物报检单、基本单证和特殊单证。对于一般法检货物报检时，报检人应填写入境货物报检单并提供合同、发票、装箱单、提/运单等有关单证，见表 10-4。

表 10-4 入境货物报检的基本单证

单证名称	单证类型	来源渠道	单证份数	单证必要性
合同	复印件	申请人自备	纸质或电子版 1 份	必要
发票	复印件	申请人自备	纸质或电子版 1 份	必要
装箱清单	复印件	申请人自备	纸质或电子版 1 份	必要
提（运）单	复印件	申请人自备	纸质或电子版 1 份	必要
代理报关授权委托协议（盖章）	原件	申请人自备	纸质或电子版 1 份	必要

对于特殊的入境货物，还应提供相应的特殊单证。具体规定如下：

第一，国家实施许可制度管理的货物，应提供有关证明。

第二，品质检验的还应提供国外品质证书或质量保证书、产品使用说明书及有关标准和技术资料；凭样成交的，须加附成交样品；以品级或公量计价结算的，应同时申请重量鉴定。

第三，报检入境废物原料时，还应当取得装运前检验证书；属于限制类废物原料的，应当提供进口许可证明。

第四，申请残损鉴定的，还应提供理货残损单、铁路商务记录、空运事故记录或海事报告等证明货损情况的有关单证。

第五，申请重（数）量鉴定的，还应提供重量明细单、理货清单等。

第六，货物经收、用货部门验收或其他单位检测的，应随附验收报告或检测结果以及重量明细单等。

第七，入境的动植物及其产品，在提供贸易合同、发票、产地证书的同时，还必须提供输出国家或地区官方的检疫证书；需办理入境检疫审批手续的，还应当取得入境动植物检疫许可证。

第八，过境动植物及其产品报检时，应持货运单和输出国家或地区官方出具的检疫证书；运输动物过境时，还应当取得海关总署签发的动植物过境许可证。

第九，报检入境运输工具、集装箱时，提供检疫证明，并申报有关人员健康状况。

第十，入境旅客、交通员工携带伴侣动物的，应提供入境动物检疫证书及预防接种证明。

因科研等特殊需要，输入禁止入境物的，应当取得海关总署签发的特许审批证明。入境特殊物品的，应提供有关的批件或规定的文件。

（2）电子录入与申报。收发货人或代理企业向受理机构提出检验申请并提交有关材料。申请人统一登录“互联网+海关”一体化网上办事平台或“中国国际贸易单一窗口”，通过“货物申报”模块，按照《中华人民共和国海关进出口货物报关单填制规范》的要求向海关传送报关单电子数据及随附单证。海关工作人员根据有关规定审核申报资料，符合规范要求的予以受理，不符合要求的进行退单操作，并一次性告知企业进行补正。

（3）配合施检。海关根据有关工作规范、企业信用类别、产品风险等级，判别是否需要实施现场检验及是否需要对产品实施抽样检测。法定检验的进口商品经检验涉及人身财产安全、健康、环境保护项目不合格的，由海关责令当事人销毁或者退运；其他项目不合格的，可以在海关监督下进行技术处理，经重新检验合格的，方可销售或者使用。海关对检验不合格的成套设备及其材料，签发不准安装使用通知书。经技术处理，并经海关重新检验合格的，方可安装使用。

货主或其代理人应主动联系配合海关对入境货物实施检验检疫，并向海关提供进行抽样、制样、检验、检疫和鉴定等必要的工作条件，落实海关提出的检验检疫监管措施和其他有关要求。根据货物的不同属性，部分货物是在口岸验货，部分货物是在属地验货，部分货物是在目的地验货。验货地点可参照“单一窗口”的系统回执信息，若回执信息不明确，也可咨询申报现场海关。

（三）出境货物报检一般规定

1. 出境货物报检的范围

出境货物报检的范围包括：海关监管条件和检验检疫类别为出境监管代码的货物；国际条约、公约和协定规定的货物；贸易合同约定凭检验检疫机构签发证书进行交接结算的货物；申请签发原产地证明书的货物等法律法规规定的实施检验检疫的货物。

2. 申报时限及地点要求

（1）申报时限。对出境货物，最迟应在出口报关或装运前 7 天报检，对于个别检验检疫周期较长的货物，应留有相应的检验检疫时间。对于特殊的出境货物，报检时限规定见表 10-5。

表 10-5　出境货物报检时限一般规定

	出境货物	报检时限
1	需隔离检疫的出境动物	应在出境前 60 天预报，隔离前 7 天报检
2	出境观赏动物	应在动物出境前 30 天到出境口岸检验检疫机构报检

（2）申报地点。法定检验检疫货物，除活动物需由口岸海关检验检疫外，原则上应实施产地检验检疫，在产地海关申报；法律法规允许在市场采购的货物应向采购地的海关办理申报手续。

3. 出境货物报检的工作流程

出境货物报检的工作流程主要包括准备单证、电子录入与申报、配合施检、签证领单等工作环节。

（1）准备单证。报检单证包括出境货物报检单、基本单证和特殊单证。对于一般法检货物报检时，报检人应填写出境货物报检单并提供合同、发票、装箱单、提/ 运单、信用证（以信用证结汇方式提供）、生产经营部门的厂检证明等有关单证。具体见表 10-6。

表 10-6　出境货物报检的基本单证

单证名称	单证类型	来源渠道	单证份数	单证必要性
合同	复印件	申请人自备	纸质或电子版 1 份	必要
发票	复印件	申请人自备	纸质或电子版 1 份	必要
装箱清单	复印件	申请人自备	纸质或电子版 1 份	必要
提（运）单	复印件	申请人自备	纸质或电子版 1 份	必要
代理报关授权委托协议（盖章）	原件	申请人自备	纸质或电子版 1 份	必要
出口货物需提供厂检证明（盖章）	原件	申请人自备	纸质或电子版 1 份	必要
信用证	复印件	申请人自备	纸质或电子版 1 份	信用证结汇

对于特殊的出境货物，还应提供相应的特殊单证。具体规定如下：

第一，国家实施许可制度管理的货物，应提供有关证明。

第二，出境货物须经生产者或经营者检验合格，并加附检验合格证或检测报告；申请重量鉴定的，应加附重量明细单或磅码单。

第三，凭样成交的货物，应提供经买卖双方确认的样品。

第四，报检出境运输工具、集装箱时，还应提供检疫证明，并申报有关人员健康状况。

第五，生产出境危险货物包装容器的企业，必须向海关申请包装容器的性能鉴定。

生产出境危险货物的企业，必须向海关申请危险货物包装容器的使用鉴定。

第六，报检出境危险货物时，应当取得危险货物包装容器性能鉴定结果单和使用鉴定结果单。

第七，出境特殊物品的，根据法律法规规定应提供有关的审批文件。

（2）电子录入与申报。收发货人或代理企业向受理机构提出检验申请并提交有关材料。申请人统一登录“互联网+海关”一体化网上办事平台或“中国国际贸易单一窗口”，通过“货物申报”模块，按照《中华人民共和国海关进出口货物报关单填制规范》的要求向海关传送报关单电子数据及随附单证。海关工作人员根据有关规定审核申报资料，符合规范要求的予以受理，不符合要求的进行退单操作，并一次性告知企业进行补正。

（3）配合施检。海关根据有关工作规范、企业信用类别、产品风险等级，判别是否需要实施现场检验及是否需要对产品实施抽样检测。法定检验的出口商品经海关检验或者口岸查验不合格的，可以在海关监督下进行处理，经重新检验合格的，方准出口；不能进行技术处理或者技术处理后重新检验仍不合格的，不准出口。

货主或其代理人应主动联系配合海关对出境货物实施检验检疫，并向海关提供进行抽样、制样、检验、检疫和鉴定等必要的工作条件，落实海关提出的检验检疫监管措施和其他有关要求。

（4）签证领单。上述手续履行完毕后，海关根据评定结果签发相应的证单及检验检疫证书。

五、报检证单的更改

（一）撤销报检

（1）报检人申请撤销报检时，应书面说明原因，经批准后方可办理撤销手续。

（2）报检后30天内未联系检验检疫事宜的，作自动撤销报检处理。

（二）重新报检

有下列情况之一的应重新报检：

（1）超过检验检疫有效期限的；

（2）变更输入国家或地区，并又有不同检验检疫要求的；

（3）改换包装或重新拼装的；

（4）已撤销报检的。

（三）更改报检

（1）报检人申请更改证单时，应填写更改申请单，交附有关函电等证明单据，并交还原证单，经审核同意后方可办理更改手续。

（2）品名、数（重）量、检验检疫结果、包装、发货人、收货人等重要项目更改后与合同、信用证不符的，或者更改后与输出、输入国家或地区法律法规规定不符的，均不能更改。

六、进出口商品复验

（一）受理条件

（1）报检人对主管海关作出的检验结果有异议的，可以向作出检验结果的主管海关或者其上一级海关申请复验，也可以向海关总署申请复验。

（2）报检人对同一检验结果只能向同一海关申请一次复验。

（3）报检人申请复验，应当自收到海关的检验结果之日起 15 日内提出。因不可抗力或者其他正当理由不能申请复验的，申请期限中止。从中止的原因消除之日起，申请期限继续计算。

（4）报检人申请复验，应当保证（持）原报检商品的质量、重量、数量符合原检验时的状态，并保留其包装、封识、标志。

（二）办理材料

报检人申请复验，应当按照规定如实填写复验申请表，并提交如表 10-7 所示材料。

表 10-7 申请复验材料目录

材料名称	材料类型	来源渠道	材料份数	材料必要性
复验申请表	原件	其他	纸质或电子 1 份	必要
原检验证书	原件	其他	0 份	必要
合同	复印件	申请人自备	0 份	必要
发票	复印件	自备	0 份	必要
装箱清单	复印件	申请人自备	0 份	必要
提（运）单	复印件	申请人自备	0 份	必要

（三）复验申请处理

海关自收到复验申请之日起 15 日内，对复验申请进行审查并作出如下处理：

（1）复验申请符合规定的，予以受理，并向申请人出具《复验申请受理通知书》。海关受理复验后，应当在 5 日内组成复验工作组，并将工作组名单告知申请人。复验工作组人数应当为 3 人或者 5 人。复验工作组应当制订复验方案并组织实施。

（2）复验申请内容不全或者随附证单资料不全的，向申请人出具《复验申请材料补正告知书》，限期补正。逾期不补正的，视为撤销申请。

（3）复验申请不符合规定的，不予受理，并出具《复验申请不予受理通知书》，书面通知申请人并告知理由。

（四）复验费用

（1）复验申请人应当按照规定交纳复验费用。

（2）复验结论认定属原检验的海关责任的，复验费用由原海关负担。

（五）复验结论

（1）受理复验的海关应当自受理复验申请之日起60日内做出复验结论。技术复杂，不能在规定期限内做出复验结论的，经本机关负责人批准，可以适当延长，但是延长期限最多不超过30日。

（2）复验申请人对复验结论不服的，可以依法申请行政复议或者依法提起行政诉讼。

七、进出口商品免验

（一）受理条件

（1）进出口商品质量应当长期稳定，在国际市场上有良好的质量信誉，无属于生产企业责任而引起的质量异议、索赔和退货，海关检验合格率连续3年达到百分之百；

（2）申请免验的商品应当有自己的品牌，在相关国家或者地区同行业中，产品档次、产品质量处于领先地位；

（3）申请免验的进出口商品，其生产企业的质量管理体系应当符合ISO9000质量管理体系标准或者与申请免验商品特点相应的管理体系标准要求，并获得权威认证机构认证；

（4）为满足工作需要和保证产品质量，申请免验的进出口商品的生产企业应当具有一定的检测能力；

（5）申请免验的进出口商品的生产企业应当符合《进出口商品免验审查条件》的要求。

（二）不予受理免验进出口商品范围

（1）食品、动植物及其产品；

（2）危险品及危险品包装；

（3）品质波动大或者散装运输的商品；

（4）需出具检验检疫证书或者依据检验检疫证书所列重量、数量、品质等计价结汇的商品。

（三）免验申请

（1）申请进口商品免验的，申请人应当向海关总署提出。申请出口商品免验的，申请人应当先向所在地直属海关提出，经所在地直属海关依照本办法相关规定初审合格后，方可向海关总署提出正式申请。

（2）申请人应当填写并向海关总署提交进出口商品免验申请书，同时提交申请免验进出口商品生产企业的ISO9000质量管理体系或者与申请免验商品特点相应的管理体系认证证书、质量标准、用户意见等文件。

（四）海关处理期限

（1）对申请人提交的文件进行审核，并于1个月内做出书面答复意见。申请人提交的文件符合本办法规定的，予以受理；不符合本办法规定的，不予受理，并书面通知申请人；提交的文件不齐全的，通知申请人限期补齐，过期不补的或者补交不齐的，视为撤销申请。

(2) 海关总署受理申请后，应当组成免验专家审查组（以下简称审查组），在 3 个月内完成考核、审查。

（五）免验结论

(1) 海关总署根据审查组提交的审查报告，对申请人提出的免验申请进行如下处理：符合本办法规定的，海关总署批准其商品免验，并向免验申请人颁发《进出口商品免验证书》（以下简称免验证书）。对不符合本办法规定的，海关总署不予批准其商品免验，并书面通知申请人。

(2) 免验证书有效期为 3 年。期满要求续延的，免验企业应当在有效期满 3 个月前，向海关总署提出免验续延申请，经海关总署组织复核合格后，重新颁发免验证书。

(3) 免验商品进出口时，免验企业可以凭外贸合同、该商品的品质证明和包装合格单等文件到海关办理放行手续。

任务二　出入境报检单证处理

任务导入

深圳龙岗某企业出口一批熟瓜子，报检人填写的品名为“SUNFLOWER SEED”，像这样漏掉加工状态的品名很可能会产生歧义，让人误以为是葵花种子。后经检验检疫人员的提醒，报检单位才意识到错误，联系国外买方将该批熟瓜子的品名更正为“ROASTED AND SALTED SUNFLOWER SEED”（烘焙的盐渍葵花瓜子）。商品的加工状态是商品重要信息的反映，也直接影响到商品的品名，但在实际操作中，尤其是在水产品和农副产品的报检中，常常出现报检人对商品加工状态忽略不报的情况。在本案例中，如品名报为“SUNFLOWER SEED”，则须做植物检疫；而品名为“ROASTED ANDSALTED SUNFLOWER SEED”则无须做植物检疫。

报检单填制看起来非常简单，但是在实际业务中，许多报检员在填制报检单时往往会出现这样、那样的错误，或者填制不规范。报检单填制中一个小的错误或不规范都可能会对检验检疫工作产生非常大的影响，给检验检疫机构的审单、施检、出证等工作带来不必要的麻烦。

学习目标

- 熟悉电子系统出入境报检单录入规范；掌握出入境报检单各栏目填制的主要内容

- 能够结合实例、根据外贸单据资料，对出入境报检单进行录入和填制
- 形成认真、细致、谨慎的职业素养

一、出入境报检单填制的基本要求

（一）ECIQ 电子系统录入基本要求

ECIQ2000 系统要求“出/入境货物报检单”报检数据录入必须真实、完整、准确、清晰，一律不得空项。除因特殊情况确实无法录入或无申报内容时，可录入“＊＊＊”符号、以斜杠“/”表示、留空或注明情况外，所有项目必须按实际情况准确录入。报检数据由报检单位按照检验检疫报检数据规范的要求，通过电子报检系统录入。录入人员应审核报检数据的齐全性、正确性与有效性，遵循如实申报的原则。

（二）报检单填制的一般要求

（1）报检时，企业提交书面报检单的同时，必须向检验检疫机构发送电子数据，且信息应当完全一致。

（2）报检单必须按所申报的货物内容填写。填写内容与随附单据相符，填写必须完整、准确，不得涂改，对无法填写或无此内容的栏目，统一填写“＊＊＊”。

（3）填制完毕的报检单必须加盖报检单位公章或已经向检验检疫机构备案的“报检专用章”，报检人应在签名栏手签，不能代签。

（4）填制完毕的报检单在发送数据和办理报检手续前必须认真审核，检查是否有错填、漏填的栏目，所填写的各项内容必须完整、准确、清晰，不得涂改。

二、出境货物报检数据录入

（一）出境报检基本信息录入

出境报检基本信息录入如图 10-1 所示：

（1）录入序号：报检单序号系统自动生成。

（2）组批号：电子监管出口企业需要从电子监管系统获取。

（3）报检号：由局端系统自动生成 15 位报检流水号。报检单发送到局端，经过局端系统审核正确后给出带有预录入号或正式报检号的回执；收到此回执，系统自动添加到报检单中的“报检号”里。因此，企业在录入报检单时无须填写此栏。

（4）申请日期：填写申报本批货物单证的日期。

（5）报检类别：根据报检实际情况选择相应的报检类别。出境货物在产地申报时选择“一般报检”，对于暂未签订出口合同，输往国家、装运口岸、唛头等不确定的，选择“预检”。产地检验检疫后，凭换证凭条/凭单到出境口岸换发通关单的，系统根据预设的核查货证比例（一般货物 0. 5%、重点敏感货物 5%、输往美国的货物 100%）自动选择“核查货证”或“验证”，但是对有特殊要求的，需加大核查货证比例（如输往欧盟的货物 20%）或实施核查货证。

应手工将“验证”调整为“核查货证”，但不得将“核查货证”调整为“验证”。当报检类别选择为“出境核查货证”或“出境验证”时，必须在“随附单据”栏选择

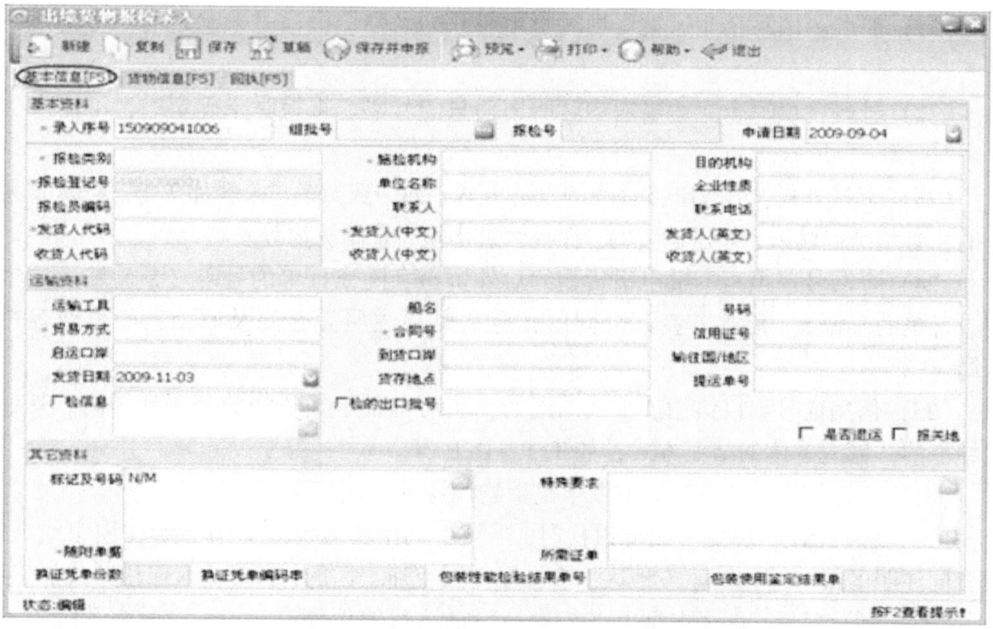

图 10-1　出境货物报检单录入基本信息

“换证凭单”，并输入换证凭单编码号。

(6) 施检机构：填写对企业申报货物实施检验检疫的机构。

(7) 目的机构：填写对企业出境货物实施检验检疫的机构。

(8) 报检登记号：填写企业在所属检验检疫机构进行报检备案登记后指定的企业报检的 10 位数字注册号。

(9) 单位名称：填写企业公章上的中文名全称。输入自理/ 代理报检单位在检验检疫机构备案登记/ 注册登记的 10 位数代码和报检单位的全称。备案/注册登记号与报检单位名称必须对应准确。

(10) 企业性质：填写报检企业所属的企业性质。

(11) 报检员编码：填写企业正式报检员在检验检疫局注册的 10 位编码。

(12) 联系人：填写企业报检时的联系人姓名。

(13) 联系电话：此栏填写企业报检时的联系人电话。

(14) 发货人代码：填写发货企业在检验检疫局注册的 10 位编码。备案登记号与发货人名称必须对应准确。

(15) 发货人（中文）：填写发货企业公章上的中文名全称。

(16) 发货人（英文）：填写发货企业公章上的英文名全称。

(17) 收货人代码：填写收货企业的注册代码。

(18) 收货人（中文）：填写收货企业公章上的中文名全称。外贸合同的买方（预验报检为内销合同的买方）。没有相应的翻译名称的，中文可输入“＊＊＊”。

(19) 收货人（英文）：填写收货企业公章上的英文名全称。

（20）运输工具：填写企业运输货物时常用的运输工具。

（21）船名：填写企业运输货物时所用船只的名称。报检时未确定的，可输入“＊＊＊”。

（22）号码：填写企业运输货物时所用船只的号码。报检时未确定的，可输入“＊＊＊”。

（23）贸易方式：填写申报货物的贸易方式。如一般贸易、来料加工等。特殊贸易方式的，必须准确输入，如退运货物、保税区进出境、仓储货物等。

（24）合同号：填写本批申报货物的对外贸易合同或订单的号码（预验输入内销合同、订单的号码）。企业未签订合同的，应在此项注明无合同及原因，如长期客户无合同。

（25）信用证号：以信用证方式结汇的，填写本批申报货物的信用证号码。其他方式结汇的，输入具体的结汇方式，如 T/T、D/P 等。

（26）启运口岸：填写装运本批申报货物出境的启运口岸。

（27）输往国家/ 地区：出境报检时，外贸合同中买方（进口方）所在国家或地区，或合同注明的最终输往国家或地区。输往保税区或加工区的，直接输入保税区或加工区。

（28）到货口岸：填写本批申报货物最终抵达目的地停靠口岸。口岸在系统中没有的，可输入英文港口名称。输往保税区或加工区的，直接输入保税区或加工区。

（29）发货日期：填写本批申报货物开始装载发货的日期。

（30）货存地点：填写申报货物的具体存放地点，如工厂仓库。

（31）提运单号：填写申报货物的海运提单号或空运单号，有二程提单的应同时提供。

（32）厂检信息：填写申报货物的厂检结果及生产批号。

（33）厂检出口批号：填写申报货物的厂检生产批号。

（34）是否退运：选择是否退运。是退运货物的，在此栏前标注“√”。

（35）报关地：报检地与报关地一致的，在此栏前标注“√”。

（36）标记及号码：填写货物运输包装标记。输入本批货物实际的标记及号码内容，应与合同发票等有关外贸单据保持一致。标记及号码不能在系统中输入或者输入不全的，应输入“见附页”，并在报检单据中加附相应的标记唛头附页。无标记号码的输入“N/ M”。

（37）特殊要求：填写在合同中特别订立的有关质量、卫生等条款或报检单位对该批申报货物检验检疫的特别要求。输入合同、信用证中与检验检疫有关的特殊要求或检验检疫机构要求在此栏输入的内容（通关单联网核查中发货人为特殊单位的，应按要求在此栏输入发货人海关注册代码）。若没有特殊要求，输入“＊＊＊”。

（38）随附单据：填写货物报检时所附的单据种类。选项中没有的单据种类，应在报检单中手工添加。

（39）需要单证：填写需由检验检疫出具的证单种类及正、副本份数。

（二）出境报检货物信息录入

（1）HS 编码：填写申报货物的 HS 编码，一般为 1 位数字，数字间无任何标点符号。可以输入 HS 编码的部分或全部，模糊查询后选择正确的编码；也可以在下拉维护表中维护。

（2）CIQ 代码：电子监管系统中自动导入的 CIQ 代码，为 9 位数字。

（3）监管条件：此栏为申报货物的监管条件。根据不同的货物 HS 编码，监管条件各异，可根据 HS 编码自动带出。

（4）类目：此栏根据 HS 编码自动带出。

（5）中文货名：填写本批申报货物的具体中文名称。不能笼统地输入货物的大类名称。

HS 编码 0304299090 在报检时必须输入具体的货物名称，如“冻狭鳕鱼片”，而不能笼统地输入“其他冻鱼片”。

（6）英文货名：填写本批申报货物的准确的英文名称，应当和外贸合同、发票中一致，且与中文货物名称相对应。

（7）原产地：填写申报货物的具体的产地，应具体到县市、区级并能明确区分不同的检验检疫机构辖区，如：青岛市黄岛区或青岛市平度市，不能输入山东省青岛市。

（8）规格：填写本批申报货物的规格。无具体规格的，可输入“＊＊＊”。

（9）报检数量：填写本批申报货物的数量。根据装箱单填写相应的数量和重量。法定第一计量单位对应的数量或重量必须录入，并且不得改动法定第一计量单位，如法定第一计量单位是“米”，不得输入“码”。

（10）数量单位：填写本批申报货物的数量单位，根据 HS 编码自动带出。

（11）报检重量：填写本批申报货物的重量。

（12）重量单位：填写本批申报货物的重量单位。

（13）HS 标准量：此栏如果重量单位为标准单位，此处带入重量值；如果数量单位为标准单位，此处带数量值。HS 标准量一般是和报检时的重量一样的，需先将鼠标点住 HS 编码一栏，再敲“确定”键，HS 标准量后边的单位就会自动弹出，在前边填上重量就可以了。

（14）HS 标准量单位：此栏为 HS 标准单位，由 HS 编码带出。

（15）用途：填写企业申报货物的用途。输入准确的产品用途，如食用、饲用等。

（16）货物单价：填写申报货物的单件价格。按照发票、合同的货物单价输入。单价应以第一标准量来计算。

（17）货物总值：填写申报货物的总价款。按照发票、合同的货物总值输入。为加工贸易方式的，不得只申报工缴费。

（18）货币单位：填写申报货物价值的货币种类（如美元）。

（19）数量：填写申报货物的包装数量。

（20）包装数量单位：填写申报货物的实际运输包装的数量的单位。包装种类必须明确具体，不能只填写箱、袋等笼统类别。要明确哪种质地，箱是木箱、纸箱还是其他箱；袋是麻袋、编织袋还是其他袋。有两种以上包装的，应添加辅助包装；同时有木质包装和其他包装的，应将非木质包装输入为辅助包装。对于系统中确实无法输入的包装种类，选择输入“其他”，同时在报检单中手工加注实际包装种类。

（21）辅包材料：填写申报货物的辅包材料。

（22）辅包厂家：填写申报货物的辅包材料厂家。

（23）辅包长：填写申报货物的辅包长。

（24）辅包宽：填写申报货物的辅包宽。

（25）辅包高：填写申报货物的辅包高。

（26）生产单位编码：填写要申报的货物生产单位在出入境检验检疫机构系统中注册登记的注册号，为 10 位数字。

（27）生产单位名称：填写要申报的货物生产单位公章上的中文名称；输入生产单位在检验检疫机构备案登记的 10 位数代码。发货人和生产单位不一致时，不得输入发货人的登记代码。对特殊情况确实无法输入生产单位备案登记代码的，如市场采购、伴侣动物、个人携带物等，应输入特殊单位代码（4 位局机构代码+000000），并在申请单上注明原因。

（28）许可/审批（号码、证书）：对实施许可/审批制度管理的申报货物，申报时需录入许可证编号或审批单编号。属于两证管理、检疫注册登记、备案以及其他许可证、审批管理的，选择正确的证书种类并输入相应证书号码。对系统中无法输入的证书种类，选择"其他出口证书"并输入相应的证书号码。

（29）集装箱规格：以集装箱装运的货物，填写装载本批申报货物的集装箱的具体规格。

（30）集装箱数量：以集装箱装运的货物，填写该规格集装箱的数量。

（31）集装箱号码：填写该规格集装箱的号码。集装箱号码报检时未确定的，可在"号码"一栏输入"＊＊＊"。拼箱的，应在号码栏目注明"拼箱"。输入集装箱号码时，多个集装箱号码以"/"分隔。由于号码栏字符长度的限制，每条集装箱信息最多输入 10 个集装箱号码，对同种规格的集装箱数量超过 10 个的，可通过增加集装箱记录分别录入。

（32）报检日期：检验检疫机构实际受理的报检的日期。直通式报检为系统通过机审自动生成正式报检号的日期。非直通式是受理报检的日期，并非申请人制作报检单据的日期。

（33）报检员：输入《报检员证》号和报检员姓名。证号与姓名必须对应准确。

（34）鉴重方式：对申请特殊鉴重方式的，在此项进行选择，如"水尺计重""流量计重"等。

（35）工作方式：根据实际工作方式选择，可留空。

（36）检验方式：根据实际检验方式选择输入。

（37）目的机构：对于出具换证凭条的单据须输入本单所转至的口岸检验检疫机构。

三、出境货物报检单填报

出境货物报检单填报见样例 10-1：

样例 10-1

中华人民共和国出入境检验检疫出境货物报检单

报检单位（加盖公章）：　　　　　　　　编号：

报检单位登记号：　　　联系人：　　　电话：　　　报检日期：

发货人	（中文）	
	（外文）	
收货人	（中文）	
	（外文）	

货物名称（中/外文）	H. S. 编码	产地	数/重量	货物总值	包装种类及数量

运输工具名称号码		贸易方式		货物存放地点	
合同号		信用证号		用途	
发货日期		输往国家（地区）		许可证/审批号	
启运地		到达口岸		生产单位注册号	

集装箱规格、数量及号码	

合同、信用证订立的检验检疫条款或特殊要求	标记及号码	（18）随附单据（画“√”或补填）	
		□合同 □信用证 □发票 □换证凭单	□装箱单 □厂检单 □包装性能结果单 □许可/审批文件

（19）需要证单名称（画“√”或补填）		检验检疫费	
□品质证书　__正__副 □重量证书　__正__副 □数量证书　__正__副 □兽医卫生证书　__正__副 □健康证书　__正__副 □卫生证书　__正__副	□动物卫生证书　__正__副 □植物检疫证书　__正__副 □熏蒸/消毒证书　__正__副	总额（人民币）	
		计费人	
		收费人	

报检人郑重声明：	领取证单	
1. 本人被授权报检。 2. 上列填写内容正确属实，货物无伪造或冒用他人的厂名、标志、认证标志。并承担货物质量责任。	日期	
签名：________	签名	

报检单位登记号：填写报检单位在检验检疫机构注册登记的 10 位数代码。

联系人：填写报检单位联系人姓名。

电话：填写联系人电话。

报检日期：此栏不需填写，自动显示检验检疫机构电子平台系统日期。

编号：此栏不需填写，由系统自动生成15位数报检流水号。

发货人：填报对外签订并执行进出口贸易合同的中国境内企业或单位全称及注册号，包括出口货物在境内的生产单位或外贸代理单位。（注：需要出具证书的，中英文名均为必录入项；只出具通关单的，只录中文名。）

收货人：填写外贸合同中的买方，英文名需录入。

货物名称：录入HS编码条目名或货物的实际名称及规格（需与发票上所列货物的规格和名称一致），含检验检疫监管类别的品名须逐一列明，超过20个品名的需分单报检。

HS编码：填写货物对应的商品10位数编码。以当年海关公布的商品税则编码分类为准。

产地：填写货物的实际生产地（无生产地的应填报货源地）；国外进境货物需再次出口的填写“境外”。

数/重量：按货物的第一计量单位如实录入对应的数值；也可根据需要同时输入数量和重量。

货物总值：填写本批货物的总值及币种，每报检批为单一商品时，应与发票上的货物总值一致。（预报检货物可以人民币为币种）

包装种类及数量：填写货物的运输包装种类及数量，填写“其他”的应注明实际包装种类。

运输工具名称及号码：填写运载货物出境的运输工具的名称及号码。选择船舶、飞机、汽车火车等（不包括国内运输）。海运货物报检时录入运输工具号码，格式为：交通工具名称/航次。报检时未能确定运输工具编号的，可只填写运输工具类别。

贸易方式：填报货物的实际贸易方式，应与报关单一致；若无对应的贸易方式，应填报“其他贸易性货物”或“其他非贸易性货物”。

货物存放地点：填写货物存放的具体地点、厂库。需与货物实施现场采样或监督查验时的地址一致。

合同号：填写外贸合同、订单编号的全部字头和号码。

用途：填写货物出境后的实际用途。

发货日期：填写运载出境货物的运输工具办结出境手续的日期，预报检可不填。

输往国家（地区）：填报外贸合同买方国家和地区，或合同注明的最终输往国家和地区。对发生运输中转的货物，如中转地未发生任何商业性交易或再加工，则填写最终输往国家（地区）。若中转地发生商业性交易或再加工，则以中转地为输往国家（地区）进行填报。

许可证/审批号：对实施行政许可或行政审批的出境货物，在该单内必须录入有效期内的许可证号或审批号。

启运地：填报装运本批货物离境的交通工具的启运口岸/城市（地区）名称。

到达口岸：填报货物到达境外口岸的名称。

集装箱规格、数量及号码：以集装箱运输的货物，应填写集箱的规格、数量及号码。

当单一报检批有两种或以上规格时，应按规格分别录入。装载易腐烂变质货物时应录入集装箱号码。

合同、信用证订立的检验检疫条款或特殊要求：填写在外贸合同中特别订立的有关质量、卫生等条款或报检单位对本批货物检验检疫的特别要求。对于展览品回运出境，报检单位应在“特殊要求”栏内注明“展品（国内展会）”的字样。

标记及号码：标记唛码中除图形以外的文字、数字，应与合同、发票等外贸单据保持一致。若没有标记号码应录入“N/M”，该栏内不得填报任何无关内容。

随附单据：在所提供报检资料对应的“□”上打“√”，若该栏无随附资料选项，应在勾选“其他”选项，并补录相关内容。

生产单位注册号：填写货物生产、加工企业在检验检疫机构注册登记号。

需要证单名称：在列表中选择，在需要检验检疫机构提供的单据对应的“□”上打“√”或补填，并注明所需单证的正副本数量。

检验检疫计费：由检验检疫工作人员填写实际的检验检疫费用。

报检人郑重声明：报检人员必须亲笔签名。

领取单证：报检人在领取证单时填写领证日期并签名。

四、入境货物报检数据录入

入境报检基本信息录入内容如下：

（1）录入序号：报检单唯一号码，不需要输入由系统自动生成。

（2）报检号：此栏为局端系统自动生成15位报检流水号。报检单发送到局端，经过局端系统审核正确后给出带有预录入号或正式报检号的回执，收到此回执，系统自动添加到报检单中的“报检号”里。因此，企业在录入报检单时无须填写此栏。

（3）申请日期：此栏填写申报本批货物单证的日期；检验检疫机构实际受理的报检的日期。直通式报检为系统通过机审自动生成正式报检号的日期。非直通式是受理报检的日期，并非申请人制作报检单据的日期。

（4）报检类别：根据报检实际情况选择本批申报货物相应的报检类别。报关地与目的地一致时，选择“一般报检”；目的地与报关地不一致，需转至目的地实施检验检疫的，选择“流向”；对于检验检疫类别为“L”，只实施入境验证的（不包括成套设备及零配件），选择“验证”。

（5）施检机构：此栏填写对企业申报货物实施检验检疫的机构。

（6）目的机构：此栏填写对企业入境货物实施检验检疫的机构。

（7）报检登记号：此栏输入自理/代理报检单位在检验检疫机构备案登记/注册登记的10位数代码。

（8）单位名称：此栏填写企业公章上的中文名全称；注册登记号与报检单位名称必须对应准确。

（9）企业性质：此栏填写报检企业所属的企业性质。

（10）报检员编码：此栏填写企业正式报检员在检验检疫局注册的10位编码。输入《报检员证》号和报检员姓名。证号与姓名必须对应准确。

（11）联系人：填写企业报检时的联系人姓名。

（12）联系电话：填写企业报检时的联系人电话。

（13）发货人代码：此栏填写发货企业的注册代码。

（14）发货人（中文）：填写发货企业公章上的中文名全称。

（15）发货人（英文）：此栏填写发货企业公章上的英文名全称。

（16）收货人代码：此栏填写收货人在检验检疫机构备案登记的 10 位数代码和收货人的全称（中英文）。备案登记号与发货人名称必须对应准确。

（17）收货人（中文）：此栏填写收货企业公章上的中文名全称。

（18）收货人（英文）：此栏填写收货企业公章上的英文名全称。

（19）运输工具：此栏填写企业运输货物时常用的运输工具。

（20）船名：此栏填写企业运输货物时所用船只的名称。

（21）号码：此栏填写企业运输货物时所用船只的号码。

（22）贸易方式：此栏填写申报货物的贸易方式。

（23）合同号：此栏填写本批申报货物的对外贸易合同或订单的号码。

（24）提运单号：此栏填写申报货物的海运提单号或空运单号，有二程提单的应同时提供。入境货物报检时，此栏为必输项。

（25）启运口岸：此栏填写装运本批申报货物入境的启运口岸。

（26）启运国家/ 地区：此栏根据启运口岸带出。

（27）贸易国别/ 地区：此栏填写入境报检时，外贸合同中卖方（出口方）所在国家或地区。

（28）经停口岸：此栏填写入境报检时，途中经停的口岸。

（29）目的地：此栏填写本批申报货物的入境目的地。

（30）入境口岸：此栏填写本批申报货物最终抵达目的地停靠口岸。

（31）到货日期：此栏填写本批申报货物到达口岸的日期。

（32）货存地点：此栏填写申报货物的具体存放地点，如工厂仓库。

（33）卸毕日期：此栏填写申报货物的卸货日期。

（34）索赔有效期：暂无说明，此栏一般为空，不填写。

（35）外商投资企业：此栏选择是否为外商投资企业。

（36）是否退运：此栏选择是否退运。

（37）报关地：此栏选择报关地。

（38）标记及号码：此栏填写货物运输包装标记。没有标记的，应填写 N/M。

（39）特殊要求：此栏填写在合同中特别订立的有关质量、卫生等条款或报检单位对该批申报货物检验检疫的特别要求。

（40）随附单据：此栏填写货物申报时必须提供的相关单据。

（41）需要单证：此栏填写需由检验检疫出具的证单。

（42）原产国：该批货物的生产或加工国家或地区。

（43）鉴重方式：对申请特殊鉴重方式的，在此项进行选择，如“水尺计重”“流量计重”等。

（44）工作方式：根据实际工作方式选择输入，可留空。

（45）检验方式：根据实际检验方式选择输入。

（46）入境口岸：货物的第一入境口岸。对于同一城市有不同港区，且涉及不同检验检疫机构的，应列明具体口岸，如“青岛口岸”和“黄岛口岸”，在录入时应根据实际情况区分清楚。

（47）索赔期：对外贸易合同中约定的索赔期限。合同中未订立索赔有效期的，该栏留空，并在报检单中注明“无索赔期”。

（48）经停口岸：货物运输中曾经停靠的外国口岸，无经停口岸的输入“＊＊＊”。

（49）目的地：货物进境后的最终目的地。对于目的地与进境口岸不属于同一检验检疫机构辖区的，应在“特殊要求”栏注明目的地企业详细联系信息。

（50）外商投资财产：中外合资、中外合作企业进口的投资设备在此栏前标注“√”。

五、入境货物报检单填报

入境货物报检单填报见样例 10-2：

样例 10-2

中华人民共和国出入境检验检疫入境货物报检单

报检单位（加盖公章）：　　　　　　　　　　　　编号：

报检单位登记号：　　　　联系人：　　　　电话：　　　　报检日期：

<table>
<tr><td rowspan="2">发货人</td><td colspan="5">（中文）</td></tr>
<tr><td colspan="5">（外文）</td></tr>
<tr><td rowspan="2">收货人</td><td colspan="5">（中文）</td></tr>
<tr><td colspan="5">（外文）</td></tr>
<tr><td>货物名称（中/外文）</td><td>H. S. 编码</td><td>产发（地区）</td><td>数/重量</td><td>货物总值</td><td>包装种类及数量</td></tr>
<tr><td></td><td></td><td></td><td></td><td></td><td></td></tr>
<tr><td>运输工具名称号码</td><td colspan="3"></td><td>合同号</td><td></td></tr>
<tr><td>贸易方式</td><td></td><td>贸易国别（地区）</td><td></td><td>提单/运单号</td><td></td></tr>
<tr><td>到货日期</td><td></td><td>启运国家（地区）</td><td></td><td>许可证/审批号</td><td></td></tr>
<tr><td></td><td></td><td>启运口岸</td><td></td><td>入境口岸</td><td></td></tr>
<tr><td>索赔有效日期至</td><td></td><td>经停口岸</td><td></td><td>目的地</td><td></td></tr>
<tr><td>集装箱规格、数量及号码</td><td colspan="5"></td></tr>
<tr><td rowspan="2">合同、信用证订立的检验检疫条款或特殊求</td><td colspan="3" rowspan="2"></td><td>货物存放地点</td><td></td></tr>
<tr><td>用途</td><td></td></tr>
</table>

续表

<table>
<tr><td colspan="2">随附单据（画“√”或补填）</td><td>标记及号码</td><td>*外商投资财产（划“√”）</td><td>□是□否</td></tr>
<tr><td rowspan="4">□合同
□发票
□提/运单
□兽医卫生证书
□植物检疫证书
□动物检疫证书
□卫生证书
□原产地证
□许可/审批文件</td><td rowspan="4">□到货通知
□装箱单
□质保书
□理货清单
□磅码单
□验收报告</td><td rowspan="4"></td><td colspan="2">*检验检疫费</td></tr>
<tr><td>总金额
（人民币元）</td><td></td></tr>
<tr><td>计费人</td><td></td></tr>
<tr><td>收费人</td><td></td></tr>
<tr><td colspan="3" rowspan="3">报检人郑重声明：
1. 本人被授权报检。
2. 上列填写内容正确属实，货物无伪造或冒用他人的厂名、标志、认证标志。并承担货物质量责任。
签名：__________</td><td colspan="2">领取证单</td></tr>
<tr><td>日期</td><td></td></tr>
<tr><td>签名</td><td></td></tr>
</table>

报检单位（加盖公章）栏：填写报检单位全称并加盖公章（已作报检专用章备案的企业可加盖报检专用章）。

报检单位登记号：填写报检单位在检验检疫机构注册登记的10位数代码。

联系人：填写报检单位联系人姓名。

电话：填写联系人电话。

报检日期：此栏不需填写，自动显示检验检疫机构电子平台系统日期。

编号：此栏不需填写，由系统自动生成15位数报检流水号。

收货人：填报对外签订并执行进出口贸易合同的中国境内企业或单位全称及注册号，包括自行从境外进口货物的单位或外贸代理单位。对于未经注册登记的特殊单位，应向检验检疫机构申请特殊号办理。

企业性质：根据收货人的企业性质，在对应的□内打“√”。

发货人：填写外贸合同中的发货人，英文名应录入。

货物名称：录入HS编码条目名或报检货物的实际名称及规格（需与发票上所列货物的规格和名称一致）。货物名称应具体列明，不得填写笼统的商品类别，如玩具应如实填报塑料玩具或电动玩具等。废旧物品应在品名后标注“废”或“旧”等字样。货物品名应按“含检验检疫类别的货物、无检验检疫类别的废旧货物、无检验检疫类别的普通货物”的顺序列明（法检商品一份报检单最多只能申报20个品名，多于20个品名的需分单申报）。

HS编码：填报货物对应的商10位数编码。以当年海关公布的商品税则编码分类为准。

原产国（地区）：填报进口货物的生产、开采或加工制造的国家（地区），相同品名的进口货物原产国不同应分别填报原产国（地区）。

数/重量：根据 HS 编码对应的法定第一计量单位（即 HS 标准量）填写数量或重量，依实际情况也可同时输入数量和重量（法定计量单位应以《中华人民共和国海关统计商品目录》中的计量单位为准）。根据 HS 归类规则，货物零部件按整机归类的，法定计量单位是非重量的，其对应的法定数量按 1 申报。

货物总值：填报本报检批货物的总值及币种，应与发票上的货物总值及币种一致。同一批次多品名货物应分别列明各自的货值及币种（若申报货物总值和国际、国内市场价格有较大差异，检验检疫机构保留核价的权利）。

包装种类及数量：填写货物运输的包装种类及数量，并注明包装材质。填写“其他”的注明实际包装种类，并在“辅助包装”栏内注明“有木”或“无木”。

运输工具名称号码：填写货物进境的运输工具的名称及号码。选择船舶、飞机、汽车、火车等（不包括国内运输）。海运货物报检时录入运输工具号码，格式为：交通工具名称/航次：若报检时未能确定运输工具编号的，可只填写运输工具类别。

贸易方式：填写货物进口的贸易方式，如一般贸易、来料加工、进料加工、展览品等，贸易方式应与报关单相符（若系统中无对应的贸易方式，应根据实际贸易情况填写“其他贸易性货物”或“其他非贸易性货物”）。

贸易国别（地区）：填报合同关系人所在国别。以合同提示为准，需与报关单一致。

提运单号：进口货物提单或运单的编号，一份报检单只允许填报一个提运单号。

启运国家（地区）：填报进口货物起始发出的国家（地区），对发生运输中转的货物，若中转地未发生任何商业性交易，则启运国家（地区）不变。若中转地发生商业性交易，则以中转地为启运国家（地区）填报。

许可证/ 审批号：该栏涉及许可证/审批号类型，包括进口动植物及产品的检疫审批、进口电池产品备案书、装运前检验证书、进口旧电产品备案书、进口旧机电免装运前检验证明书、CCC 证书或 CCC 免办证明等。对于须凭许可证、审批号等报检的货物应在该栏内填报相应的凭证编号。

到货日期：填报货物到达国境口岸的日期。

卸毕日期：填写货物全部卸离运载工具的实际日期。

合同号：填写外贸合同、订单的全部字头和号码。

启运口岸：填写装运货物的交通工具直运至我国的启运口岸。

入境口岸：填写装运货物的交通工具进境时首次停靠的口岸。

索赔期：填写外贸合同中的规定日期。

经停口岸：填写货物启运后到达目的地前中途曾经停靠或发生装卸货的口岸名称。

目的地：填写货物的境内使用、销售地或最终运抵地。

集装箱规格、数量及号码：若以集装箱运输应填写集装箱的规格、数量及号码。当一个报检批有两种或以上规格时，应按不同规格分别录入。

合同订立特殊条款以及其他要求：填写在外贸合同中特别订立的有关质量、卫生等条款或报检单位对本批货物检验检疫的特别要求。

货物存放地点：填写货物实施现场采样或监督查验时的实际存放地点。

用途：填写货物用途，动植物及其产品报检时应按实际用途录入，如种用、食用、奶用、观赏或演艺、伴侣、实验、药用、饲用、加工等。

随附单据：根据所附报检资料在列表中选择，并在所提供单据对应的“□”上打“√”，若选项中没有相应单据应自行补填。

标记及号码：标记唛码中除图形以外的文字、数字，应与合同、发票等外贸单据保持一致。若没有标记号码应录入“N/M”，该栏内不得填报任何无关内容。外商投资财产：由检验检疫工作人员填写。

检验检疫计费：由检验检疫工作人员填写。

报检人郑重声明：报检人员必须亲笔签名。

领取单证：报检人在领取证单时填写领证日期并签名。

任务三　特殊出境货物报检

任务导入

2022 年 12 月 12 日，浙江某公司委托代理公司向海关申报出口一批牙刷、铁锅、袜子等货物，但宁波海关在实施现场查验时未发现袜子等申报货物，反而发现另有多项未申报的货物，其中口红、眉笔、睫毛膏等化妆品均属于法检商品，出口须经过检验。该公司对法定检验的出口商品不予报检的行为涉嫌逃避出口商品检验，根据《中华人民共和国进出口商品检验法》第三十三条及其实施条例第四十六条第一款的有关规定，宁波海关对该公司实施了相应的行政处罚。

在进出口环节，行政相对人对于列入目录的进出口商品以及法律、行政法规规定须经出入境检验检疫机构检验的其他进出口商品，负有如实报检的法律义务。出口企业应当主动学习相关的海关检验检疫法律法规，加强内部管理，做到知法、懂法、守法，将海关法律法规作为规范自身的行为准则。否则，既影响正常生产经营，又要遭受法律制裁。

学习目标

- 了解各类特殊出境货物报检的基本规定；掌握各类特殊出境货物报检的注意事项
- 根据不同的特殊报检对象进行报检，并具备填制出境货物报检单的能力
- 形成守法、诚实、守信的职业素养

一、出境动物的报检

为了维护动物及动物产品外贸的顺利开展，防范动物传染病、寄生虫病传入、传出国境，在国内国家对出境动物实行生产企业注册登记制度。所有出境的动物都必须来自

经海关注册的生产加工企业。

（一）报检范围

“动物”是指饲养、野生的活动物，如畜禽、兽、蛇、龟、鱼、虾、蟹、贝、蚕、蜂等。根据《动植物检疫法》的规定，我国对出境的动物及装载动物的装载容器、包装物，依照本法规定实施检疫。

（二）报检时间、地点

（1）需隔离检疫的出境动物，货主或其代理人应在动物出境前60天向启运地海关预报检，隔离前7天向启运地海关正式报检。需隔离检疫的情况主要有：进口国要求隔离检疫的；根据贸易合同的约定要求隔离检疫的；在对出境动物进行检疫过程中发现传染病的；我国政府对出境动物有隔离检疫规定的。

（2）出境观赏动物（观赏鱼除外），货主或其代理人应在观赏动物出境前30天向出境地海关报检。

（3）出境养殖水生动物（包括观赏鱼），货主或其代理人应在水生动物出境前7天向注册登记养殖场、中转场所在地海关报检。

（4）出境野生捕捞水生动物，货主或其代理人应在水生动物出境前3天向出境地口岸海关报检。

（三）报检应提供的单据

需隔离检疫的出境动物，向启运地海关预报检时应提交输入国（地区）法定和合同规定的动物检验检疫要求以及与所输出动物有关的资料。输出动物正式报检时，除按规定申报，并提供合同/销售确认书、信用证、发票、装箱单等基本单证外，视不同情况还应提供以下特殊单证：

（1）所有出境饲养（养殖）动物均必须来自经海关注册的养殖场，并在报检时向海关提交出口动物饲养场卫生注册登记证等资料；

（2）输出属于国家规定的保护动物的，应提交国家濒危物种进出口管理机构核发的《允许出口证明书》；

（3）输出种用畜禽的，应提交农牧部门出具的种用动物允许出口批件；

（4）输出实验动物的，应提交国家科技行政主管部门核发的允许出口批件；

（5）输出观赏动物的，应提供贸易合同或展出合约、产地检验证书；

（6）实行检疫监督的输出动物，须出示生产企业的输出动物检疫许可证；

（7）出境养殖水生动物的，应提供《出境水生动物养殖场/中转场检验检疫注册登记证》和养殖场/中转场出具的《出境水生动物供货证明》；

（8）出境野生捕捞水生动物的，应提供下列单证：所在地县级以上渔业主管部门出具的捕捞船舶登记证和捕捞许可证，捕捞渔船与出口企业的供货协议和进口国家（地区）规定的其他单证。

二、出境动物产品及其他检疫物的报检

（一）报检范围

“动物产品”是指来源于动物未经加工或者虽经加工但仍有可能传播疫病的产品，如生皮张、毛类、肉类、脏器、油脂、动物水产品、奶制品、蛋类、血液、精液、胚胎、骨、蹄、角等；“其他检疫物”是指动物疫苗、血清、诊断液、动植物性废弃物等。出境的动物产品应来自经海关注册登记的生产企业并存放于经注册登记的冷库和仓库。

（二）报检时间、地点

（1）出境动物产品最迟应在出境前 7 天向出境地海关申报；须作熏蒸消毒处理的，应在出境前 15 天向出境地海关报检。

（2）出口冷冻肉类产品应当在生产加工后 6 个月内出口，冰鲜肉类产品应在生产加工后 72 小时内出口。输入国家或者地区另有要求的，按照其要求办理。

（三）报检应提供的单据

输出动物产品及其他检疫物报检时，除按规定申报，并提供合同/ 销售确认书、信用证、发票、装箱单等基本单证外，视不同情况还应提供以下特殊单证：

（1）出境动物产品生产企业（包括加工厂、屠宰厂、冷库、仓库）的《卫生注册登记证》；

（2）出境动物产品如来源于国家规定保护动物的，还应提供国家濒危物种管理部门出具的《允许出口证明书》。

三、出境植物及植物产品的报检

为了维护植物及植物产品对外贸易的顺利开展，防治植物危险性病虫害在国内蔓延和向境外传播，国家对出境植物、植物产品应实施检疫管理，出境植物、植物产品的发货人及其代理人必须按规定向海关报检。

（一）报检范围

“植物”是指栽培植物、野生植物及其种子、种苗及其他繁殖材料等；“植物产品”是指来源于植物未经加工或者虽经加工但仍有可能传播病虫害的产品，如粮食、豆、棉花、油、麻、烟草、籽仁、干果、鲜果、蔬菜、生药材、木材、饲料等；植物、植物产品和其他检疫物的装载容器、包装物、铺垫材料。

（二）报检时间、地点

除另有规定外，出境植物、植物产品应于报关或装运前 7 天向产地海关申报。

（三）报检应提供的单据

出境植物、植物产品及其他检疫物报检时，除按规定申报，并提供合同、信用证、发票、装箱单等基本单证外，视不同情况还应提供以下特殊单证：

（1）出境濒危和野生植物资源的，须出示国家濒危物种进出口管理办公室或其授权的办事机构签发的允许出境证明文件。

（2）出境种苗花卉时，生产经营企业应提供《出境种苗花卉生产经营企业注册登记证书》，未经备案的企业不得从事出境种苗花卉生产经营业务，出境种苗花卉必须来自经海关注册登记的种苗花卉基地。

（3）输往欧盟、美国、加拿大等国家或地区的出境盆景应提供《出境盆景场/苗木种植场检疫注册证》。

（4）来自注册登记果园、包装厂的出境水果应提供《注册登记证书》，来自辖区以外注册果园的，由注册果园所在检验检疫部门出具的水果《产地供货证明》。

（5）供港澳蔬菜、报检时，应当提交供港澳蔬菜加工原料证明文件、出货清单及出厂合格证明。

（6）出境粮食报检时，还需向海关提供《出口植物产品生产、加工、存放企业注册登记证书》。

四、出境食品报检

为了保证食品安全，保障公众身体健康和生命安全，我国海关对出境食品、食品添加剂及原料产品实施严格的检验检疫管理；实行食品生产、加工、储存企业实施备案制度，并要求出口食品生产企业应当建立完善的质量安全管理体系；出口食品原料种植、养殖场应当向海关备案。出境的食品由出入境海关进行监督、抽检，食品生产企业未依法经过注册、登记或备案的，其产品出口时，海关不予受理报检。

（一）报检范围

“食品”指各种供人食用或者饮用的成品和原料以及按照传统既是食品又是中药材的物品，但是不包括以治疗为目的的物品；食品应当是预先定量包装或者制作在包装材料、容器中的食品；“食品添加剂”指为改善食品品质和色、香、味以及为防腐、保鲜和加工工艺的需要而加入食品中的人工合成或者天然物质，包括营养强化剂；用于食品的包装材料和容器、食品生产经营的工具、设备，用于食品的洗涤剂、消毒剂。

（二）报检要求

出口食品的出口商或者其代理人持合同、发票、装箱单、出厂合格证明、出口食品加工原料供货证明文件等必要的凭证向出口食品生产企业所在地或组货地的隶属海关申请。申请时，应当将所出口的食品按照品名、规格、数/重量、生产日期逐一申报。

（三）现场检验检疫

1. 现场查验

隶属海关根据系统“检验要求”，对不需要查验和送检的货物，直接实施综合评定；需查验的，实施现场查验，内容包括货证相符情况、产品感官性状、产品包装、数/重量及运输工具、集装箱或存放场所的卫生状况等。

2. 抽样检验

根据系统“检验要求”，隶属海关对抽中查验送检的货物，在现场查验时抽取样品，并送实验室检测。

3. 综合评定

隶属海关对申请出口食品的相关信息进行审核，根据异常情况、风险预警、出口备案、企业核查等信息，结合抽样检验、风险监测、现场查验等情况进行综合评定。

（1）经评定合格的，形成电子底账数据，向企业反馈电子底账单号，符合要求的按规定签发检验检疫证书；

（2）经评定不合格的，签发不合格通知单，不准出口。

4. 签发证书

隶属海关工作人员负责拟制证稿，经审核后出具证书。

5. 复验

申请人对检验结果有异议的，可以向做出检验结果的主管海关或者其上一级海关申请复验，也可以向海关总署申请复验，按照《进出口商品复验办法》，受理复验的海关或者海关总署负责组织实施复验。

五、出境饲料和饲料添加剂报检

为了规范进出口饲料和饲料添加剂的检验检疫监督管理工作，提高进出口饲料和饲料添加剂安全水平，保护动物和人体健康，我国海关对出口饲料和饲料添加剂进行检验检疫和监督管理，对饲料的出口生产企业实施注册登记制度，出口饲料应来自注册登记的企业。

（一）报检范围

“饲料”指经种植、养殖、加工、制作的供动物食用的产品及其原料，包括饵料用活动物、饲料用（含饵料用）冰鲜冷冻动物产品及水产品、加工动物蛋白及油脂、宠物食品及咬胶、饲草类、青贮料、饲料粮谷类、糠麸饼粕渣类、加工植物蛋白及植物粉类、配合饲料、添加剂预混合饲料等。“饲料添加剂”指饲料加工、制作、使用过程中添加的少量或者微量物质，包括营养性饲料添加剂、一般饲料添加剂等。

（二）报检要求

饲料出口前，货主或者代理人应当凭贸易合同、出厂合格证明等单证向产地海关报检。海关对所提供的单证进行审核，符合要求的受理报检。

（三）施检处理

1. 现场检验检疫

受理报检后，海关按照下列规定实施现场检验检疫：

（1）核对货证：核对单证与货物的名称、数（重）量、生产日期、批号、包装、唛头、出口生产企业名称或者注册登记号等是否相符；

（2）标签检查：标签是否符合要求；

（3）感官检查：包装、容器是否完好，有无腐败变质，有无携带有害生物，有无土壤、动物尸体、动物排泄物等。

2. 实验室检验

海关对来自不同类别出口生产企业的产品按照相应的检验检疫监管模式抽取样品，出具《抽/采样凭证》，送实验室进行安全卫生项目的检测。

3. 结果评定处理

（1）经检验检疫合格的，海关出具《出境货物换证凭单》、检验检疫证书等相关证书；

（2）检验检疫不合格的，经有效方法处理并重新检验检疫合格的，可以按照规定出具相关单证，予以放行；

（3）无有效方法处理或者虽经处理重新检验检疫仍不合格的，不予放行，并出具《出境货物不合格通知单》。

4. 出境管理

出境口岸海关按照出境货物换证查验的相关规定查验，重点检查货证是否相符；查验不合格的，不予放行。

六、出境化妆品报检

化妆品是和人体直接接触的物质，其所含有的潜在危险的化学成分对人体健康会产生严重的危害。为保证出口化妆品的安全卫生质量，保护消费者身体健康，国家对出口化妆品实施法定检验。

（一）报检范围

列入海关实施检验检疫的进出境商品目录及有关国际条约、相关法律、行政法规规定由海关检验检疫的化妆品（包括成品和半成品）应向海关报检。“化妆品”是指以涂、擦、散布于人体表面任何部位（表皮、毛发、指趾甲、口唇等）或者口腔黏膜、牙齿，以达到清洁、消除不良气味、护肤、美容和修饰目的的产品。“化妆半成品”指除最后一道“灌装”或者“分装”工序外，已完成其他全部生产加工工序的化妆品。

（二）出口化妆品生产企业要求

（1）出口化妆品生产企业应当保证其出口化妆品符合进口国家（地区）标准或者合同要求。进口国家（地区）无相关标准且合同未有要求的，可以由海关总署指定相关标准。

（2）海关总署对出口化妆品生产企业实施备案管理，出口化妆品生产企业应当建立质量管理体系并持续有效运行。

（3）出口化妆品生产企业应当建立原料采购、验收、使用管理制度，要求供应商提供原料的合格证明。

（三）报检要求

出口化妆品的发货人或者其代理人应当按照海关总署相关规定报检。其中首次出口的化妆品应当提供以下文件：

（1）出口化妆品生产企业备案材料。

（2）自我声明。声明企业已经取得化妆品生产许可证，且化妆品符合进口国家（地区）相关法规和标准的要求，正常使用不会对人体健康产生危害等内容。

（3）销售包装化妆品成品应当提交外文标签样张和中文翻译件。

（四）检验检疫

海关受理报检后，对出口化妆品进行检验检疫，包括现场查验、抽样留样、实验室检验、出证等。

1. 现场查验

现场查验内容包括货证相符情况、产品感官性状、产品包装、标签版面格式、运输工具、集装箱或者存放场所的卫生状况。

2. 抽样留样

出口化妆品的抽样应当按照国家有关规定执行，样品数量应当满足检验、复验、备查等使用需要。

3. 实验室检验

需要进行实验室检验的，海关应当确定检验项目和检验要求，并将样品送具有相关资质的检验机构。检验机构应当按照要求实施检验，并在规定时间内出具检验报告。

4. 结果评定处理

（1）出口化妆品经检验检疫合格，进口国家（地区）对检验检疫证书有要求的，应当按照要求同时出具有关检验检疫证书；

（2）出口化妆品经检验检疫不合格的，可以在海关的监督下进行技术处理，经重新检验检疫合格的，方准出口；

（3）不能进行技术处理或者技术处理后重新检验仍不合格的，不准出口。

七、出境木制品及木制家具的报检

为确保我国出口木制品及木制家具产品质量安全，国家对出口木制品和木制家具生产企业实施备案登记制度。出境木制品及木制家具生产企业应建立从原料、生产环节到最后成品的质量安全控制体系。对已建立健全的质量安全控制体系并运行有效的出口企业，实施分类管理。

企业对涉及安全、卫生、评定国家认可委员会认可的实验室出具检测报告，还应对原辅材料建立台账。

（一）报检范围

报检范围包括《实施出口木制品及木制家具检验监管的目录》所列的59个HS编码项下的出口木制品及木制家具产品。

（二）报检地点

出口木制品及木制家具实行产地报检、口岸查验的原则，不接受异地申报。

（三）报检应提供的单据

出口木制品及木制家具的货主或其代理人报检时，除按规定申报，并提供合同、信用证、发票、装箱单等基本单证外，视不同情况还应提供以下特殊单证：

（1）《出口木制品及木制家具生产企业备案登记证书》。

（2）产品符合输入国家或地区的技术法规、标准，或国家强制性标准质量的《出口木制品及木制家具生产企业符合性声明》等单证材料。

（3）输入国（地区）技术法规和标准对木制家具机械安全项目有要求的，需提供相关检测报告。

八、出境危险货物的报检

危险货物是具有自燃、易燃、爆炸、腐蚀、毒害、射性等性质的货物，一般分为以下几种：爆炸品、氧化剂、压缩气体、自燃气体、遇水阻燃物体、易燃液体、毒害品、腐蚀性品、放射性物品等。目前，我国对出口危险货物包括烟花爆竹、打火机和点火枪类商品实施法定检验。

（一）出口烟花爆竹

烟花爆竹是我国传统的出口商品，同时烟花爆竹又属于易燃易爆的危险品，在生产、储存、装卸、运输各环节极易发生安全事故。为保证其安全运输出口，我国对出口烟花爆竹的生产企业实施登记管理制度。

1. 出口报检

出口烟花爆竹产品实行产地报检、口岸查验相结合的办法。出口烟花爆竹的货主或其代理人向海关报检时，除按规定申报，并提供合同、信用证、发票、装箱单等基本单证外，还应提供以下材料：

（1）《出境货物运输包装性能检验结果单》。

（2）《出境危险货物运输包装使用鉴定结果单》。

（3）生产企业对出口烟花爆竹的质量和安全作出承诺的声明。

（4）生产企业的厂检合格单，经营企业的质量验收单。

（5）海关指定检测中心出具的烟火药物安全性能检验合格报告。

（6）出口规格为 6 英寸及以上的礼花弹产品时，在口岸查验时，需提供海关出具的分类定级试验报告和 12 米跌落试验合格报告。

2. 施检

（1）出口烟花爆竹的检验应当严格执行国家法律法规规定的标准，对进口国以及贸易合同高于我国法律法规规定标准的，按其标准进行检验。

（2）海关对首次出口或者原材料、配方发生变化的烟花爆竹应当实施烟火药剂安全稳定性能检测。对长期出口的烟花爆竹产品，每年应当进行不少于一次的烟火药剂安全性能检验。

（3）凡经检验合格的出口烟花爆竹，由海关在其运输包装明显部位加贴验讫标志。

（二）出口打火机、点火枪类商品

打火机、点火枪类商品是涉及运输及消费者人身安全的危险品，为提高该类商品的出库质量，保障运输及消费者的人身安全，我国对出境打火机、点火枪类商品实施法定检验。我国海关对出口打火机、点火枪类商品的生产企业实施登记管理制度。

1. 出口报检

出口打火机、点火枪类产品应在产地海关报检，我国海关对出口打火机、点火枪类商品实行产地报检、口岸查验相结合的办法。出口申报时，货主或其代理人除按规定申报，并提供合同、信用证、发票、装箱单等基本单证外，还应提供以下材料：

（1）出口打火机、点火枪类商品生产企业登记证。

（2）出口打火机、点火枪类商品生产企业自我声明。

（3）出口打火机、点火枪类商品的型式试验报告。

（4）出境货物运输包装性能检验结果单。

（5）出境危险货物运输包装使用鉴定结果单。

2. 施检

（1）出口打火机、点火枪类商品检验应当严格依照国家技术规范的强制性要求和有关标准进行，对进口国（地区）技术法规和标准高于我国标准的，按进口国技术法规和标准进行检验。对于我国与进口国（地区）有危险品检验备忘录或协议的，应符合备忘录或协议的要求。

（2）出口打火机、点火枪类商品上应铸有海关颁发的企业登记代码，其外包装须印有登记代码和批次，在外包装的明显部位要贴有海关验讫标志。

（三）出口危险化学品

1. 报检范围

危险化学品，是指具有毒害、腐蚀、爆炸、燃烧、助燃等性质，对人体、设施、环境具有危害的易制毒化学品和其他化学品。根据《危险化学品安全管理条例》，我国海关负责对进出口危险化学品及其包装实施检验监管。

2. 出口报检

出口危险化学品应在产地海关报检，我国海关对出口危险化学品的检验和监管实行产地报检和口岸查验相结合的办法。出口申报时，货主或其代理人应按检验检疫规定申报，按照《危险化学品名录》中的名称申报，并提供合同、信用证、发票、装箱单等基本单证外，还应提供以下材料：

（1）出口危险化学品生产企业符合性声明。

（2）出境货物运输包装性能检验结果单。

（3）危险特性分类鉴别报告。

（4）危险公示标签　安全数据单样本，若是外文样本，应提供对应的中文翻译件。

（5）对需要添加抑制剂或稳定剂的产品，应提供实际添加抑制剂或稳定剂的名称、数量等情况说明。

九、出境市场采购货物的报检

为规范市场采购对外贸易秩序，提升市场采购出口商品质量，规范市场采购商品出口行为，海关对市场采购出口商品供货单位和发货人、代理人实行备案管理，市场采购出口商品的供货单位、发货人的代理人按照自愿原则可以向海关申请备案。

（一）报检范围

市场采购出口商品是指出口商品发货人或者其代理人在国内市场以现货方式采购，

并由采购地海关检验的法定检验出口商品。食品、化妆品、压力容器、危险品和实施许可证管理的商品，不得以市场采购的形式出口。

（二）报检地点

市场采购出口商品实行采购地检验、口岸查验的检验监管方式，市场采购出口商品发货人及其代理人应当向商品采购地海关办理报检手续。

（三）报检应提供的单据

发货人应当对市场采购的出口商品进行验收后，按照海关总署《出入境检验检疫报检规定》向海关报检，除按规定申报，并提供合同、信用证、发票、装箱单等基本单证外，报检时还应当提供以下资料：

（1）符合性声明。发货人声明其报检的出口商品符合进口国家（地区）技术法规和标准要求，进口国家（地区）无明确规定的，发货人声明其报检的出口商品符合我国国家技术规范强制性要求及相关标准或者合同约定；

（2）出口商品质量合格验收报告；

（3）商品采购票据等市场采购凭证；

（4）采购备案单位的商品的，需提供备案证明复印件。

（四）检验

（1）市场采购出口商品应当按照进口国家（地区）技术法规、标准要求实施检验；进口国家（地区）没有技术法规、标准要求的，按照我国国家技术规范强制性要求及相关标准检验；我国没有国家技术规范强制性要求及相关标准的，按照合同约定的要求检验。

合同约定的要求高于进口国家（地区）技术法规、标准要求或者我国国家技术规范强制性要求及相关标准的，按照合同约定实施检验。

（2）海关参照《出口工业产品企业分类管理办法》（国家质检总局第 113 号令）对市场采购出口商品供货单位和发货人代理人实施分类管理，并确定特别监管、严密监管、一般监管、验证监管、信用监管五种不同检验监管方式。海关对来源于未经备案单位的市场采购出口商品实施批批检验，按照特别监管或者严密监管的检验监管方式实施出口监管。

（3）市场采购出口商品经检验合格的，检验检疫机构签发有关检验检疫单证，在单证中注明“市场采购”。

（4）市场采购出口商品经检验不合格的，签发不合格通知单，在海关监督下进行技术处理，经重新检验合格后，方准出口；不能进行技术处理或者经技术处理后重新检验仍不合格的，不准出口。

（5）对法定检验以外的出口商品，海关根据国家质检总局相关规定实施抽查检验。

十、出境货物包装的报检

（一）出境货物木质包装的报检

为防止林木有害生物随货物使用的木质包装在国际间传播蔓延，2002 年 3 月，国际植物保护公约组织（IPPC）公布了国际植物检疫措施标准第15号《国际贸易中的木质包装材料管理准则》，要求货物使用的木质包装应在出境前进行除害处理，并加施IPPC确定的专用标识。目前，欧盟、加拿大、美国、澳大利亚等国家已采纳该标准并于2005年3月1日陆续开始实施，将来会有更多的国家采用该国际标准。对于不符合国际标准的木质包装，进口国家或地区将在入境口岸采取除害处理、销毁、拒绝入境等措施。为使我国出境货物使用的木质包装符合进口国家或地区的检疫规定，避免经济损失，降低有害生物传播和扩散的风险，我国多部门联合制定了《出境货物木质包装检疫处理管理办法》。

1. 报检范围

木质包装是指用于承载、包装、铺垫、支撑、加固货物的木质材料，如木板箱、木条箱、木托盘、木框、木桶、木轴、木楔、垫木、枕木、衬木等经人工合成或经加热、加压等深度加工的包装用木质材料，如胶合板、刨花板、纤维板等；薄板旋切芯、锯屑、木丝、刨花等以及厚度等于或者小于6毫米的木质材料除外。

2. 出口报检

（1）海关总署统一管理全国出境货物木质包装的检疫监督管理工作。主管海关负责所辖地区出境货物木质包装的检疫监督管理。

（2）对木质包装实施除害处理并加施标识的企业（以下简称标识加施企业）应当建立木质包装生产防疫制度和质量控制体系。

（3）出境货物木质包装应当按照《出境货物木质包装除害处理方法》列明的检疫除害处理方法实施处理，并按照《出境货物木质包装除害处理标识要求》的要求加施专用标识。

（4）出境货物木质包装应由木质包装标识加施企业在实施检疫处理前向海关申报。标识加施企业应当将木质包装除害处理计划在除害处理前向所在地海关申报，海关对除害处理过程和加施标识情况实施监督管理。

（5）使用加施木质包装的出口，在货物出口申报时，除提供相关报检随附单证材料外，还应向海关出示《出境货物木质包装除害处理合格凭证》，供现场检验检疫人员查验放行和核销。

3. 出境木质包装检疫处理

出境货物木质包装处理主要有热处理（HT）和溴甲烷熏蒸处理（MB）两种方法。

加施标识除害处理结束后，标识加施企业应当出具处理结果报告单。经海关认定除害处理合格的，标识加施企业按照规定加施标识。再利用、再加工或者经修理的木质包装应当重新验证并重新加施标识，确保木质包装材料的所有组成部分均得到处理。

（二）出境货物运输包装容器的检验

出境货物运输包装容器主要分为一般货物运输包装容器和危险货物运输包装容器两类。

1. 出境一般货物运输包装容器的报检

出境一般货物的运输包装，必须进行性能检验。出境一般货物运输包装的检验，是指列入《法检目录》及其他法律法规规定须经检验检疫，并且检验检疫监管条件为“N”

或“S”的出口货物的运输包装容器。检验合格获得《出境货物运输包装性能检验结果单》，未经商检机构检验合格，不准用于盛装出口商品。

报检时除按规定提供基本单证外，还应提供以下材料：

（1）出境货物运输包装检验申请单。

（2）生产单位出具的该批包装容器的检验结果单。

（3）包装容器规格清单。

（4）客户订单及对包装容器的有关要求。

（5）批包装容器的设计工艺、材料检验标准等技术资料。

2. 出境危险货物包装容器的报检

盛装危险货物的包装容器均列入法检目录，对出境危险货物运输包装容器的检验分为性能检验和使用鉴定两种。

（1）出境危险货物包装容器的性能检验。出口危险货物包装容器的生产企业，应当向出入境检验检疫机构申请包装容器的性能鉴定。包装容器经出入境检验检疫机构鉴定合格并取得性能鉴定证书的，方可用于包装危险货物。出口危险货物包装容器的生产企业携带“出入境货物包装检验申请单”“包装容器周期检测报告”“生产企业厂检合格单或者产品符合性声明”“出口危险货物包装销售合同”等申请材料向所在地海关申请办理《出境货物包装性能检验结果单》。

（2）出境危险货物包装容器的使用鉴定。出口危险货物的生产企业，应当向出入境检验检疫机构申请危险货物包装容器的使用鉴定。使用未经鉴定或者经鉴定不合格的包装容器的危险货物，不准出口。出口危险货物包装容器的生产企业携带“出入境货物包装检验申请单”“出入境货物包装性能检验结果单”“生产企业厂检合格单或者产品符合性声明”“出口危险货物危险特性分类鉴别报告”“出口危险货物包装销售合同”等申请材料向所在地海关申请办理《出境危险货物运输包装使用鉴定结果单》。

（三）出境食品包装

为了包装出口食品安全，保护消费者身体健康，国家对出口食品包装生产企业实施备案管理，对出口食品包装产品实施检验。

1. 报检范围

出口食品包装容器、包装材料（以下简称食品包装）是指已经与食品接触或预期会与食品接触的进出口食品内包装、销售包装、运输包装及包装材料。

2. 出口报检

出口食品包装生产企业在提供出口食品包装给出口食品生产企业前应当到所在地海关申请对该出口食品包装的检验检疫。申请检验检疫时，申报人应按规定填写《包装检验申请单》，并提交以下单证：

（1）生产企业厂检合格单。

（2）销售合同。

（3）该食品包装的周期检测报告及原辅料检测报告。

3. 检验检疫

海关根据相关规程和标准对出口食品实施检验检疫，经检验检疫合格的，签发《出入境食品包装及材料检验检疫结果单》，并注明出口国别。《出入境食品包装及材料检验检疫结果单》有效期为1年。未经海关检验检疫或经检验检疫不合格的食品包装不得用于包装、盛放出口食品。

（四）出境危险货物小型气体容器的报检

1. 报检范围

出口危险货物小型气体容器系指充灌有易燃气体的打火机、点火器、气体充灌容器；容量不超过1 000 cm^3，工作压力大于0.1 MPa（100 kPa）的气体喷雾器及其他充灌有气体的容器。

2. 出口报检要求

（1）口商品质量体系（ISO9000）合格证书的生产厂方准从事出口危险货物小型气体容器的生产。

（2）出口危险货物小型气体容器生产厂须经海关考核合格并获得出口商品质量许可证，或取得出已取得出口商品质量许可的出口危险货物小型气体容器生产单位对其产品及包装件厂检合格后，向所在地海关申请包装检验，并提供小型气体容器产品标准、性能试验报告和包装件厂检合格单。

（3）海关依照相关规程和规则对出口危险货物小型气体容器包装进行性能试验和使用鉴定，经检验鉴定合格的签发《海运出口危险货物小型气体容器包装检验结果单》。

任务四　特殊入境货物报检

任务导入

2023年7月5日，重庆某公司委托代理公司向宁波海关申报进口一批高密度聚乙烯HDPE货物，并申报该批货物木质包装情况为天然木托396件。海关查验人员对该批货物实施木质包装现场查验，发现该公司在未经许可的情况下，擅自将部分货物连同木质包装运离港区，并无法再提回查验。宁波海关依法对该公司实施了行政处罚。进境木质包装作为境外有害生物传入我国的主要载体之一，携带各种有害生物，危害国家农林生态安全，历来是口岸检疫防控的重点。近年来发现的违规情况，主要有以下几方面的原因：贸易双方缺乏检疫常识，对木质包装的申报不重视；贸易相关方缺乏沟通和跟踪，特别是对国际物流仓储、装运环节中加固、支撑用木质包装相关信息沟通不畅；报检工作存在失误，少数报检人员存在漏报或错报行为。

进口企业应增强自我防范意识和防控能力，在签订贸易合同时，应明确提出木质包装检验检疫及除害处理的要求，约定相应的违约责任条款。另外，还应及时了解木质包装的相关规定，若不清楚相关规定应及时向海关咨询，入境货物在使用木质包装时要注意核对，避免无意违法，给自身带来不必要的损失。

学习目标

- 了解各类特殊入境货物报检的基本规定；掌握各类特殊入境货物报检的注意事项
- 能够根据不同的特殊报检对象进行报检，并具备填制入境货物报检单的能力
- 形成守法、诚实、守信的职业素养

一、入境动植物及动植物产品的报检

为防止动物传染病、寄生虫病和植物危险性病、虫、杂草以及其他有害生物（以下简称病虫害）传入、传出国境，保护农、林、牧、渔业生产和人体健康，促进对外经济贸易的发展，国家对入境动物及动物产品实施检验检疫。

（一）报检范围

“动物”是指饲养、野生的活动物，如畜、禽、兽、蛇、龟、鱼、虾、蟹、贝、蚕、蜂等。“动物遗传物质”指哺乳动物精液、胚胎和卵细胞。“动物产品”是指来源于动物未经加工或者虽经加工但仍有可能传播疫病的产品，如生皮张、毛类、肉类、脏器、油脂、动物水产品、奶制品、蛋类、血液、精液、胚胎、骨、蹄、角等。

“植物”是指栽培植物、野生植物及其种子、种苗及其他繁殖材料等；“植物产品”是指来源于植物未经加工或者虽经加工但仍有可能传播病虫害的产品，如粮食、豆、棉花、油、麻、烟草、籽仁、干果、鲜果、菜、生药材、木材、饲料等；“其他检疫物”是指动物疫苗、血清、诊断液、动植物性废弃物等。

根据《动植物检疫法》的规定，我国对入境的动植物、动植物产品及装载动植物、动植物产品的装载容器、包装物，依照本法规定实施检疫。

国家禁止下列各物进境：

（1）动植物病原体（包括菌种、毒种等）、害虫及其他有害生物；

（2）动植物疫情流行的国家和地区的有关动植物、动植物产品和其他检疫物；

（3）动物尸体；

（4）土壤。

口岸动植物检疫机关发现有前款规定的禁止进境物的，作退回或者销毁处理。因科学研究等特殊需要引进本条第一款规定的禁止进境物的，必须事先提出申请，经国家动植物检疫机关批准。

（二）入境报检基本流程

入境动植物及动植物产品、其他检疫物检疫的基本程序可以分为检疫审批、入境报检、入境口岸现场检疫、隔离检疫、检疫放行和处理等几个阶段。

1. 检疫审批

输入动物、动物产品、植物种子、种苗及其他繁殖材料的，必须事先（合同签订前或交换、赠送协议前）提出申请，办理检疫审批手续。通过贸易、科技合作、交换、赠送、援助等方式输入动植物、动植物产品和其他检疫物的，应当在合同或者协议中订明

中国法定的检疫要求，并订明必须附有输出国家或者地区政府动植物检疫机关出具的检疫证书。

2. 入境报检

货主或者其代理人应当在动植物、动植物产品和其他检疫物进境前或者进境时向入境口岸动植物检疫机构进行申报。输入种畜禽及其精液、胚胎的，应在进境前 30 日报检；输入其他动物的，应当在进境前 15 日报检；输入植物种子、种苗及其他繁殖材料的，应当在进境前 7 日报检。动植物性包装物、铺垫材料进境时，货主或者其代理人应当及时向口岸动植物检疫机关申报。

货主或者其代理人在办理入境申报手续时，除按规定要求进行报检，上传贸易合同、发票、装箱单等单证外，还应提供各种类型的许可证件、输出国家或者地区的检疫证书等单证，具体内容见表 10-8。

表 10-8　入境动植物、动植物产品及其他检疫物报检随附单证一览表

材料名称	材料类型	来源渠道	材料份数
《进境动植物捡疫许可证》（适用于动物及动物产品、新鲜水果粮食等需要审批的植物及植物产品，名单详见“海关总署进境（过境）动植物及其产品捻疫审批服务”事项指南）	原件	申请人自备	电子 1 份
《引进种子、苗木审批单》或《引进林木种子苗木和其他繁殖材料检疫审批单》（适用于种子、苗木和繁殖材料）	原件	申请人自备	电子 1 份
输出国家或地区官方植物检疫证书	原件	申请人自备	电子 1 份
农业转基因生物安全证书（适用于转基因产品）	原件	申请人自备	电子 1 份
产地证书	原件	申请人自备	电子 1 份
贸易合同或信用证及发票	原件	申请人自备	电子 1 份
提单或装箱单	原件	申请人自备	电子 1 份
代理报关委托书（适用于代理报关时用）	原件	申请人自备	电子 1 份

3. 入境口岸现场检疫

输入的动植物、动植物产品和其他检疫物运达口岸时，检疫人员可以到运输工具上和货物现场实施检疫，核对货、证是否相符，并可以按照规定采取样品。承运人、货主或者其代理人应当向检疫人员提供装载清单和有关资料。

装载动物的运输工具抵达口岸时，上下运输工具或者接近动物的人员，应当接受口岸动植物检疫机关实施的防疫消毒，并执行其采取的其他现场预防措施。

检疫人员应当按照下列规定实施现场检疫：

（1）动物：检查有无疫病的临床症状。发现疑似感染传染病或者已死亡的动物时，在货主或者押运人的配合下查明情况，立即处理。动物的铺垫材料、剩余饲料和排泄物等，由货主或者其代理人在检疫人员的监督下，作除害处理。

（2）动物产品：检查有无腐败变质现象，容器、包装是否完好。符合要求的，允许卸离运输工具。发现散包、容器破裂的，由货主或者其代理人负责整理完好，方可卸离运输工具。根据情况，对运输工具的有关部位及装载动物产品的容器、外表包装、铺垫材料、被污染场地等进行消毒处理。需要实施实验室检疫的，按照规定采取样品。对易滋生植物害虫或者混藏杂草种子的动物产品，同时实施植物检疫。

（3）植物、植物产品：检查货物和包装物有无病虫害，并按照规定采取样品。发现病虫害并有扩散可能时，及时对该批货物、运输工具和装卸现场采取必要的防疫措施。对来自动物传染病疫区或者易带动物传染病和寄生虫病病原体并用作动物饲料的植物产品，同时实施动物检疫。

（4）动植物性包装物、铺垫材料：检查是否携带病虫害、混藏杂草种子、沾带土壤，并按照规定采取样品。

（5）其他检疫物：检查包装是否完好及是否被病虫害污染。发现破损或者被病虫害污染时，作除害处理。

4. 隔离检疫

（1）输入种用大中家畜的，应当在国家动植物检疫局设立的动物隔离检疫场所隔离检疫 45 日；输入其他动物的，应当在口岸动植物检疫机关指定的动物隔离检疫场所隔离检疫 30 日。动物隔离检疫场所管理办法，由国务院农业行政主管部门制定。

（2）所有高、中风险的进境植物繁殖材料必须在海关指定的隔离检疫圃进行隔离检疫。

5. 检疫放行和处理

（1）输入动植物、动植物产品和其他检疫物，经检疫合格的，由口岸动植物检疫机关在报关单上加盖印章或者签发《检疫放行通知单》。

（2）入境动植物、动植物产品和其他检疫物，经检疫不合格的，由口岸动植物检疫机关签发（检疫处理通知单），通知货主或者其代理人在口岸动植物检疫机关的监督和技术指导下，作除害处理；需要对外索赔的，由口岸动植物检疫机关出具检疫证书。

（3）根据进出境（过境）国家要求和具体品种出具《动物检疫证书》《植物检疫证书》《动物健康证书》《兽医卫生证书》《熏蒸/消毒证书》《入境货物检验检疫证明》等证书。

二、入境食品报检

为了保证食品安全，保障公众身体健康和生命安全，海关总署对进口食品境外生产企业实施注册管理，对向中国境内出口食品的出口商或者代理商实施备案管理，对进口食品实施检验，对进出口食品实施分类管理，对进出口食品生产经营者实施诚信管理。

（一）报检范围

“食品”指各种供人食用或者饮用的成品和原料以及按照传统既是食品又是中药材的物品，但是不包括以治疗为目的的物品；“预包装食品”指预先定量包装或者制作在包装材料、容器中的食品；“食品添加剂”指为改善食品品质和色、香、味以及为防腐、保鲜和加工工艺的需要而加入食品中的人工合成或者天然物质，包括营养强化剂；用于食品的包装材料和容器、食品生产经营的工具、设备，用于食品的洗涤剂、消毒剂。

（二）报检要求

进口食品需要办理进境动植物检疫审批手续的，应当取得《中华人民共和国进境动植物检疫许可证》后方可进口，对进口可能存在动植物疫情疫病或者有毒有害物质的高风险食品实行指定口岸入境。指定口岸条件及名录由海关总署制定并公布。

进口食品的进口商或者其代理人应当按照规定，持下列材料向海关报检：

（1）合同、发票、装箱单、提单等必要的凭证；

（2）相关批准文件；

（3）法律法规、双边协定、议定书以及其他规定要求提交的输出国家（地区）官方检疫（卫生）证书；

（4）首次进口预包装食品，应当提供进口食品标签样张和翻译件。

报检时，进口商或者其代理人应当将所进口的食品按照品名、品牌、原产国（地区）、规格、数/重量、总值、生产日期（批号）及海关总署规定的其他内容逐一申报。

（三）实施检验检疫

1. 现场查验

海关根据风险布控指令等监督管理的要求，对进口食品实施现场查验，现场查验内容包括但不限于以下方面：

（1）运输工具、存放场所是否符合安全卫生要求；

（2）集装箱号、封识号是否与申报信息及随附单证相符，核对货物的实际状况与申报内容是否相符；

（3）动植物源性食品、包装物及铺垫材料是否符合《进出境动植物检疫法实施条例》规定；

（4）内外包装是否符合食品安全国家标准要求，是否使用无毒、无害的材料，是否存在污染、破损、湿浸、渗透；

（5）内外包装的标签、标识及说明书是否符合法律、法规的规定、食品安全国家标准以及海关总署规定的要求；

（6）内外包装上的标示内容与申报信息及随附单证是否相符；

（7）食品感官性状是否存在腐败变质、油脂酸败、霉变生虫、污秽不洁、混有异物、掺杂掺假、味道异常、粉末结块、异常分层、血冰、冰霜过多、肉眼可见的寄生虫包囊、生活害虫等异常；

（8）冷冻冷藏食品应当检查其新鲜程度、中心温度是否符合要求、是否有病变、冷链控温设备设施运作是否正常、温度记录是否符合要求，必要时可进行蒸煮试验。

2. 标签检验

（1）进口食品的包装和标签、标识应当符合中国法律、法规规定和食品安全国家标准；依法应当有说明书的，还应当有中文说明书。

（2）对于进口鲜冻肉类产品，内外包装上应当标明产地国家（地区）、品名、生产企业注册号、生产批号；外包装上应当以中文标明规格、产地（具体到州/省/市）、目的地、生产日期、保质期限、储存温度等内容，目的地应当标明为中华人民共和国，加施出口国家（地区）官方检验检疫标识。

（3）对于进口水产品，内外包装上应有牢固、清晰、易辨的中英文标识，标明以下内容：商品名和学名、规格、生产日期、批号和保存条件、生产方式（海水捕捞、淡水捕捞、养殖）、生产地区（海洋捕捞海域、淡水捕捞国家或者地区、养殖产品所在国家或者地区）生产加工企业（含捕捞船、加工船）名称及编号，须标注目的地为中华人民共和国。

（4）进口保健食品、特殊膳食用食品的中文标签必须印制在最小销售包装上，不得加贴。

（5）进口食品内外包装须有特殊标识规定的，按照相关规定执行。

3. 采样

根据食品的不同种类、品种、包装形式和检验要求采样。

4. 实验室检验

实验室应在规定的流程期限完成检验工作，并出具《检验检疫结果报告单》。

（四）检疫放行和处理

（1）进口食品经合格评定符合要求的，海关出具《入境货物检验检疫证明》，准予销售、使用。海关出具的合格证明应当逐一列明货物品名、品牌、原产国（地区）、规格、数/重量、生产日期（批号），没有品牌、规格的，应当标明“无”。

（2）进口食品经检验检疫不合格的，由海关出具不合格证明。涉及安全、健康、环境保护项目不合格的，由海关出具《检验检疫处理通知书》，责令当事人销毁，或者出具退货处理通知单，由进口商办理退运手续。其他项目不合格的，可以在海关的监督下进行技术处理，经重新检验合格后，方可销售、使用。

三、入境化妆品报检

为保证进口化妆品的安全卫生质量，保护消费者身体健康，国家对列入海关实施检验检疫的进出境商品目录及有关国际条约、相关法律、行政法规规定由海关检验检疫的化妆品（包括成品和半成品）实施检验检疫及监督管理。

（一）报检范围

列入海关实施检验检疫的进出境商品目录及有关国际条约、相关法律、行政法规规定由海关检验检疫的化妆品（包括成品和半成品）应向海关报检。“化妆品”是指以涂、擦、散布于人体表面任何部位（表皮、毛发、指趾甲、口唇等）或者口腔黏膜、牙齿，以达到清洁、消除不良气味、护肤、美容和修饰目的的产品。“化妆半成品”指除最后一道“灌装”或者“分装”工序外，已完成其他全部生产加工工序的化妆品。

（二）报检时限与地点

进口化妆品由口岸海关实施检验检疫。海关总署根据便利贸易和进口检验工作的需要，可以指定在其他地点检验。

（三）报检单证

首次进口的化妆品应当符合下列要求：

（1）国家实施卫生许可的化妆品，应当取得国家相关主管部门批准的进口化妆品卫生许可批件，海关对进口化妆品卫生许可批件电子数据进行系统自动比对验核；

（2）国家实施备案的化妆品，应当凭备案凭证办理报检手续；

（3）国家没有实施卫生许可或者备案的化妆品，应当提供下列材料：①具有相关资质的机构出具的可能存在安全性风险物质的有关安全性评估资料；②在生产国家（地区）允许生产、销售的证明文件或者原产地证明；

（4）销售包装化妆品成品除前三项外，还应当提交中文标签样张和外文标签及翻译件；

（5）非销售包装的化妆品成品还应当提供包括产品的名称、数/重量、规格、产地、生产批号和限期使用日期（生产日期和保质期）、加施包装的目的地名称、加施包装的工厂名称、地址、联系方式。

（四）检验检疫

海关受理报检后，对进口化妆品进行检验检疫，包括现场查验、抽样留样、实验室检验出证等。

1. 现场查验

现场查验内容包括货证相符情况、产品包装、标签版面格式、产品感官性状、运输工具、集装箱或者存放场所的卫生状况。

进口化妆品成品的标签标注应当符合我国相关的法律、行政法规及国家技术规范的强制性要求。海关对化妆品标签内容是否符合法律、行政法规规定要求进行审核，对与质量有关的内容的真实性和准确性进行检验。

2. 抽样留样

出口化妆品的抽样应当按照国家有关规定执行，样品数量应当满足检验、复验、备查等使用需要。

3. 实验室检验

需要进行实验室检验的，海关应当确定检验项目和检验要求，并将样品送具有相关资质的检验机构。检验机构应当按照要求实施检验，并在规定时间内出具检验报告。

结果评定处理：

（1）进口化妆品经检验检疫合格的，海关出具《入境货物检验检疫证明》，并列明货物的名称、品牌、原产国家（地区）、规格、数/重量、生产批号/生产日期等。进口化妆品取得《入境货物检验检疫证明》后，方可销售、使用。

（2）进口化妆品经检验检疫不合格，涉及安全、健康、环境保护项目的，由海关责令当事人销毁，或者出具退货处理通知单，由当事人办理退运手续。其他项目不合格的，可以在海关的监督下进行技术处理，经重新检验检疫合格后，方可销售、使用。

四、入境玩具报检

为加强对进口玩具的管理，保护消费者人身健康和安全，国家对列入必须实施检验的进出口商品目录（以下简称目录）以及法律、行政法规规定必须实施检验的进出口玩具实施检验和监督管理；对目录外的进出口玩具按照海关总署的规定实施抽查检验。

（一）报检时限与地点

进口玩具的收货人或代理人应在货物进境前或进行时向海关报检。

（二）报检单证

进口玩具的收货人或者其代理人在办理报检时，应当按照报检的一般要求向单一窗口申报，并提供合同、发票、装箱单、提运单等有关单证。对列入强制性产品认证目录的进口玩具还应当取得强制性产品认证证书。海关对强制性产品认证证书电子数据进行系统自动比对验核。

（三）检验检疫

进口玩具按照我国国家技术规范的强制性要求实施检验。

（1）海关对列入强制性产品认证目录内的进口玩具，按照《进口许可制度民用商品入境验证管理办法》的规定实施验证管理。

（2）对未列入强制性产品认证目录内的进口玩具，报检人已提供进出口玩具检测实验室（以下简称玩具实验室）出具的合格的检测报告的，海关对报检人提供的有关单证与货物是否符合进行审核。

（3）对未能提供检测报告或者经审核发现有关单证与货物不相符的，应当对该批货物实施现场检验并抽样送玩具至实验室检测。

（四）检疫放行及处理

（1）进口玩具经检验合格的，海关出具检验证明。

（2）进口玩具经检验不合格的，由海关出具检验检疫处理通知书。涉及人身财产安全、健康、环境保护项目不合格的，由海关责令当事人退货或者销毁；其他项目不合格的，可以在海关的监督下进行技术处理，经重新检验合格后，方可销售或者使用。

五、入境机电产品的报检

机电产品是指机械设备、电气设备、交通运输工具、电子产品、电器产品、仪器仪表、金属制品等及其零部件、元器件。列入《法检目录》以及法律、行政法规规定必须经检验检疫机构检验的进口机电产品和所有进口旧机电产品应向海关检验检疫机构报检。不同类别的机电产品报检要求有所不同，具体要求如下：

（一）民用商品入境验证

（1）国家对涉及人类健康、动植物生命和健康，以及环境保护和公共安全的产品实行强制性认证制度。凡列入《中华人民共和国实施强制性产品认证的产品目录》内的商品，必须经过指定的认证机构认证合格，取得指定认证机构颁发的认证证书并加贴认证标志后，方可进口。

（2）实施强制性产品认证产品的收货人或其代理人，在报检时除了按照规定在单一窗口申报并随附有关外贸凭证外，还应提供强制性认证证书或其编号，实施无纸化比对，并在产品上加贴认证标志。

（3）海关对列入《法检目录》的进口强制性产品认证的民用机电产品，实行入境验证管理，查验单证，核对证货是否相符，并按规定实施检验。

（二）进境旧机电产品的报检

1. 报检范围

旧机电产品是指具有下列情形之一的机电产品：

（1）已经使用（不含使用前测试、调试的设备），仍具备基本功能和一定使用价值的；

（2）未经使用，但是超过质量保证期（非保修期）的；

（3）未经使用，但是存放时间过长，部件产生明显有形损耗的；

（4）新旧部件混装的；

（5）经过翻新的。

2. 报检地点

进口旧机电产品应当实施口岸查验、目的地检验以及监督管理。价值较高、涉及人身财产安全、健康、环境保护项目的高风险进口旧机电产品，还需实施装运前检验。

需实施装运前检验的进口旧机电产品清单由海关总署制定并在海关总署网站上公布。进口旧机电产品的装运前检验结果与口岸查验、目的地检验结果不一致的，以口岸查验、目的地检验结果为准。

3. 入境报检

进口旧机电产品运抵口岸后，收货人或者其代理人应当凭合同、发票、装箱单、提单等资料向海关办理报检手续。需实施装运前检验的，报检前还应当取得装运前检验证书。

4. 到货检验

（1）口岸海关对进口旧机电产品实施口岸查验。实施口岸查验时，应当对报检资料进行逐批核查。必要时，对进口旧机电产品与报检资料是否相符进行现场核查。

（2）目的地海关对进口旧机电产品实施目的地检验。海关对进口旧机电产品的目的地检验内容包括一致性核查，安全、卫生、环境保护等项目检验。

5. 检验结果及处理

（1）经目的地检验，涉及人身财产安全、健康、环境保护项目不合格的，由海关责令收货人销毁、退运；其他项目不合格的，可以在海关的监督下进行技术处理，经重新检验合格的，方可销售或者使用。

（2）经目的地检验不合格的进口旧机电产品，属成套设备及其材料的，签发不准安装使用通知书。经技术处理，并经海关重新检验合格的，方可安装使用。

（三）入境汽车的报检

1. 报检范围及地点

海关总署主管全国进口汽车检验监管工作，进口汽车入境口岸海关负责进口汽车入境检验工作，用户所在地海关负责进口汽车质保期内的检验管理工作。对转关到内地的进口汽车，视通关所在地为口岸，由通关所在地海关按照本办法负责检验。

2. 入境报检

进口汽车的收货人或者代理人在货物运抵入境口岸后，应当凭合同、发票、提（运）单、装箱单等单证以及有关技术资料向口岸海关报检。

3. 口岸检验

进口汽车入境口岸海关对进口汽车的检验包括：一般项目检验、安全性能检验和品质检验。

（1）一般项目检验。在进口汽车入境时逐台核查安全标志，并进行规格、型号、数量、外观质量、随车工具、技术文件和零备件等项目的检验。

（2）安全性能检验。按国家有关汽车的安全环保等法律法规、强制性标准和《进出口汽车安全检验规程》（SN/T0792—1999）实施检验。

（3）品质检验。品质检验及其标准、方法等应在合同或合同附件中明确规定，进口合同无规定或规定不明确的，按《进出口汽车品质检验规程》（SN / T0791 - 1999）检验。

4. 检验结果及处理

（1）经检验合格的进口汽车，由口岸海关签发“入境货物检验检疫证明”，并一车一单签发“进口机动车辆随车检验单”。对进口汽车实施品质检验的，“入境货物检验检疫证明”须加附“品质检验报告”。

（2）经检验不合格的，海关出具检验检疫证书，供有关部门对外索赔。

（3）进口汽车的销售单位凭海关签发的“进口机动车辆随车检验单”等有关单证到当地工商行政管理部门办理进口汽车国内销售备案手续。

（4）用户在国内购买进口汽车时必须取得海关签发的“进口机动车辆随车检验单”和购车发票。在办理正式牌证前，到所在地海关登检、换发“进口机动车辆检验证明”，作为到车辆管理机关办理正式牌证的依据。

（四）进口成套设备的报检

1. 报检范围

成套设备是指完整的生产线、成套装置设备，包括工程项目和技术改造项目中的成套装置设施和与国产设备配套组成的成套设备中的进口关键设备。成套设备是一项特殊的法定检验检疫商品，很难与商品编码一一对应。

2. 入境报检要求

（1）需结合安装调试进行检验的成套设备应在收货人所在地海关申报并检验。

（2）对于大型成套设备，应当按照对外贸易合同约定监造、装运前检验或监装。收货人应保留收货后的最终检验和索赔的权利。海关可以根据需要派出检验人员参加或组织实施监造、装运前检验或者监装。

（3）海关对检验不合格的进口成套设备及其材料，签发不准按照使用说明书。经技术处理，并经海关重新检验合格的，方可安装使用。

（4）成套设备中涉及旧机电产品的，应按旧机电产品的相关规定办理，并提供相应的证明文件。

（五）进口家用电器和压缩机等机电产品的报检

我国禁止进口、出口以氯氟烃物质为制冷剂的工业、商用压缩机；我国禁止进口、出口以氯氟烃物质为制冷剂、发泡剂的家用电器产品和以氯氟烃物质为制冷剂的家用电器产品压缩机，并将相关产品纳入《法检目录》管理。在进口上述以非氯氟烃物质为制冷剂、发泡剂的相关机电产品时，进口经营单位应向检验检疫机构提供产品为非氯氟烃的制冷剂、发泡剂证明。

（六）进口医疗器械的报检

1. 报检范围

进口医疗器械，是指从境外进入到中华人民共和国境内的，单独或者组合使用于人体的仪器、设备、器具、材料或者其他物品，包括所配套使用的软件，其使用旨在对疾病进行预防、诊断、治疗、监护、缓解，对损伤或者残疾进行诊断、治疗、监护、缓解补偿，对解剖或者生理过程进行研究、替代、调节，对妊娠进行控制等。

2. 报检地点及单证

进口医疗器械进口时，进口医疗器械的收货人或者其代理人（以下简称报检人）应当向报关地检验检疫机构报检，并提供下列材料：

（1）报检规定中要求提供的一般随附单证；

（2）属于《实施强制性产品认证的产品目录》内的医疗器械，应当提供中国强制性认证证书；

（3）国务院药品监督管理部门审批注册的进口医疗器械注册证书；

（4）进口单位为一、二类进口单位的，应当提供检验检疫机构签发的进口单位分类证明文件。

3. 检验检疫

（1）口岸海关应当对报检材料进行审查，不符合要求的，应当通知报检人；口岸放行后，应当及时向属地海关申请检验。

（2）属地海关按照国家技术规范的强制性要求对进口医疗器械进行检验；尚未制定国家技术规范的强制性要求的，可以参照国家质检总局指定的国外有关标准进行检验。

（3）海关对实施强制性产品认证制度的进口医疗器械实行入境验证，查验单证，核对证货是否相符，必要时抽取样品送指定实验室，按照强制性产品认证制度和国家规定的相关标准进行检测。

4. 检验结果及处理

（1）进口医疗器械经检验未发现不合格的，属地主管海关应当出具《入境货物检验检疫证明》。

（2）经检验发现不合格的，海关出具《检验检疫处理通知书》，需要索赔的应当出具检验证书。涉及人身安全、健康、环境保护项目不合格的，或者可以技术处理的项目经技术处理后经检验仍不合格的，由海关责令当事人销毁，或者退货并书面告知海关，并上报海关总署。

六、入境石材、涂料的报检

（一）入境石材的报检

1. 报检范围

进口石材《商品名称与编码协调制度》中编码为2515、2516、6801、6802项下的所有商品。

2. 报检地点及单证

报检人按《出入境检验检疫报检规定》，到入境口岸海关办理报检。报检人除提供合同、发票、提单和装箱单等资料外，还应提供符合GB 6566—2001分类要求的石材说明书，注明石材原产地、用途、放射性水平类别和适用范围等；报检人未提供说明书或者说明书中未注明的，均视为使用范围不受限制，检验时依据GB 6566—2001规定的最严格限量要求进行验收，即石材荒料按建筑主体材料要求验收，石材板料按A类装修材料要求验收。

3. 检验处理

（1）对进口石材实施放射性检验，采取现场抽查检测和实验室核素分析相结合的检验模式，并逐步实行分类管理。

（2）口岸检验检疫机构依据天然放射性核素分析报告和GB 6566—2001判断：符合使用范围不受限制的建筑材料要求的，出具《入境货物检验检疫证明》，可注明相应放射性分类等级和适用范围；不符合使用范围不受限制的建筑材料要求，但符合石材说明书用途的，出具《入境货物检验检疫证明》，注明石材放射性分类等级、用途或使用范围；不符合使用范围不受限制的建筑材料要求或石材说明书用途的，出具《检验证书》，注明限制使用范围。

（二）进口涂料的报检

1. 报检范围

进口涂料《商品名称及编码协调制度》中编码为3208项下和3209项下的商品。国家对进口涂料实行登记备案和专项检测制度。

2. 报检地点及单证

货主或其代理人应当在进口涂料入境时，到入境口岸海关办理报检手续。报检人除提供合同、发票、提单和装箱单等基本单证外，已经备案的涂料应同时提交《进口涂料备案书》。

3. 检验处理

（1）对已经备案的涂料，海关接受报检后，按照以下规定实施检验：

核查《进口涂料备案书》的符合性。核查内容包括品名、品牌、型号、生产厂商、产地、标签等。

专项检测项目的抽查。同一品牌涂料的年度抽查比例不少于进口批次的10%，每个批次抽查不少于进口规格型号种类的10%，所抽取样品送专项检测实验室进行专项检测。

（2）对未经备案的进口涂料，海关接受报检后，按照有关规定抽取样品，并由报检人将样品送专项检测实验室检测，海关根据专项检测报告进行符合性核查。

（3）检验合格的进口涂料，海关签发《入境货物检验检疫证明》；检验不合格的进口涂料，主管海关出具检验检疫证书，并报海关总署。对专项检测不合格的进口涂料，收货人须将其退运出境或者按照有关部门要求妥善处理。

七、进口可用作原材料的固体废物报检

（一）报检范围

进口废物原料应当属于可用作原料的再生资源，具有可利用价值，为加强进口可用作原料的固体废物检验检疫监督管理，保护环境，海关对进口废物原料实行检验检疫和监督管理。进口废物原料应当符合中国法律法规、国家环境保护控制标准和国家技术规范的其他强制性要求。

（二）入境前报检要求

（1）国家对进口废物原料的国外供货商（以下简称供货商）、国内收货人（以下简称收货人）实行注册登记制度。供货商、收货人在签订对外贸易合同前，应当取得注册登记。注册登记有效期为5年。

（2）国家对进口废物原料实行装运前检验制度。进口废物原料在装运前，应当由海关或者承担装运前检验的检验机构（以下简称装运前检验机构）实施装运前检验并出具装运前检验证书。

（三）入境报检单证

废物原料运抵口岸后，收货人或者其代理人应当向入境口岸海关报检，接受检验检疫监管。报检时应当提供以下材料：

（1）装运前检验证书；

（2）限制类的废物原料，应当提供进口许可证明；

（3）合同、发票装箱单、提/运单等必要的单证。

（四）检验检疫处理

（1）海关应当依照检验检疫相关法律法规和规程、国家环境保护控制标准或者国家技术规范的其他强制性要求在入境口岸对进口废物原料实施检验检疫监管，根据污染程度实施消毒、熏蒸等卫生处理，未经检疫处理，不得放行。

（2）海关对经检验检疫未发现不符合国家环境保护控制标准、国家技术规范的其他强制性要求的进口废物原料，予以放行；对不符合国家环境保护控制标准、国家技术规范的其他强制性要求的，责令退运；对发现动植物疫情的，要实施有效的检疫除害处理措施，若无有效处理措施，则依法作退回或者销毁处理，并实施检疫监管。

八、入境货物木质包装的报检

为规范进境货物木质包装检疫监督管理，防止林木有害生物随进境货物木质包装传入，保护我国森林、生态环境，便利货物进出境，我国对进境木质包装进行检疫监督

管理。

（一）报检范围

报检范围为输往中国货物的木质包装及木质铺垫材料。这里所称木质包装是指用于承载、包装、铺垫、支撑、加固货物的木质材料，如木板箱、木条箱、木托盘、木框、木桶、木轴、木楔、垫木、枕木、衬木等。以下除外：经人工合成或经加热、加压等深度加工的包装用木质材料，如胶合板、刨花板、纤维板等。薄板旋切芯、锯屑、木丝、刨花等木质材料以及厚度等于或小于6毫米的木质材料。

（二）报检要求

进境货物使用木质包装的，应当在输出国家或者地区政府检疫主管部门监督下按照国际植物保护公约（以下简称IPPC）的要求进行除害处理，并加施IPPC专用标识。除害处理方法和专用标识应当符合相关规定。

进境货物使用木质包装的，货主或者其代理人应当向海关报检。

（三）检疫处理

进境货物使用木质包装的，海关按照以下情况处理：

（1）对已加施IPPC专用标识的木质包装，按规定抽查检疫，未发现活的有害生物的，立即予以放行；发现活的有害生物的，监督货主或者其代理人对木质包装进行除害处理。

（2）对未加施IPPC专用标识的木质包装，在海关监督下对木质包装进行除害处理或者销毁处理。

（3）对报检时不能确定木质包装是否加施IPPC专用标识的，海关按规定抽查检疫。经抽查确认木质包装加施了IPPC专用标识，且未发现活的有害生物的，予以放行；发现活的有害生物的，监督货主或者其代理人对木质包装进行除害处理；经抽查发现木质包装未加施IPPC专用标识的，对木质包装进行除害处理或者销毁处理。

经港澳地区中转进境货物使用木质包装，未按要求进行除害处理并加贴IPPC专用标识的，货主或者其代理人可以申请海关总署认定的港澳地区检验机构实施除害处理并加施IPPC标识或者出具证明文件，入境时，主管海关按照本办法的规定进行抽查或者检疫。

九、出入境特殊物品的报检

为了规范出入境特殊物品卫生检疫监督管理，防止传染病传入、传出，防控生物安全风险，保护人体健康，国家对出入境特殊商品实施卫生检疫监督管理。

（一）报检范围

报检范围为入境、出境的微生物、人体组织、生物制品、血液及其制品等特殊物品。

（二）报检要求

（1）入境特殊物品的货主或者其代理人应当在特殊物品交运前向目的地直属海关

申请特殊物品审批；出境特殊物品的货主或者其代理人应当在特殊物品交运前向其所在地直属海关申请特殊物品审批。

（2）入境特殊物品到达口岸后，货主或者其代理人应当凭《特殊物品审批单》及其他材料向入境口岸海关报检；出境特殊物品的货主或者其代理人应当在出境前凭《特殊物品审批单》及其他材料向其所在地海关报检。

（三）检验检疫

受理报检的海关应当按照下列：要求对出入境特殊物品实施现场查验，并填写《入/出境特殊物品卫生检疫现场查验记录》：

（1）检查出入境特殊物品名称、成分、批号、规格、数量、有效期、运输储存条件、输出/输入国和生产厂家等项目是否与《特殊物品审批单》的内容相符；

（2）检查出入境特殊物品包装是否安全无破损，不渗、不漏，存在生物安全风险的是否具有符合相关要求的生物危险品标识。

入境口岸查验现场不具备查验特殊物品所需安全防护条件的，应当将特殊物品运送到符合生物安全等级条件的指定场所实施查验。

（四）检验检疫处理

口岸海关对经卫生检疫符合要求的出入境特殊物品予以放行。有下列情况之一的，由口岸海关签发《检验检疫处理通知书》，予以退运或者销毁：

（1）名称、批号、规格、生物活性成分等与特殊物品审批内容不相符的；

（2）超出卫生检疫审批的数量范围的；

（3）包装不符合特殊物品安全管理要求的；

（4）经检疫查验不符合卫生检疫要求的；

（5）被截留邮寄、携带特殊物品自截留之日起 7 日内未取得《特殊物品审批单》的，或者取得《特殊物品审批单》后，经检疫查验不合格的。

十、出入境尸体骸骨卫生检疫的报检

为了规范国境口岸入出境尸体、骸骨卫生检疫工作，防止传染病传入传出，国家对出入境尸体骸骨实施卫生检疫。

（一）报检范围

入出境尸体、骸骨包括：

（1）需要入境或者出境进行殡葬的尸体、骸骨；

（2）入出境及过境途中死亡人员的尸体、骸骨。

因医学科研需要，由境外运进或者由境内运出的尸体、骸骨，按照出入境特殊物品管理。除上述情形外，不得由境内运出或者由境外运入尸体和骸骨。

（二）报检要求

尸体、骸骨入境前，托运人或者其代理人应当向入境口岸海关申报，按照要求提供以下材料：

（1）尸体、骸骨入出境卫生检疫申报单；

（2）死者身份证明（如护照、海员证、通行证、身份证或者使领馆等相关部门出具的证明）；

（3）出境国家或者地区官方机构签发的死亡报告或者医疗卫生部门签发的死亡诊断书；

（4）入殓证明；

（5）防腐证明；

（6）托运人或者其代理人身份证明（如护照、通行证或者身份证等）。

需要运送尸体、骸骨出境的，原则上应当从入殓地所在口岸出境。尸体、骸骨出境前，托运人或者其代理人应当向出境口岸海关申报，并按照要求提供以下材料：

（1）尸体、骸骨入出境卫生检疫申报单；

（2）死者有效身份证明；

（3）县级及以上医疗机构出具的死亡证明书或者公安、司法部门出具的死亡鉴定书或者其他相应的公证材料；

（4）入殓证明、防腐证明；

（5）托运人或者其代理人身份证明。

（三）现场查验

入境尸体、骸骨由入境口岸海关进行材料核查并实施现场查验；出境尸体、骸骨由入殓地海关进行材料核查并实施现场查验，出境口岸海关负责在出境现场核查是否与申报内容相符，检查外部包装是否完整、破损、渗漏等。

（四）检疫处理

（1）尸体、骸骨符合入出境卫生检疫要求的，海关签发《尸体/棺柩/骸骨入/出境卫生检疫证书》，准予入出境。

（2）对卫生检疫查验不合格的尸体、骸骨，海关按照相关规定进行检疫处置，对应当火化但是托运人或者其代理人不同意火化的，禁止入出境。

职业技能训练

一、不定项选择题

1. 关于报检单填制要求，下列说法不正确的是：（　　）。

A. 书面报检单和电子数据信息必须完全一致

B. 报检单填写必须完整、准确、真实，不得涂改

C. 对无法填写的栏目或无此内容的栏目应留空不填

D. 填制完毕的报检单在发送数据和办理报检手续前必须认真审核

2. 《入境货物报检单》的“到货日期”栏应填写：（　　）。

A. 本批货物到达目的地的日期　　B. 本批货物到达口岸的日期

C. 本批货物通关的日期　　D. 本批货物提单到达的日期

3. 某公司进口一批已使用过的食品灌装设备，合同中的品名是“灌装机”。《入境货物报检单》的货物名称应填写：（　　）。

A. 灌装机　　B. 灌装机（旧）

C. 食品灌装设　　D. 食品灌装设备（旧）

4.《入境货物报检单》的“联系人”一栏应填写：（　　）。

A. 报检单位备案登记的联系人姓名　　B. 报检单位法定代表人姓名

C. 报检业务负责人姓名　　D. 办理报检手续的报检员姓名

5. 填写报检单时，如果没有唛头，“标记及号码”一栏应填写：（　　）。

A. M/N　　B. N/M

C. 无　　D. 检验检疫机构

6. 某公司与美国某公司签订外贸合同，进口一台原产于日本的炼焦炉（检验检疫类别为 M），货物自美国运至青岛口岸后再运至郑州使用。报检时，《入境货物报检单》中的贸易国别、原产国、启运国家和目的地应分别填写：（　　）。

A. 美国、日本、美国、郑州　　B. 日本、美国、美国、郑州

C. 日本、美国、日本、青岛　　D. 美国、日本、日本、青岛

7. 以下选项中，包含在《入境货物报检单》“用途”一栏中的有：（　　）。

A. 种用或繁殖　　B. 食品包装材料

C. 观赏或演艺　　D. 介质土

8. “出境货物报检单”上发货人应填写（　　）。

A. 生产单位　　B. 运输公司

C. 外贸合同的卖方　　D. 外贸合同的买方

9. 浙江一公司出口一批木制家具，浙江金华起运，从宁波口岸出境，拟在货物通关后出口运至洛杉矶。该公司在办理报检手续时，出境货物报检单的“输往国家”一栏应填写（　）。

A. 中国　　B. 加拿大

C. 美国　　D. 洛杉矶

10. 在填制《出境货物报检单》时，不能在“贸易方式”一栏中填写的是（　　）。

A. 一般贸易　　B. 暂时进出货物

C. 观赏或演艺　　D. 市场采购

二、报检单填制题

资料 1：背景材料

2023 年 6 月 10 日，宁波新意贸易有限公司向义乌乐宜玩具有限公司采购一批圣诞用品（含动植物性材料）出口。圣诞用品的商品编码为 9505100010，海关监管证件代码为 A/B，检验检疫类别为 P/Q，属法定检验检疫商品。船名航次 EASTV. 25E，集装箱号为 COSU7741258，40 尺平柜。宁波新意贸易有限公司委托义乌乐宜玩具有限公司向义乌进行产地报检。公司安排报检员林燕负责完成此次报检任务。

假设你作为义乌乐宜公司的报检员，请根据以上材料和随附单证资料，填制出境货

物报检单。

资料2：商业发票

宁波新意贸易有限公司

NING BO XIN YI TRADING CO. LTD

商业发票

买方 Buyer： ABC TRADING CO. LTD 123，WESTRDAD，New York，USA			日期 Date	JUL 10，2018
			发票号 Invoice No.	XY18-710
装运港 From	NINGBO		目的港 To	New York
唛头 SHIPPING MARK	货名描述 DESCRPTDNS OF GOODS	数量 QUANTITY	单价 UNIT PRICE	金额 AMOUNET
N/M	CHRISTMAS ITEMS	20 000PCS	FOB NNGBO USD5. 50/PC	USD110 000. 00
TOTAL		20 000PCS		USD110 000. 00

资料3：装箱单

宁波新意贸易有限公司

NING BO XIN YI TRADING CO. LTD

装箱单

买方 Buyer： ABC TRADING CO. LTD 123，WESTRDAD，New York，USA			信用证号 L/C NO.	LC12458974		
			合同号 S/C No.	XY18520		
装运港 From	NINGBO		目的港 To	New York		
MARKS AND NUKBERS	NUNBER AND KIND OF PACKAGES DESCRIPTIDNS OF GOODS	QUANTITY	PACKAGE	G. W	N. W.	MEAS
N/M	CHRISTMAS ITEMS	20 000PCS	100CTNS	3 250KGS	3 000KGS	$55M^3$
TOTAL		20 000PCS	100CTNS	3 250KGS	3 000KGS	$55M^3$

中华人民共和国出入境检验检疫出境货物报检单

报检单位（加盖公章）： 编号：________

报检单位登记号： 联系人： 电话： 报检日期：

发货人	（中文）				
	（外文）				
收货人	（中文）				
	（外文）				
货物名称（中/外文）	H. S. 编码	产地	数/重量	货物总值	包装种类及数量
运输工具名称号码		贸易方式		货物存放地点	
合同号		信用证号		用途	
发货日期		输往国家（地区）		许可证/审批号	
启运地		到达口岸		生产单位注册号	
集装箱规格、数量及号码					

合同、信用证订立的检验检疫条款或特殊要求	标记及号码	（18）随附单据（画“√”或补填）	
		□合同 □信用证 □发票 □换证凭单	□装箱单 □厂检单 □包装性能结果单 □许可/审批文件

（19）需要证单名称（画“√”或补填）		检验检疫费	
□品质证书 __正__副 □重量证书 __正__副 □数量证书 __正__副 □兽医卫生证书 __正__副 □健康证书 __正__副 □卫生证书 __正__副	□动物卫生证书 __正__副 □植物检疫证书 __正__副 □熏蒸/消毒证书 __正__副	总额 （人民币）	
		计费人	
		收费人	

报检人郑重声明：	领取证单	
1. 本人被授权报检。 2. 上列填写内容正确属实，货物无伪造或冒用他人的厂名、标志、认证标志。并承担货物质量责任。 签名：________	日期	
	签名	

三、报检单查错练习

某公司进口一批生羊皮，请根据所提供的单据，完成相关的判断题。

提单

BILL OF LADING

Consignor		B/L No.: ZA780321
BCSK CORPORATION BUSAN KOREA		中国外运广东公司 SINOTRANS GUANGDONG COMPANY *OCEAN BILL OF LADING*
Consignee or order		
HENAN GH IMP/EXP CO., LTD NO. 34 GUANGZHOU ROAD, ZHENGZHOU, CHINA		
Notify address		
DALIAN DAXING COMMERCIAL CO., LTD NO. 176 ZHONGSHAN ROAD, DALIAN, CHINA		
Vessel and Voyage No.	Port of loading	
STAR RIVER V. 847E	SYDNEY	
Port of discharge	Final destination	
DALIAN CHINA VIA INCHON		

Container. seal No. or marks and Nos.	Number and kind of package	Description of goods	Gross weight (kgs.)	Measurement (m^3)
GH 1×20' CONTAINER NO. MBLU4459040/771126	20 PLASTE PALLETS	SHEEP SKINS (AUSTRALIA ORIGN) CONTRACT NO.: GH-02	18 000KGS	17.6CBM
DATE: Jun. 23, 2018		LUCKY FERRY CO., LTD		

1. 生羊皮的检验检疫监管类别是 M. P/N. Q，说明该种货物进境时需实施品质检验和动植物检疫。
2. 唛头是“SEAL No. 771126”。
3. 收货人是“大连大兴工贸公司”。
4. 该批货物的包装是木质托盘。
5. 该批货物的原产国不是欧盟国家。
6. 该批货物从德国启运，经韩国转船后运抵我国。
7. 因天气原因，经贸易双方与海运公司协商一致，该批货物可改在其他口岸入境。
8. 报检时须提供国外官方出具的检疫证书正本。
9. 报检后该批货物须在入境口岸作外包装消毒。
10. 该批货物进境后应向海关总署申请办理进境动植物检疫许可证。

参考文献

［1］编写组．中国海关报关实用手册［M］．北京：中国海关出版社，2023.

［2］中国报关协会．关务基础知识［M］．北京：中国海关出版社，2022.

［3］中国报关协会．关务基本技能［M］．北京：中国海关出版社，2022.

［4］中国报关协会．进出口商品编码查询手册［M］．北京：中国海关出版社，2022.

［5］关务水平测试大纲细则及真题解析（2022年版）［M］．北京：中国海关出版社，2022.

［6］海关总署报关员资格考试教材编写委员会报关单强化练习［M］．北京：中国海关出版社，2023.

［7］编委会．外贸企业海关业务一本通［M］．北京：团结出版社，2021.

［8］编写组．中国海关报关专业教材［M］．北京：中国海关出版社，2022.

［9］李勇坚．中国报关协会开放经济研究院［M］．北京：中国商务出版社，2019.

［10］国际贸易单一窗口操作实务（货物申报篇）［M］．上海：上海财经大学出版社，2022.

［11］编委会．进出境货物涉检工作手册［M］．北京：团结出版社，2020.

［12］罗兴武．报关实务［M］．北京：机械工业出版社，2019.

［13］郑俊田，张红．海关实务［M］．北京：对外经济贸易大学出版社，2019.

［14］姜洪．报关业务实务［M］．北京：高等教育出版社，2021.

［15］张援越，包立军，郑杨．报关操作实务［M］．北京：高等教育出版社，2018.

［16］张援越，黄蘋，寇毅，等．报关基础与实务［M］．北京：中国海关出版社，2017.

［17］徐玮．报关单填制规范及案例解析［M］．北京：中国海关出版社，2019.

［18］宗慧民．进出口商品归类［M］．北京：中国海关出版社，2018.

［19］祖天明．报关实务［M］．北京：电子工业出版社，2022.

［20］藏良运．报关实务［M］．北京：电子工业出版社，2019.

［21］游蓓蕾．出入境报检实务［M］．北京：中国人民大学出版社，2018.

［22］李贺，张静，王伟宏．报检与报关实务［M］．上海：上海财经大学出版社，2019.

［23］温耀庆，鲁丹萍．商检与报关实务［M］．北京：清华大学出版社，2019.

［24］季琼，刘源海．报关与报检实务［M］．北京：高等教育出版社，2022.